武志红主编

可以让你变得更好的心理学书

恐惧
给你的礼物

关键时刻直觉能救你的命

[美]加文·德·贝克尔（Gavin de Becker）著 陈羚 译

中华工商联合出版社

图书在版编目（CIP）数据

恐惧给你的礼物：关键时刻直觉能救你的命 / (美)加文·德·贝克尔著；陈羚译.
-- 北京：中华工商联合出版社, 2018.7（可以让你变得更好的心理学书）
书名原文: The Gift of Fear
ISBN 978-7-5158-2352-2

Ⅰ. ①恐… Ⅱ. ①加… ②陈… Ⅲ. ①犯罪心理学—研究 Ⅳ. ①D917.2

中国版本图书馆CIP数据核字(2018)第128156号

恐惧给你的礼物：关键时刻直觉能救你的命
The Gift of Fear

作　　者：[美]加文·德·贝克尔
译　　者：陈　羚
责任编辑：于建廷　王　欢
封面设计：平　平
内文设计：季　群　涂依一
责任印制：迈致红
出版发行：中华工商联合出版社有限责任公司
印　　刷：北京中科印刷有限公司
版　　次：2018年9月第1版
印　　次：2019年7月第3次印刷
开　　本：640mm×960mm　1/16
字　　数：250千字
印　　张：22
书　　号：ISBN 978-7-5158-2352-2
定　　价：45.00元

服务热线：010—58301130
销售热线：010—58302813
地址邮编：北京市西城区西环广场A座
19—20层，100044
http：//www.chgslcbs.cn
E-mail：cicap1202@sina.com (营销中心)
E-mail：gslzbs@sina.com（总编室）

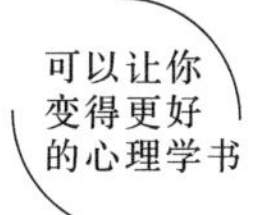

一本好书，一个灯塔

| 武志红 |

今年，我 44 岁，出版了十几本书，写的文章字数近 400 万字。并且，作为一名心理学专业人士，我也形成了对人性的一个系统认识。

我还可以夸口的是，我跳入过潜意识的深渊，又安然返回。

在跳入的过程中，我体验到“你注视着深渊，深渊也注视着你”这句话中的危险之意。

同时，这个过程中，我也体验到，当彻底松手，坦然坠入深渊后，那是一个何等美妙的过程。

当然，最美妙的，是深渊最深处藏着的存在之美。

虽然拥有了这样一些精神财富，但我也知道苏格拉底说的“无知”之意，我并不敢说我掌握了真理。

我还是美国催眠大师米尔顿·艾瑞克森的徒孙，我的催眠老师，是艾瑞克森最得意的弟子斯蒂芬·吉利根，我知道，艾瑞克森做催眠治疗时从来都抱有一个基本态度——“我不知道”。

只有由衷地带着这个前提，催眠师才能将被催眠者带入到潜意识深处。

所以我也会告诫自己说，不管你形成了什么样的关于人性的认识体系，都不要固着在那里。

不过，同时我也不谦虚地说，我觉得我的确形成了一些很有层次的认识，关于人性，关于人是怎么一回事。

然后，再回头看自己过去的人生时，我知道，我在太长的时间里，都是在迷路中，甚至都不叫迷路，而应该说是懵懂，即，根本不知道人性是怎么回事，自己是怎么回事，简直像瞎子一样，在悬崖边走路。

我特别喜欢的一张图片是，一位健硕的裸男，手里拿着一盏灯在前行，可一个天使用双手蒙上了他的眼睛。

对此，我的理解是，很多时候，当我们觉得“真理之灯”在手，自信满满地前行时，很可能，我们的眼睛是瞎的，你走的路，也是错的。

在北京大学读本科时，曾对一个哥们儿说，如果中国人都是我们这种素质，那这个国家会大有希望。现在想起这句话觉得汗颜，因为如果大家都是我的那种心智水平，肯定是整个社会一团糟。

这种自恋，就是那个蒙上裸男眼睛的天使吧。

© 2006 Steven Kenny

所幸的是，这个世界上有各种各样的好书，它们打开了我的智慧之眼。

一直以来，对我影响最重要的一本书，是马丁·布伯的《我与你》。

我现在还记得，我是在北大图书馆借书时，翻那些有借书卡的木柜子，很偶然地看到了这个书名《我与你》，莫名地被触动，于是借阅了这本书。

这对我应该是个里程碑的事件，所以记忆深刻，打开这个柜子抽屉的情形和感觉，现在还非常清晰，好像就发生在昨天。

这一本书对我触动极大，胜过我在北大心理学系读的许多课程，我当时很喜欢做读书笔记，而且当时没有电脑，都是写在纸质的笔记本上。我写了满满的一本子读书笔记，可一次拿这个本子占座，弄丢了，当时心疼得不得了。

不过，本子虽然丢了，但智慧和灵性的种子却种在了我心里，后来，每当我感觉自己身处心灵的迷宫时，我都会想起这本书的内容，它就像灯塔一样，指引着我，让我不容易迷路。

那些真正的好书，就该有这一功能。

在《广州日报》写心理专栏时，我开辟了一个栏目"每周一书"，尽可能做到每周推荐一本心理学书，专栏后来有了一定的影响力，常有读者说，看到你推荐一本书，得赶紧在网上下单，要是几天后再下单，就买不到了。

特别是《我与你》这本书，本来是很艰涩的哲学书，也因为我一再推荐，而一再买断货，相当长时间里，一书难求。

现在，我和正清远流文化公司的涂道坤先生一起来策划一套书，希望这套书，都能有灯塔的这种感觉。

我和涂先生结缘于多年前，那时候涂先生刚引进了斯科特·派克的《少有人走的路》。很多读者在读完后，都说这是一本让人振聋发聩的好书，然而在当时，知道它的人很少。我在专栏上极力推荐这本书，随即销量渐渐好了起来，成为了至今为人称道的畅销书。然而，那时我和涂先生并不认识，直到去年我们才见面相识，发现很多理念十分契合，说起这件往事，也更觉得有缘，于是便有了一起策划丛书的念头。

我们策划的这套丛书，以心理学的书籍为主，都是严肃读物，但它们都有一个共同点：作为普通读者，只要你用心去读，基本都能读懂。

并且，读懂这些书，会有一个效果：你的心性会变得越来越好。

同时，这些书还有一个共同点：它们都不会说，要束缚你自己，不要放纵你的欲望，不要自私，而要成为一个利他、对社会有用的人……

假如一本书总是在强调这些，那它很可能会将你引入更深的迷宫。

我们选的这些书，都对你这个人具有无上的尊重。

因为，你是最宝贵的。

我特别喜欢现代舞创始人玛莎·格雷厄姆的一段话：

有股活力、生命力、能量由你而实现，从古至今只有一个你，这份表达独一无二。如果你卡住了，它便失去了，再也无法以其他方式存在。世界会失掉它。它有多好或与他人比起来如何，与你无关。保持通道开放才是你的事。

每个人都在保护自己的主体感，并试着在用各种各样的方式，活出自己的主体感。只有当确保这个基础时，一个人才愿意敞开自己，否则，一个人就会关闭自己。

人性的迷宫，人生的迷途，都和以上这一条规律有关，而一本好书，一本好的心理学书籍，会在各种程度上持有以上这条规律，视其为基本原则。

可以说，我们选择的这些书，都不会让你失去自己。

一本这样的好书，都建立在一个前提之上——这本书的作者，他在相当程度上活出了自己，当做到这一点后，他的写作，就算再严肃，都不会是教科书一般的枯燥无味。

这样的作者，他的文字中，会有感觉之水流，会有电闪雷鸣，会有清风和青草的香味……

总之，这是他们真正用心写出的文字。

每一个活出了自己的人，都是尚走在迷宫中的我们的榜样，而书是一种可以穿越时间和空间的东西，我们可以借由一本好书，和一位作者对话，而那些你喜欢的作者，他们的文字会进入你心中，照亮你自己，甚至成为你的灯塔。

愿我们的这套丛书，能起到这样的作用：

帮助你更好地成为自己，而不是教你成为更好的自己，因为你的真我，本质上就是最好的。

保护好你自己

| 武志红 |

1

恐惧，是人们很容易排斥的一种感觉。

因为依照精神分析理论，自我防御机制所防御的事物，可概括为“自我的虚弱”和“关系中的恨意”，而当体验到恐惧时，我们会同时体验到自己的虚弱，和把关系中的对方视为了敌意对象。所以，我们容易不喜欢恐惧。

但是，正如人类的一切体验都深具价值一样，恐惧也是一份珍贵的礼物，因为恐惧能让我们觉察到危险正在逼近。觉知到这一点后，我们就可以更大可能地保护自己。

在人类社会中，我们必须学会这个技能，因为，危险无处不在。

我们这本书的作者加文·德·贝克尔，是美国总统的安全顾问，是世界顶级危险预测专家，他一直在研究各种情景中的暴力与危险，也对如何保护我们自己，有了深刻的洞见和非常实用的可操作方法，很值得一读。

如果你身边有一个暴力狂，不管他是家人、朋友、同事还是仅仅是熟人，你都需要读一下这本书。如果这个暴力狂伤害过你，那你更需要这本书中的智慧。

如果你的人生中不断遭遇过各种危险，或者你深刻感觉到，你实在不会保护自己，那么这本书一样值得推荐。

2

贝克尔首先强调，你必须信任你的直觉。

他说，“思考是走，直觉是飞”。思考是按照逻辑去分析，推理，环环相扣，就像走路，一步接着一步；而直觉依靠感觉，就像飞行，可以穿越概念，直达本质。

我们每个人都在依靠直觉生活。父母生气时，即使一声不吭，孩子也能感受到父母的怒意；走进一个气氛紧张的会场，不用别人暗示，我们也能感觉到空气中的剑拔弩张；而足球守门员能够扑出点球，更是需要凭借直觉，因为他们根本就没有思考的时间；就连男女间的一见钟情，凭借的也是直觉。

直觉并不是玄学，从本质上说，直觉是“纯粹的感觉”，即放下经验和预判，分析和推理之后，纯粹去感觉事物的存在。

直觉是头脑开始思考前就已做出的第一反应，是我们和事物建立关系时那一刹那的感觉。尊重自己的直觉，能让我们受益匪浅。比如在选择婚姻时，直觉能让我们甄别出家暴男；在结交朋友时，直觉能帮我们筛选出真正的益友；在工作中，直觉能帮我们找到可靠的合作伙伴。

在书中，贝克尔举了一个例子：一位名叫汤普森的人想买几本杂志，他走进一家便利店，可突然就感到了莫名的害怕。他立刻转身离开了商店。他刚一离开，那家店就发生了枪击事件，一名刚巧进店购物的警察被歹徒击中。

救他命的是直觉。汤普森的直觉是如何发挥作用的呢？因为他感觉到了有很多反常的地方。他走进便利店时，店员没像往常一样打招呼，而把注意力全部集中在了另一位顾客身上。那位顾客穿着很厚的外套，当天的气温很高，外套显然是用来藏匿枪支的。此外，在便利店外，有两个男人坐在一辆旅行车中，车一直没有熄火。最重要的一点在于，汤普森感觉到了店员的不安和恐慌，敏锐地嗅到了危险的气息。

不过，所有这一切信息只停留在汤普森的直觉中，他的理智还没很好地发挥作用，他还没意识到、也不明白为什么会感到恐惧。但幸运的是，他尊重了自己的恐惧，信任了直觉，由此避免了危险。

相反，后来那位进店的警察，却没有这样的幸运。以他的职业来说，他本该更能洞察危险，但因为陷入了马丁·布伯所说的“想法的灌木丛”，认为大白天不会发生抢劫，认为自己负责的区域一直治安良好，结果反而成为劫案的受害者。

一个人感到恐惧时，一定是直觉捕捉到了身边的危险。此时，如果我们陷入了“想法的灌木丛”，告诉自己“不应该”或“没理由”感到害怕，我们对自身处境的感觉不再纯粹，直觉就会失效。而这样造成的教训实在是太多，也太惨痛了。

像郑州搭顺风车而遇害的21岁空姐，她在上车时，就感觉到了危险，并给朋友发短信说，司机夸她美貌，她的朋友意识到了危险，而劝她下车，但她可能忽略了自己的直觉。

还有像惨绝人寰的杭州保姆纵火案，雇主已经知道，保姆偷了很多财物，并且保姆有滥赌的行为，而且男主人不在家，但还是让保姆住在自己家中，这也很可能是，不愿意直面人性中的险恶，而启用了“想法的灌木丛”，也即自我防御机制，屏蔽了恐惧。

所以，要相信直觉，接纳恐惧，并听从恐惧的引导，能让我们在危险关头采取最有利的对策：有时，它让人装死，屏住呼吸；有时它让人逃跑；或让人尖叫求助，甚至奋起反抗。

贝克尔通过无数真实的案例，希望我们牢记这三点：

1）危险不是分析出来的，而是感觉出来的；

2）直觉比思考更能洞察事物；

3）如果在关键时刻，你感觉到了恐惧，又尊重自己这种恐惧的感觉，那么它就可以救你的命。

3

如果只讲直觉，那这本书的意义就不是很大，重要的是，贝克尔还在书中详细讲了，在各种常见的危险情景中，我们该如何保护自己。这些危险情景包括情侣之间、同事之间、名人和粉丝之间，以及普通的社会场合。

在所有的这些场合中，一种常见的危险分子，贝克尔称之为“骚扰者”，他们有一些共同的特征，例如在最初搭讪时，他们常常很主动，并且会严重忽略你的拒绝，然后一旦建立关系，他们就会表现得很执着很自我，同样意识不到，也接受不了你的拒绝，而如果你在拒绝中，和他们发生冲突，他们会被激怒，而被激怒的情绪，又会成为他们继续攻击你的理由……

如果你遭遇过“骚扰者”，你肯定知道我说的是什么。

那该怎么做？贝克尔的建议是：

1）在关系建立的一开始，就要识别这种不知进退、忽略你拒绝信息的人，然后拒绝掉他们；

2）一旦建立了关系，处在被骚扰中，那么最好的方式是，不要见他们，不管他们怎么表达，不和他们当面谈话，都是极为重要的，对此不要有任何幻想；

3）不要激怒他们，他们是很容易激怒人的，但不要与他们愤怒相向，因为他们的生活常常一败涂地，大家都在躲避他们，而如果你激怒他们，他们又在意你，那他们会有足够的动力报复你；

4）但不激怒他们，不是妥协的理由，你要尽快地拒绝他们，不要幻想“假以时日，他们说不定会改变”，因为关系建立越深，他们就会越要纠缠你，在不和他们建立关系这件事情上，你要非常清醒；

5）司法机构的“禁止令”，并不一定能起到作用，所以不要认为，最重要的是强力机构给你主持公平，最重要的，是你的安全；

6）保持镇定。

这都是大致的原则，而贝克尔根据不同情境，还有不同的建议。例如，如果一位女士的前男友是暴力狂，她已经和他分开了，但他纠缠不休，应该怎么办？贝克尔的建议是：

1）委婉的拒绝没有用，它反而会让暴力男有曲解，从而让你更难摆脱麻烦；

2）要绝对不予理睬；

3）要明确表达拒绝；

4）不要发好人牌，对一个潜在的骚扰者说“你是一个好男人，我们不合适”，会让他们这样理解：噢，我还有机会；

5）不要解释理由，因为既然有理由，那就意味着可以改变；

6）最佳回复，是不回复。

他特别强调说，男性骚扰者，会选择无法明确说“不”的女性为目标。

职场暴力也是很常见的，特别是，如果有一个严重的骚扰者，他也会给雇主带来巨大麻烦，对此，贝克尔不仅讲述了如何面对他们，也提了很宝贵的面试建议，这样你可以在一开始就把他们筛选掉。例如这些问题：

请描绘一下，你遇到的最好的雇主；

请描绘一下，你遇到的最恶劣的雇主；

请讲一下你遇到的挫折，以及你是如何应对的；

……

书中详尽的故事，到位的分析，极有说服力的可操作性建议，使得这本书都深具价值。

4

作为一名精神分析取向的咨询师，我也看到，贝克尔对这些骚扰者的分析和理解，也是很根本的。

他说，这些纠缠不休的骚扰者，“想要在身体和心理上都完全掌控一个人，或者是，想要控制整个工作，比如让别人完全采纳自己的建议”。并且，“他们只知道自己不想成为失败者，但又找不到通往成功的路”。

对于骚扰者等危险人物的分析，精神分析理论可以有更深刻更精彩的部分，而贝克尔的这些分析、理解和总结，也和这些理论是一致的。不过，很多时候，我们也不需要去做那么多理论的研究和探析，能知道如何识别危险、聆听恐惧与直觉并能可操作性地保护自己，这是极为重要的。

我真觉得，每个人都需要这样一本书，可以说，这是一本非战争年代的，普通人的“兵法”。

目录

CONTENTS

第六章

意外是如何被预测出来的

第七章

被人威胁，我们应该怎么办

第八章

甩不掉的“牛皮糖”

第九章

被人报复，应该怎么办

第十章

如何从家暴中逃离

第十一章

委婉的拒绝，让你难以摆脱麻烦

第十四章

极端危险下，我们如何安全逃生

第十五章

恐惧给你的礼物

身处险境时

The Gift of Fear

第一章

拒绝成为受害者，比一切都重要。

——玛格丽特·阿特伍德

我们都以为，那些可怕的事件，只发生在月黑风高的深夜，发生在偏僻陋巷，废旧的仓库，或鱼龙混杂的欢乐场。

我们都以为，只有莽撞、迟钝或缺乏生活常识的人，才会让自己置身危险，而正常人是不会那么倒霉的。

说到底，我们都认为，坏事只会发生在别人身上。

然而事实是，90% 以上的危险，都发生在最平淡无奇的日子，发生在我们都会放心前往的场合，发生在那些我们经历一万次也没出过差错的情景下。可就是那一回，我们因为经验、因为自信或者只是碍于情面，让自己成了恶性事件的主角。

危险来得或许突然，但却不会毫无预兆，每一次当你置身险境前，我们的直觉都发出过预警信号，如果我们能及时捕捉并相信那些信号，就能让自己从危险中脱身，拯救自己的生命。

下面这个故事中的受害者，也曾不止一次感觉到直觉发出的危险信号，然而却一再错失机会，当她终于听从自己的直觉后，也就赢得了最后的生机。

可怕的热心人

我们并不能确定，凯莉是否早就被那个男人盯上了，但我们能确定的是，她不是第一个落入魔爪的受害者。

那天下午，凯莉出门购物，但她显然高估了自己的搬运能力，于是，如何一次把所有“战利品”带回家，就成了个难题。天马上就要黑了，凯莉不禁权衡起利弊，如果分两次把这些东西带回家，就意味着她必须在天黑之后身处户外，而她是个有着极高安全意识的人，这对她而言肯定是个下策，所以她准备一次运完。当凯莉提着沉重的购物袋，来到公寓楼的门口时，她看到大门又一次没有关紧。“邻居们又没随手关门。”她暗自想着，尽管她常对邻居们缺乏安全意识感到不悦，但这一次她却很高兴，因为她不用自己掏钥匙了。

出于安全考虑，凯莉进楼后还是锁上了门，并且特意用力推了几下，直到听到门闩扣上的声音才放心。而这也意味着，那个男人在这之前就已经进入大楼，潜伏在了走廊里。

接下来，凯莉面临的最大难题，是通往她四楼公寓的楼梯，就在她快到三楼的时候，意外发生了——手里的一个购物袋终于不堪重负，裂开了一个巨大的口子，里面装着的猫粮罐头倾泻而出，纷纷迫不及待地滚下楼去。逃得最快的那个罐头，在二楼的平台上停了一下，凯莉眼睁睁地看着它，毫不夸张地说，它狡猾地拐了个弯，然后加速滚下楼去，直到消失在凯莉的视线之外。

“我捡到了你的罐头！我会把它带上来给你的。”有人从楼下喊话。从这个男人出声的那一刻起，凯莉就觉得有什么地方不对劲。她并不喜欢这个声音，然而没容她多想，面相友善的年轻人已经一边快步上楼，一边捡起了凯莉的那些罐头，转眼间就来到了她面前。

“让我来帮你拿点儿东西吧。”年轻人说。

“不，不用了，谢谢，我自己能行。”

年轻人却很热心：“但你看起来可不像自己能行的样子啊，你要去几楼？”

在回答这个问题之前，凯莉犹豫了一下，还是选择了据实以告：“四楼。但我自己可以的，真的。”

他一听，反而更热情了。“我也要去四楼。”他抱着一堆猫粮罐头，告诉凯莉，“我已经迟到了，都怪这个表坏了。所以我们就不要站在这里了，把你其他袋子给我，我帮你一起带上去。”他伸手去拉凯莉手中一个很沉的袋子。

“不，真的不用了，谢谢，我自己能行。”凯莉重复着这句话。

“你知道，有时候做人不用太逞强。”男人劝道，依然坚持让凯莉把购物袋给他。

凯莉拽着那个袋子，但片刻之后，她放开了手。正是这个不起眼的动作，表明凯莉已经愿意信任眼前的陌生人。凯莉移交出去的不光是购物袋，更是操控自身命运的权力。

“我们最好快点走，”他边说边走到了凯莉前面，“上面可是有一只嗷嗷待哺的猫咪在等着我们呢。”

尽管那一刻，他看起来仅仅是想帮点忙，但凯莉还是觉得有什么地方不对劲儿，只不过她一时还说不清楚。可是，当凯莉看见面前的这个男人，看起来是那么笑容和善，彬彬有礼，她不禁为自己的多疑感到内疚，她不想成为一个误解别人好意的人。

转眼，他们就走到凯莉公寓的门口。

“你知道一只猫不吃不喝也能活三个星期吗？”他还在轻松地聊着天，“你肯定好奇我是怎么知道这个小秘密的。有一次，我朋友离家前托我照顾他的猫，但我转过头就把这件事忘了。”

正说着，凯莉已经掏出钥匙，准备开门了。

“接下来就不麻烦你了。”她说道，暗示他把东西还给自己，并在接受她的感谢后能就此离开。但是，男人却拒绝了：“哦，不，帮人帮到底，我可不想东西再撒一次。”就在凯莉迟疑的时候，他突然善解人意地笑着说：“要不这样吧，我们就像老电影里的淑女绅士那样留着门，我保证我进去放下东西就走。”

凯莉最终让他进了屋，而他却违背了自己的承诺。

***

在向我陈述她被强暴和凌虐 3 个小时的经过时，凯莉会不时停下来，默默流泪。现在她已经知道，那个男人曾捅死过另一名受害者。

在我办公室外面的小花园里，我和凯莉促膝长谈，期间她一直紧紧握着我的双手，像溺水的人抓着救命稻草。凯莉今年 27 岁，在遭受这次不幸之前，她曾是一名咨询师，专门帮助患有精神问题的儿童，但她在遭遇不幸之后，却迟迟未能返回工作岗位。那个面似友善的年轻人利用了她的信任，在她的公寓里，对她进行了长达 3 个小时的折磨，留下了 3 个月都难以摆脱的噩梦。他摧毁了凯莉信任他人的能力，也践踏了凯莉的尊严与自信。

凯莉此刻还不知道，正是由于屏蔽了一个又一个直觉发出的危险信号，让她近乎命丧黄泉，这是她的不幸；但也正是因为她终于在最后一刻捕捉到了危险信号，才逃过了死亡的厄运，这又是她的幸运。她双眼噙泪，但眼神清澈，她想搞清楚那个男人到底用了什么伎俩，才让她如此轻率地放松了警惕；她还希望我能告诉她，是什么触动了她的直觉，拯救了她的生命。但能回答这些问题的人其实并不是我，恰恰是她自己。

“他拿枪指着我的脑袋，威胁我，然后强暴了我。事后，他起床穿戴整齐，关上了窗。之后他瞟了下手表，好像自己还有急事，要赶紧出门一样。”

“我马上要走了。你也不用这么害怕了，我保证不会再伤害你。”那一刻，凯莉意识到他并没有说实话，直觉告诉她，自己可能要被灭口了。尽管她并不清楚自己的判断因何而起，但却真切感受到了前所未有的战栗和恐惧。

男人挥了挥枪，威胁着凯莉：“待在这儿，别乱动。我先去找点喝的，之后就走，你老实待在这里。”他完全有理由相信，凯莉不敢违背他的指示，因为从松开购物袋的那刻起，她一直都被他掌控于股掌。“你知道我不会乱动的。”凯莉向他保证。

但就在这个男人走出卧室的一瞬间，凯莉一把拽起床单裹住了自己，翻身下床，悄无声息地跟了出去。“毫不夸张地说，我就走在他的正后方，像一个游荡的幽灵一样，他根本没意识到我在他身后。我们一起穿过了大厅，途中，他突然停了下来，我也跟着停下了脚步，原来是我的立体声音响正在播放音乐，他伸手调高了音量，之后，他走进了厨房，而我则转身飞快地穿过客厅。”

当凯莉迈出她的公寓大门的时候，还能听到身后的厨房里传来抽屉被拉开的声音。凯莉把门留了一道缝，以防关门会发出声响，然后直接走进她对门邻居的公寓（她知道对门的邻居经常不锁门）。邻居显然被凯莉吓到了，凯莉立刻做出“嘘”的手势，示意他们别出声，随即锁紧了邻居家的大门。

“我知道，如果我待在自己的房间里，他肯定会从厨房回来后杀了我，但我不知道自己为什么会如此确信。”

“不，其实你知道。”我告诉她。

她长吁口气，重新梳理了一遍过程：“他起床穿好衣服，关上了窗户，看了下时间。他说不会再伤害我了，我知道这是他随口胡诌的。之后，他应该就去厨房找饮料喝了，但是我听到他打开抽屉翻找东西的声音，他肯定是想找把刀，我很确信这一点，”说到这里，她停顿了一下，“因为开枪的声音太大了。”

“为什么你会有这个念头？”我问凯莉。

“我不知道。”凯莉思索了很长时间，她的目光穿过我，仿佛正透过我，看到那个男人在她公寓里干了什么，忽然她惊叫起来，“啊！我知道了，我抓到重点了，是因为他关窗户这个动作，让我猜到他接下来要杀死我。”

在穿戴整齐后，如果这个男人真的打算离开，他就没有必要去关窗。正是这个细微的动作提醒了凯莉，而由此带来的透骨恐惧则给了她勇气，驱使着她马上起身，尾随那个打算杀她灭口的男人，逃离自己的公寓。此外，后面的一个细节也能印证这一点：男人调高了凯莉家音响的声音，显然，他不希望邻居听到谋杀引发出的动静。

凯莉描述着那种四肢百骸都浸透了恐惧的感觉，就像是体内潜藏的一头野兽苏醒了，控制了她的肌肉和肢体，是四处蔓延的恐惧支配着她起身行走。“我的理智已经失去了对身体的控制，”她解释着，“我什么都没做，只在直觉的指引下穿过了大厅。”

凯莉经历的，是真正意义上的恐惧，不是我们平日里受到的惊吓，不是我们看恐怖片时感到的害怕，也不是将要当众演讲前的担忧和焦虑。这种强大的恐惧，能在我们危难之际发出不容置疑的命令：“必须按照我的意志行事。”有时，它让人装死，屏住呼吸；有时它让人逃跑，或让人尖叫求助，甚至奋起反抗。而对凯莉，它发出这样的指示：“安静下来，不要出声，不要怀疑我，我自然会给你安全。”

凯莉告诉我，当她知道自己在恐惧中接收到直觉发出的危险信号，并听从它的指引，成功自救的那一刻，她终于对自己重拾自信。在此之前，她已经受够了人们对她轻易放人进屋的指责，也厌倦了自怨自艾。她说，她从我们的对话中领悟到了很多，她再也不会放任自己身处险境了。

“这件祸事，可能也会给我带来一丝好处，”她斟酌着措辞，“在这之前，我很怕晚上待在室外，现在反而没那么害怕了，真是很奇怪。但我认为，人们肯定能通过更简单的方式学会保护自己，不用像我付出这么沉重的代价。”

她的话启发了我。我想，这种拯救了凯莉的力量，也可以用来拯救其他人，甚至能让他们在尚未卷入危险前，就安然脱身。凯莉的经历和感悟充分说明，我们可以依靠直觉来保护自己，免遭不测，而恐惧则是一件礼物，可以在关键时刻给我们智慧和勇气，最终化险为夷。我写这本书的初衷，就是希望大家都能相信自己的直觉，不立危墙下，不临险地中。

危险真的猝不及防吗？

我对暴力的研究已经持续了很多年，也曾预测过形形色色犯罪者的行为，包括谋杀者、跟踪狂、潜在的暗杀者、受拒的前男友、性格孤僻的枕边人、愤怒的前雇员、连环杀手等，所以我被誉为这方面的专家。或许，我确实比别人经验丰富，但在这本书中，我却想告诉每个人——你也能成为预测暴力行为的专家。**我们生来就能分辨自己是否身处险境，每个人的内心都有一名优秀的守护者，能适时提醒我们危险降临，指引我们安然逃离险境。**

多年来，我与暴力事件的幸存者进行交谈时，每当问他们“事发前，你是否察觉到一点征兆”，他们的第一反应往往是否认：“不，这件事完全猝不及防。”但如果我故意沉默一会儿，故意给他们多些时间思考，就会得到截然不同的答案：“其实，看到那个人的第一眼，我就觉得心神不宁了”，或是“现在回想一下，当他接近我的时候，我确实怀疑过他”，抑或是“我现在明白了，那天早些时候我曾见过那辆车”等等。

毫无疑问，既然他们现在能意识到这些问题，那么事发时，他们也必然会有所感觉。正是因为暴力自有特征，所以他们才能察觉到这些信号。而在接下来的几章中，我会告诉大家一些辨识暴力的小技巧，而这种能力，是我们与生俱来、却又经常忽略的。

***

事实上，人们往往只看见了海水的波涛汹涌，却看不见海洋深处层层涌动的力量。同样，人们也常常只关注暴力事件本身，而看不到人们内心翻滚的黑色的暴力能量。当这种暴力能量从心中涌出时，有些人只感到了一阵风，虽有不快，但很快烟消云散；有些人则像处于飓风中心，将自己和他人都毁灭殆尽。没有任何一个人能永远不受内心暴力能量的蛊惑。**暴力是人类的一部分，它不光存在于我们周围，更扎根于我们内心。**人类在爬到食物链的顶端后，再无力量能让我们置身危险，于是我们自己成了危险的制造者，将矛头对准其他同类。

仅仅在过去的两年时间里，因枪伤身亡的美国公民人数，比在整个越南战争中丧命的美国士兵还要多。平均 24 小时内，有 400 多名美国人在枪击中受伤；有 1100 多人面临持枪挟持。而每个小时中，有 75 名妇女像凯莉一样，落入了受人凌辱的境地。

暴力面前，谁都没有豁免权。在过去的 35 年中，美国受到攻击的名人，比过去 185 年的总和还要多。而普通公民也活在不安中，“他杀”已成为职场女性丧命的首要原因，而职场外同样危机四伏。打个比方来说，假设有一架满载乘客的大型喷气式客机不幸坠毁，机上无人生还，即使这样的惨案每个月发生一次，一年中坠机身亡的总人数，依然不及一年中被枕边人谋害的女性人数。

孩子们的处境更让人揪心。1995 年 4 月 19 日，美国俄克拉荷马市发生恐怖袭击，168 人因此丧生，其中包括 19 名儿童。我们通过电视看到惨烈的画面，为无辜的孩子痛心无比，然而我们不知道的是，就在同一个周末，美国有至少 70 名儿童丧生于自己父母手中，其中大部分人尚未满 5 岁，且每周如此。并且，每年有数以百万计的儿童，他们虽然逃过了死亡的魔爪，但是仍然陷入被家暴、被霸凌的困境，而且这一数字连年来从未降低。

数据冰冷残酷，却并没能唤醒我们去关注身边的暴力行为。我们都以为暴力和自己尚且存在距离，都习惯于注意那些大事件，而对生活中潜藏的危险全无意识。实际上，暴力的受害者很可能就是你的同事、你的朋友或你的邻居，她可能称赞过你的球技，在药房帮你开过药，或者对你的烦心事给出过建议，但你不知道的是，她在亲切平静的表象背后，却不得不为了治疗家暴造成的伤口，而频繁出入急诊室。

我之所以列举出这些事实，是希望人们能够明白：我们每个人，或者自己所关心的人，都可能在某个时刻沦为受害者。只有认识到这一点，我们才能摆脱侥幸心理，在风险来临时有所准备。我知道，依然会有部分读者怀有侥幸，会用“危险都是偶然的”把自己排除在危险范围外，会觉得：“生活中当然存在很多暴力事件，但大都发生在闹市区。”“没错，很多女性都遭受了家暴，但我还是单身呢。”“暴力行为主要集中在青少年中，受害人大多是老弱病残。”“只有深夜外出时才有可能遇到危险。”“有些人纯粹是自作自受。”诸如此类的想法不计其数。

心存侥幸的人愿意相信：只要嘴上不承认这个事实，就能获得内心的平静。但他们一旦落入险境，将比那些一直相信存在风险的人，付出更多的代价。

安全，只能依靠自己

当我们站在铁轨上时，一列火车飞驰而来，我们如果选择逃离铁轨，必然是出于两个条件：一是，我们注意到了列车正向我们驶来（确认危险存在）；二是，我们预测列车并不会刹车避让我们（确认危险不会中途消失）。然而，当危险藏身于平凡生活中，我们想要躲避其伤害，却比躲开一列火车要难得多，一个重要的原因就在于，我们总是自欺欺人，不愿承认火车正朝着自己呼啸而来。

很多人理所当然地认为，自己没必要了解暴力，因为总会有人对暴力负责：警察会处理暴力事件，司法制度会惩罚实施暴力的人，专家学者会针对暴力提出建议。尽管我们每个人都有可能遭受暴力，也都有可能使用暴力，尽管我们每个人都有能力为减少暴力做些什么，但我们还是更愿意将话筒推给别人，甚至是那些对暴力持消极态度的人。他们会告诉我们，暴力是无法预测的，我们只能听天由命，还会劝你相信，担惊受怕是人生的必修课。

但事实是，这些陈词滥调没有一句是对的。

***

在漫长的人生中，我们不可能时刻有专家辅助，必然有些时刻需要自己独立预测一些行为。我们只能通过周遭人的外在行为来判断一个人，并选择与合适的人交往，避免那些危险的人成为我们的老板、员工、导师、商业伙伴、朋友、情人或终身伴侣。

无论何时，我们都要明白一点：自己的安全必须自己做主。**保证自身安全，不能指望警察、政府、公寓大楼的管理者、安保公司或某个行业，而要依靠你自己**。在这方面，我们一向喜欢偷懒，把希望寄托在别人身上，奢望通过花钱消除风险，甚至从未考虑过钱花得值不值。每天早上送孩子去上学，我们理所当然地认为学校能够保护孩子的安全，但在本书中，你会看到事实并非如此。我们信任保安，但即使是保安也没能阻止疯狂作案的山姆之子（1976—1979 年间，活跃在纽约的连环杀人犯），没能防止约翰·列侬被枪杀（英国著名摇滚乐团“披头士”成员，1980 年 12 月 8 日在纽约被枪杀），没能震慑住臭名昭著的山腰绞杀手（1977—1979 年间，活跃在洛杉矶的堂兄弟连环杀手组合），也没能预防其他无数纵火犯、强奸犯的累累罪行。

说到这里，你还敢对安保行业深信不疑吗？是否依然觉得保障你安全的责任在政府、警察或其他人身上？我们的司法部门维护着社会的稳定，但是我们更需要的，则是一个预防暴力的部门。比起事后伸张正义，不如在事前重视安全。

你或许也曾寄希望于科技手段，然而最终会发现，科技并不能阻止暴力的发生。解决暴力的真正方法，其实早就潜藏在你我身上，这项重要的能力，就是——**直觉**。

直觉至关重要，但人们对于直觉总是存在着偏见，尤其是看重逻辑的西方人，常对此表现得不屑一顾。长久以来，直觉都被视为“情绪化”“不合理性”或者“莫名其妙”的代名词。丈夫会对妻子的“女性直觉”嗤之以鼻，将她们的话视为儿戏。如果一位女性用直觉来解释她的选择，或因直觉的提示而产生忧虑，她的丈夫会不以为然地翻白眼。我们更愿意相信那些严谨的逻辑思考：理由充足、推理严密、不受感情干扰，最后还能有个可靠的结论。所以在现实中，即使是错误的逻辑，人们依然盲目崇拜；而即使是正确的直觉，也会视而不见。

其实，男性也有属于他们自己的直觉，但与所谓的“女性直觉”相比，他们认为自己的直觉更有逻辑可循、更举足轻重。他们把这种发自内心的直觉称之为“男性直感”，但同样，这并不是一般的感觉。

比起世上最精妙的计算机运算，直觉的作用过程更为卓越，也更符合自然规则。这是一次认知的过程，最复杂深奥，同时也最为简单。

直觉把我们的本能和外面的世界相连。摆脱理性的束缚，能让直觉做出令人惊叹的正确预测。可能是一次不期而遇的邂逅，或是久未联系的朋友突然来电，或是周围人的反常行为，或是一次死里逃生的经历。当事人会说“虽然说不清理由，但我就是知道……”像凯莉一样，每个人都在无意识地使用直觉，只是自己当时没能意识到。

一对夫妇曾向我预约，希望通过谈话，找到骚扰电话的幕后黑手。根据来电内容，他们已经知道这是熟人作案，但无法锁定目标。是她的前夫？性格古怪的前房客？被他们装修工程惹烦的邻居？还是被他们炒了鱿鱼的包工头？

他们认为我这个“专家”会给出答案，但事实上，答案正来自他们自己。通常，当讨论作案嫌疑人的时候，如果客户不经意间说出这样的话：“你知道，有这么一个人，虽然我没有充分的证据证明是他，但我有一种直觉，我不想随便污蔑人，只是……”谈话到了这里，我就可以示意他们可以回家、并把支票给我寄来了，因为他猜测的那个人，就是幕后真凶。

我接触过成千上万的案件，所有环节中最有价值的，就是当事人自己的经历。他们身上早就蕴藏着问题的答案，只是有时难免当局者迷，所以，我经常引导客户把直觉大胆说出来，点拨他们看到真相。这项技能让我备受推崇，但我做的，不过是教他们坦言直觉传达的信息。咨询一开始，我就会告诉他们，任何人都可能是幕后黑手，当我的客户又进一步做出猜测：“做出威胁的人，可能会有这些举动吗？”我会告诉他们：“是的，经常会发生这样的行为。”以此来引发客户积极思考。

在和受匿名威胁的受害者交谈时，我从不直接问这样的问题："你认为是谁在向你发出威胁？"因为多数受害者根本没想到可能是熟人作案，这样的问法会更约束他们的思路。所以，我会问一些开放性的问题："你觉得谁有可能发出这样的威胁？"这能引发开放式的答案，然后我会和客户一起，暂时不考虑作案动机，先把有条件、有能力进行匿名威胁的人都列出来。之后，我会让客户在每个名字后添上一项作案动机，即使那动机听起来非常荒谬。正是这个过程，让他们摆脱了压力，不用力求正确，只要发挥创造性即可。同样也是出于这个原因，在脑洞大开的各色推测中，总有一个会是正确答案。

探寻答案的过程，就像拼图游戏，只要把无数细节组合在一起，就能揭示事情的全貌。这些细节我见过太多了，自然能比他人更快地辨认出隐藏信息，但我的主要工作是通过引导，让客户自己去回忆和挖掘。

当你跟随我解读"人类的暴力行为"这幅巨大拼图的时候，你会看到，在暴力行为发生前，已经有了无数的拼图碎片，而痛下杀手的那一刻，其实是在拼齐最后一片。在漫长的人生过程中，如果你愿意探究人类的行为，反思自己的本性，你将会发现，所有的细节都是有迹可循的。最为重要的是，我希望大家都能明白：在拼齐所有碎片之前，你就已经可以看到整体的轮廓。

***

暴力行为真的可以防范吗?

我们常用“出乎意外”“突如其来”“猝不及防”来形容暴力事件的发生。正是这些词强化了以下概念：预测人类行为，是不可能的。但事实真的如此吗？在早高峰中，我们开车前往目的地，一路上会预测成千上万同行者的行为，这些预测往往出人意料的精准。即使没有人提醒，我们也会下意识地去读取那些细微的信号，如旁人轻微转头的动作，或是路口处司机示意通过的眼神。我们心怀警惕地观察着，提防那些不按常理出牌的司机，即使我们认为很多行为是极难预测的，我们还是做到了。生活中，预测无处不在，比如在使馆中，签证官能通过一个细微的动作，判断出一个人是不是在撒谎。而在生死关头，预测更能发挥奇效，飞行员能在交战中精准揣摩对手的意图，从而躲避那些迅猛的炮弹。

但现在我们却还认为，自己无力预测人类的行为，这难道不矛盾吗?

预测贯穿我们的生活：家长可以预测孩子受到警告后的反应；警方可以预测证人被质询后的反应；律师可以预测陪审团听到证词后的反应；广告商可以预测消费者看到广告后的反应；导演可以预测观众观看演出的反应；夫妻之间可以预测彼此对某句话的反应；作者可以预测读者对文中措辞的反应，等等。与上述这些预测相比，对暴力的预测反而更容易。但是，因为我们总把暴力视为变态狂的骇人之举，所以难免认为暴力根本无从预测。

在珍·古道尔博士录制的黑猩猩纪录片里，雄性黑猩猩会跟踪并杀害其他部落的同类。研究表明，这些看似无缘无故的袭击，很可能是它们在保护领土或控制种群。我们连黑猩猩的暴力行为都能分析得头头是道，却无法理解人类自己的暴力行为，这才叫不可思议。

我们之所以认为人的行为无法预测，是因为我们宁愿把人当作一种无限复杂的生物，思维千变万化，行为各不相同。我们宁愿相信，人类的暴力行为超过了我们的认知范围，因此预测暴力比中大奖还难。我们还会告诉自己，暴力行为不会那么巧就落在自己身上。正是因为这些自欺欺人的观点，才让受害者最后饱受痛苦，而犯罪者日益猖狂。

人类之间的暴力行为，并不像我们想的那么“随机性”并“无意义”。**人类的暴力行为，都是目的明确、理由充分的，至少对行凶者本人来说是这样。**如果一上来就给它们贴上“无意义”的标签，我们就不会想要深入探究其中的意义了。

我们常把残暴的行凶者称为魔鬼，但当你分析了他们身上的人性——和你我的共同点时，就会发现，他们的“兽行”是完全能够被预测的。在接下来的章节中，你可能将第一次接触到一些恶性案件，但你会发现，很多细节你都似曾相识，都出现在你的真实经历中。同时，你会接触到很多生活中的暴力案例，比如愤怒的情侣在争吵中大打出手，这些案例与我们更加息息相关。

***

有一位丈夫持枪来到前妻的公司，开枪打死了她。这看起来猝不及防，然而正是在这一天，这个男人同时收到了法院的离婚判决书，和禁止接近前妻的人身限制令，不仅如此，这天还恰好是他的生日。新闻中还提到了这些细节：这个男人此前曾多次威胁恐吓妻子；案发前一周，他曾用枪指着她的脑袋；他曾多次暗中跟踪过她；他刚刚被炒了鱿鱼。即使已经有如此多的预警信号，暗示他可能走上不归路，但新闻的最后还是这样总结："警方认为，没有人能预测这出悲剧的发生。"

我们都不是孤立的个体，感知导致想法，想法导致冲动，冲动导致行动，环环相扣有迹可循。所以个人的行为一定会被他人察觉。而通过察觉，我们也能为以下问题找到解答：我怀疑的那个人，真的会伤害我吗？被我解雇的员工，反应会很激烈吗？对于不肯善罢甘休的人，我该如何摆脱？面对威胁，什么是最佳的解决方案？陌生人会给我带来威胁吗？我家的保姆会虐待孩子吗？孩子的身边有危险人物吗？我的孩子有可能成长为暴力狂吗？怎么才能保护我重视的人不受伤害？

这些问题生死攸关，但我相信，当大家读完这本书后，不仅能更好地回答出以上问题，还会挖掘出自己早已具备的、预测危险的敏锐洞察力。

为何我会做出这样的断言？那些曾亲历险境的客户们，就是我最好的老师，在过去40年的工作中，他们让我受益匪浅。

我打电话给凯莉，说我计划用一年来完成这本书（最终我花了两年时间）。就像之前感谢其他客户一样，我也感谢了凯莉，和她的对话让我收获良多。“哦，我的案件中并没有什么新东西，但有个问题我很好奇，哪一个案件对你影响最大，让你收获最多？”凯莉问我。

一时间，我的脑海中浮现出太多的案件，我告诉凯莉，我还不清楚。但当我挂上电话的那一刻，我的问题有了答案。我的思绪，开始飘回到10岁时的那个房间。

10岁那年的枪声

一个女人握着一把小型半自动手枪，枪口指向她的丈夫。丈夫正伸出双手护在身前，和女人对峙着。女人很焦躁，不时改变握枪的姿势，并且低声重复道：“现在，我要杀了你。”这是个30多岁的女人，即使穿着最普通的黑色休闲裤和男士衬衫，也能看出她身材匀称，非常迷人。而此刻，她握着的枪中装满了8颗子弹。

我远远地站在大门附近，清晰地目睹了这一幕。心中预测着，事情是否会恶化成谋杀案。而其中的关键，就是判断这个女人是否在虚张声势。这次预测的风险很高，因为除了那个命悬一线的男人，屋里还有两个年幼的孩子。

我知道，这个女人表达出的这类威胁，往往只是放狠话，很难真正落实。口头威胁和所有威胁的本质一样，暴露出她已经不能用其他方式掌控事态的进展。接下来，她要么硬着头皮履行威胁，要么干脆反悔放弃。如果她的威胁能够引起男人的恐慌，那她可能会为得到关注而满足，事情也会到此结束。

但也不能排除她会真的扣动扳机。

事实上，我看到一直有一股力量，不断驱使她扣动扳机，而另一股力量又催促她丢开手枪，这两股力量像两股飓风般相持着，在这个女人身上交织起伏，让她在满怀敌意和心境平复两种状态中随时转换。在某个时刻，她会很想下手；而下一秒，她又会觉得，自己不能这样做。在现实中，暴力，往往是一些人最后的无奈之举。

在整个对峙过程中，女人一直紧紧地握着手枪，坚定地指着她的丈夫。

那个男人在枪口的威胁下一动不动，只敢发出紧张短促的呼吸声。他的双手始终护在身前，仿佛这样能挡住飞来的子弹。我分心地思考了一下如果被打中受伤的程度，但我的理智立刻让我回神，继续我应尽的责任。我不能错过任何一丝细节。

此时，女人有些放松下来，整个人显得格外平静。这看似是个良好的信号，但我却在判断，她短暂的平静，是为了重构理性的思考，还是在为枪杀做准备？我搜寻一切细节：我注意到她赤着脚，书桌被推倒了，里面的文件凌乱地撒落了一地，墙上的电话被撞掉下来，玻璃杯也被摔碎了。经过迅速评估，我将这些无用的细节转瞬抛到脑后。

终于，我发现了一个至关重要的细节，尽管这看起来几乎可以忽略不计。女人的大拇指稍稍移动了一下，放在了手枪的击锤部分，这个微不足道的动作，比她之前所有的语言威胁都更有力地证明了：她要下手。接下来，她开始滔滔不绝地宣泄她的愤怒。片刻之后，她给枪上了膛，这个明显的强调性动作，增加了她的威慑力。随着她的愤怒逐渐升级，一切似乎都在催促我，必须尽快完成这次预测，让我有足够的时间可以应对局面。最好的预测，一定充分利用了所有可用的时间，并在千钧一发之际力挽狂澜。

就像预测前车是否会突然减速一样，对于危险的预测虽然复杂，但也是我们通常都能及时判断的。在事发当天，我尚且不知道什么是“危险信号”，但我已经无意中仰仗了它的多次帮助，并化险为夷。

“危险信号”，是指在后果发生前可监测到的预兆。比如，踩上梯子的第一级是登顶的预兆，而登上的台阶越多，意味着登顶的可能性越大。所有人的实际行动都由两次完成：一次在计划中，一次在行动中，而想法和冲动，就是最终行动的预兆。

那个女人发出杀人的威胁，是她行动的第一步；在争执过程中，她拿出了手枪，则是下一步。

现在，女人后退了几步。或许在一些人眼中，这是她让步的表现，而我却警觉到，这是她扣下扳机前的最后一个信号——手枪不是用于肉搏的武器，所以她需要一段距离完成瞄准，这样还可以避免伤到自己，并避免鲜血飞溅到自己身上。至此，我完成了最终的推测，并且按照这种推测迅速行动起来。

我跑过厨房，路过被遗忘在炉灶上烧焦的食物，跑过了大厅，然后钻进了一间小小的卧室，有个女孩正在里面睡觉。当我走到床边，想唤醒女孩的时候，枪声响起了。我被枪声吓了一跳，却一点也不意外，反倒是接下来的寂静，让我深感不安。我原本计划着，把女孩带出这栋房子，但此时我放弃了这个想法，我告诉她："乖乖待在床上。"她还只有两岁大，不知道事态的严重性，但我已经10岁了，足以明白发生的一切意味着什么。

上面故事中，那个开枪的女人是我的母亲，被击中的是我的继父，而那个两岁的小女孩，则是我的妹妹。

***

需要说明的是，这不是这栋屋子首次响起枪声。几个月前，我的母亲曾意外将一颗子弹朝我打来，我与那颗子弹擦身而过，甚至能听到它在空气中的震动声，直到它最终没入墙中。

在走回客厅的路上，我闻到了火药的味道。我努力倾听着，想在回到事发地点之前弄清楚现状，就在我尽力搜寻一切细微动静时，突然听到一阵巨响：那是多发子弹连续射击的声音。这是我没有预料到的，我急忙拐弯跑进大厅。

我的继父双膝跪地，母亲正俯身去看他，似乎在查看伤势。我能看到他的双手和双腿上都有鲜血涌出，当他抬头看到我的时候，我显得很镇静，他之前大概从未想到会发生今天这样的事情，但我却早想到了。

那把枪，就扔在离我不远的地方，我弯腰抓着枪管把它捡了起来。枪上的温度尚未散去，滚烫的枪身握起来很不舒服。

原本，我打算拿到枪就从后门跑出去，但现在我有了新的预测。我确定母亲已经通过那几发子弹，把她大部分的暴躁和沮丧宣泄出来了，于是，我把枪藏在了沙发靠垫的后面。至少在当前这一刻，她已经恢复了理智，重新转换成一个贤内助的角色，清理着她丈夫的伤口，仿佛罪魁祸首不是她一样。她又成了我们家的主心骨，会确保我的继父伤势无忧，会和闻风而至的警察以及救护人员周旋，也会把我们的生活重新引回正轨，她是万能的，仿佛能让墙里的子弹重回枪膛一样。

我走回房间去看我的小妹妹，她正充满期待地坐在床里等着。我曾听人说过，经历过危险后，人会感到尤为安心和放松，于是我躺在了她的身边，很快，我就进入了梦乡。

当一年后我们搬家时，房子的墙壁和地板上还嵌着 9 颗子弹。那栋房子现在还静静地矗立在那里，那些子弹或许也还残留在那里。

***

我曾凭借自行设计的 MOSAIC 威胁评估系统，受到美国的司法部长和联邦调查局主任的嘉奖，但没人知道，这个系统最初的灵感，来源于一个 10 岁的男孩。我在孩童时代解读危险信号的方法，如今被应用在预测暴力行为的人工感应系统中，曾经困扰我的噩梦，成了让我受益的良师。

我经常被问到，我是如何涉足我的工作领域的。如果通过电影的手段来表现，答案就藏在一幕幕场景的切换中：上一幕，我还在 11 岁时，和众多追星族一样，追着豪华轿车呼喊着，只为能亲眼看到伊丽莎白·泰勒和理查德·伯顿，下一幕切换到 8 年之后，我就坐在那辆豪车里，为这对名人工作；上一幕，是我震惊于肯尼迪总统遇刺身亡的消息，下一幕，我与政府部门进行合作，预测阻止刺杀总统的袭击；上一幕，是我对母亲受到前任丈夫的家暴而手足无措，下一幕，我在培训纽约警局上百名探员，教他们用新的方式评估家暴的场景；上一幕，是我在母亲试图自杀后，去精神病房探望她的场景，下一幕，则是我作为加州州长的顾问，一同视察精神疗养院。

概括起来，就是从我与恐惧为伴生活的场景，切换到我帮助他人管理恐惧的场景。

我的童年并不是一部电影，但却出现了很多只有电影中才会出现的事件：追车、打斗、枪击、命悬一线、自杀等。这些情节对幼年的我来说，曾经没有任何意义，但现在不同了。我从黑暗中走出，帮人们寻找光明，我每天都在努力提高人们对危险的认知，教人们如何利用恐惧的礼物。

其实，这种神奇的预测能力人人皆有，下面，我们就通过探讨对危险的预测，让大家学会如何用直觉帮自己避险。而在此，我仍然要强调：**恐惧，是事关个人安危的关键因素，其重要性却常常被低估**。

通过这本书大家会发现，当直觉正确地探测到了危险信号，心中的警报就会适时响起，恐惧变成了珍贵的礼物，为我们带来更加安全的生活。

直觉是最高的“科技”

The Gift of Fear

第二章

科技并不能拯救世界。计算机、工具或是机器设备，都不具备这种能力。我们只有依赖自己的直觉，依赖我们真正的资本。

——约瑟夫 · 坎贝尔

我们无法命令危险永不发生，无法命令别人永不伤害自己，无法命令政府或者警察保护我们一世平安，我们可以命令的只有自己。然而，也正是靠着我们自己的直觉，让我们即使身处悬崖边缘，也能抓住通向安全的绳索。

思考是走，直觉是飞

相信你的直觉，而不是科技，将保护你免受暴力的威胁。一位名叫罗伯特·汤普森的来访者，他的遭遇足以印证以上观点。

“我走进那家便利店，原本是为了买几本杂志，可突然就感到莫名的害怕……我立刻转身走向店外，但我并不清楚自己为什么会恐惧，以及是什么驱使着我离开。后来我听说，就在我离开不久后，那家店就发生了枪击事件。”

罗伯特·汤普森是一名飞行员，此刻，他正向我诉说这次与死神擦肩而过的经历，我则负责询问他当时的所见和所感。

“那只是一种直觉。”汤普森此处停顿了一会儿，好像在回忆着细节，“现在回想起来，我会离开那家店，可能是因为店员当时的反应不合常理，引起了我的警觉。我习惯了店员在我进店时打量我，但那天我进去后，店员却只快速瞥了我一眼，他的注意力一直在店里的另一位顾客身上。我想，我肯定是感受到了他身上的不安和恐慌。”

对于他人的直觉，我们会有种本能的尊重。一旦意识到他人嗅到了危险气息，我们也会随之心生警惕，进入戒备状态。比如，我们看到原本正在打盹的宠物突然惊醒，然后深深凝视着漆黑的走廊时，我们也会汗毛竖起，小心地望向同一个地方。

汤普森继续描述当天的情景：“我注意到，那位被店员关注的顾客，正穿着一件又厚又肥的外套。现在我明白过来，那天很热，他之所以会穿不合时宜的外套，很可能是为了遮住身上的枪。而且在便利店外的停车场，我看到有两个男人坐在一辆旅行车里，车一直没熄火，我也是后来在新闻里看到警方公布的车辆型号时，才想起了这件事。每个细节都联系起来了，可是在当时，那些细节对我来说没有什么用。”

“事实上，这些细节确实起了作用。”我告诉他。店员的恐慌；高温天却身穿厚大衣的顾客；没熄火的车，和其中坐在车里的男人；还有就是他长年累月阅读相关新闻，无意中对其他便利店遭抢劫的情形有一定的了解；再加上他无数次开车路过这里时，发现经常有警察出入……把所有这一切串联在一起，他突然感到害怕并转身离店，就变得合乎情理了。就在他刚刚走出便利店，偶然入店的警察因为撞见店内的抢劫案件，而被劫匪射杀了。

这种被汤普森和很多人称为“巧合”或“直觉”的东西，实际上是个认知的过程，但这又不同于我们熟悉的逻辑思维，它起效更快、费时更少。

我们总认为逻辑思维才是可靠的，然而事实并非如此。自然界最杰出的作品，就是人类的大脑。尤其是当人处于危难之际时，大脑总能发挥出前所未有的作用，将直觉提升到全新高度——一个称得上奇迹的高度。如果说，逻辑推理像是缓慢的步行，直觉则像是飞行，腾空飞翔，直冲云霄，它让我们从字母 A 直接跨越到字母 Z，省略掉冗长的中间过程。

关键时刻，直觉比知识更有用

直觉的效率如此神奇，但人们对它知之甚少。当直觉仅仅发挥着最基本的作用时，人们却总认为这是不可思议的，是连科学都无法解释的。一位女士曾语气神秘地告诉我：“我简直不能相信！在电话铃声响起的那一刻，我就知道是我大学室友打来的，我们很久都没联系了。”很多人都有过类似的经历，我们总认为“能预测出来电人”这件事无比神奇，其实不然。就拿这位女士来说，在学生时代，她和那位室友都曾对“女性无法成为航天飞行员”的观点愤愤不平，这是她们共同的牵绊。而就在电话响起的那天清晨，一名女性飞行员因航天飞机爆炸而不幸逝世，两位老同学看到新闻后，不由想到了彼此，于是有了那次连线，这哪里算得上奇迹。

然而，这些一度让我们惊奇不已的直觉，却在我们面临危险时，被轻易抛在了脑后，被迫让位给思考。我们总是无视直觉的提醒，强迫自己去相信理智，不过有科学研究表明，理智并不比直觉更可靠。

研究显示，直觉是人类基于认知发展的一种神秘反应，是调动我们的既往经历、预测能力和感官信息，对信息进行处理，科学家将这个过程描述为“预测进程框架”。

直觉能确保大脑总是尽可能做好准备工作，以最佳方式处理当前情况。当出现了与你的认知严重不匹配的情况，直觉就会出现，为你拉响警报，而这时，你的意识很可能还对此一无所知。

在《感觉的自然史》一书中，作者戴安娜·阿克曼写道：“大脑就像是一名优秀的舞台管理者，我们在台前演出的时候，它已经在台后处理好了一切。我们每看到一样新事物，大脑的所有感官都会被调动起来，用以评估眼前的事物。”我认为，大脑的作用不仅如此，它更可以像优秀的卫兵那样看问题。大脑会评估事件发生的背景环境，评估我们的感受是否合理与重要。这些卫兵能够区分事件的轻重缓急，能衡量诸多细节，并抛开那些无关紧要的细节，将有价值的信息传递给我们，其中就包括那些让我们从危险逃出生天的信号——那些我们在有意识的情况下也无法辨认出来的信号。直到最近我才发现，英文中“直觉”（intuition）一词，来源于拉丁语“tuere”，本意就是“防范和保护”。正如发生在罗伯特·汤普森身上的事一样，直觉保护他躲过了危险。但为何，之后到来的警察没能像他逃过一劫呢？很可能，那名警察和汤普森所感觉到的并不相同。汤普森看到停车场里只有一辆车，但那名警察看到了两辆，还有一辆是汤普森的，于是以为店里仍有少数顾客在购物；汤普森看到的是店员脸上的不安和恐惧，而当警察进入便利店后，看见的则是店员如释重负的神情，因为店员看到警察，觉得自己终于得救了；当然，还有一个重要的原因，就是这名警察被自己的经验所累。或许在警察看来，武装抢劫多数发生于夜晚，于是放松了警惕。但显然，这次事件却正好是个例外，于是上演了“善泳者溺水”的悲剧。

人一旦局限于自己的经验，即使是专家，也还不如一个外行更能发挥其创造力和想象力。当人对既有问题的模式和结构熟稔于心时，难免忽略掉一些新的细节，更不要提这些细节所代表的重大含义了。禅宗大师铃木俊隆曾经说过：“初学者的大脑空无一物，因而能不受任何专家的束缚，随时准备去接受，去感受，去质疑，去拥抱一切可能性。”这就是所谓的“新手的好运”，古往今来，一直有人被这种好运眷顾着。

在某些领域，直觉的处境更加尴尬。有些从事科学工作的人，也会有意无意地依赖自己的直觉，但其他人却不鼓励他们这样做。大家想象一下，如果你去找医生看病，他是这类疾病的专家，但你还没接受检查，他就告诉你：“你好着呢，出去吧，顺便找外面的接待员付一下账单。”你很可能认定，这种凭直觉做出的诊疗不能信任。

我有个朋友是牙医，他经常需要动用一大堆仪器，病人才会相信他对病症的直觉判断。他说：“我把这叫作跳踢踏舞。我必须跳上几步以后，病人才会说：‘好了，可以了，我看见你会跳舞了。’只有这样，他们才会觉得钱花得物有所值，才觉得不虚此行。”

比起警察，汤普森在处理危险事件上绝对是个外行，但他却在便利店躲过一劫，反倒是公认的内行——警察被枪杀。这充分印证了一点：**直觉比知识更有价值**。直觉是人生来就有的天赋，而掌握知识，则只是一项后天的技能。那么，是否存在那种既具备丰富知识，又能尊重自己直觉的人呢？不能武断地说一个没有，但确实少到可以忽略不计。比起成为完人，我们更可能做到的，是抓住事情的重点——直觉。直觉不仅能帮我们逃离险境，还能帮我们破解迷局，看到事情背后的真相。

所有“随口一提”，讲的都是真心话

在和客户谈话时，我常会把话题引回那些被他们一语带过的细节，那些看似与正题无关、却被客户主动提起的部分。这些附加信息，就像是太空中的卫星，总能把更重要的信息折射回来。

我的一位客户好不容易打赢了一场官司，但还没高兴太久，她就开始收到死亡恐吓。她确信，这些恐吓来自被她起诉的那个人，但她在叙述的过程中，却是这么表述的："这起案件结束之后，我知道被起诉的那个家伙肯定会恼羞成怒，但我很意外，他竟然卑鄙到向我发死亡恐吓。亏得前些天我还和托尼一起讨论，这起案件是否要和解呢——托尼过去在我聘请的律师那里实习，但现在他已经不干了——我记得我跟托尼说：'希望这起案子结束后，就没有后顾之忧了，'谁能想到，没几天恐吓信就出现了。"

这起案件的附加信息是什么？"亏得前些天我还和托尼一起讨论，这起案件是否要和解呢——托尼过去在我聘请的律师那里实习，但现在他已经不干了……"这些关于托尼这个人的描述，显然不是这起案件的核心信息，但我的客户依然提及并做出了解释。这是她主动添加的信息，而在我看来，这等于释放了一个信号。

"给我讲讲这个曾为你的律师工作的家伙吧。"

"哦，托尼吗？他被解雇了，我猜是的。他对我一直很友好，还很用心地参与了这件案子，但显然，他在其他方面失职了。虽然他被解雇了，却依然在开庭的时候到场支持我，我真的非常感谢他。案子结束后，我的律师举行了派对庆祝，但是托尼没有被邀请，这真是令人惋惜，因为他还打电话告诉我：

‘我希望我们在案件了结后，依然能保持联系。’”说到这里，她突然停住了，然后迟疑地问我：“难道您认为……”

我的客户又描述了托尼的几次古怪行为，紧接着，她想起了一件事：托尼曾有一次告诉她，他在帮助一位受到前男友威胁的熟人，看来，托尼才是威胁和恐吓的老手。由此，一切豁然开朗。

一个看似和案子无关的人物，因为一些看似不足为道的细节，最终被锁定成了嫌疑人，并被彻底确认为威胁者。这看起来有些巧合，但实际上，我的客户一直都清楚托尼很值得怀疑，只是她自己又否认了这种想法，内心不愿怀疑对她表现出友好的人。

你肯定不止一次在受到教训后这样感慨：“我就知道，我不应该那样做的。”这说明，你曾经收到过信号，但自己选择了将其忽略。我们并非不懂得尊重直觉，但通常尊重的是别人的直觉。比如，很多人愿意选择相信狗的直觉，就好像我的这位朋友：

“金吉很讨厌新来的建筑承包商，它甚至会朝他咆哮。看来它觉得这个承包商不可靠，所以我正在考虑换人。”

“你必须这么做，”我和她开玩笑，“如果金吉觉得你应该换个承包商，那代表现在的承包商一定不老实。”

“说实在的，与其说是金吉觉得承包商不可靠，”我继续解释道，“不如说，是金吉根据你的信号做出了反应。金吉是参透你心思的行家，虽然它非常聪明，但对这个承包商的行事却一无所知。他是否故意抬高成本，是否童叟无欺，是否之前的客户都不愿再向其他人推荐他，这些金吉都不知道。”我的朋友露出了恍然大悟的笑容，她过度解读了金吉的直觉，金吉当然对装修工程一无所知，是个只会汪汪叫的小傻瓜。金吉是因为感受到了我朋友身上的不安，才对此做出了反应。

和备受人类信赖的犬类相比，人类自己的直觉其实更为出色。而且，我们还拥有其他动物不具备的能力，那就是判断力。但同时，判断力也会成为影响直觉的重要因素。因为有了判断力，当我们用逻辑无法解释直觉的时候，我们会抛弃直觉，不去相信自己的第一反应。可金吉不同，它不会被所谓的逻辑迷惑，它只观察事物当下的状态。**我们之所以信赖宠物的直觉，其实是在为我们自己的直觉找借口，只有这样，我们才不会被人指责办事太随心所欲。**

在面对恐惧时，动物比人更懂得该怎么做。对于恐惧给出的提示，有些人会惶恐不安，有些人不屑一顾，但他们都没有听从提示的指引，然而，动物是不会犯这种傻的。野外求生的动物，在突然感受到恐惧时，从不会慢悠悠地思考：“这可能不是什么大问题吧。”反倒是人类，会因为自己相信了直觉而感到羞愧。当我们在空无一人的大街上，感到有人尾随自己时，或者是因为举动奇怪，而怀疑某些人包藏祸心时，我们总会认为自己的想法很可笑，却不会为自己拥有这种强大的能力而感到幸运，更不会相信，那些想法根本就不是玩笑。

与动物相比，人类总是拒绝探究，甚至会拒绝危险信号的指示，每天都有人因为无视这一点而让自己沦为受害者。当我们疑惑于受害概率为何如此之高时，答案早就清晰地摆在了眼前：我们特别善于忽视直觉的意义。

相信你的直觉，答案就在其中

女性常会用“他看起来是个好人”或者“我不会偏巧那么倒霉”来否定自己的直觉，这和主动配合攻击者没什么两样。一位女士在等电梯，当电梯门打开的时候，她看到了里面站着一个令她感到恐惧的人。她恐惧的理由可能很多：当时天色已晚，或是那个男人的体型，或是他打量自己的方式，或是身处的街区意外事件频繁发生，或是她去年看到过相关的报道。具体原因其实并不重要，重要的是，她感受到了恐惧。然而，她却强迫自己忽略这种信号：“我肯定不会是那种下场”或“如果我不进去，摆明了是在怀疑他，那太失礼了。”所以，虽然恐惧萦绕心间，她最终还是走进了电梯。

然而仔细想想，这两种情况中哪个更愚蠢：是放弃这一班电梯，等待下一班？还是走进一个钢制的密闭空间，和一个让自己害怕的男人在一起？

直觉能表达出清晰的提示，提示会传递到大脑，但我们却总想找个理由，阻止我们听从直觉去行事。而这样的结果就是，我们一点点把自己推入险境，却还认为自己没有半点责任。

以下，是一位接受心理咨询的客户的描述："最近，每当我的妻子想上床睡觉时，我都会找借口待在楼下，直到她已经睡着了。如果当我回房的时候她还醒着，我会在卫生间里待一段时间，直到确保我出来时她已经睡着了为止。您觉得，我是无意识地不想和我妻子发生关系吗？"心理医生敏锐地发现了问题，并问他："你觉得哪部分是无意识的？"

同样，每当我的客户向我解释，他们是"无意识地"发现自己处于危险之中时，我也会问："你觉得你哪个举动是无意识的？"

***

人们往往担心那些超出自己控制范围以外的危险，比如飞机失事、核泄漏，却很少担心自己可以预防的危险，比如抽烟、不良饮食，醉酒驾驶等。在《冒失者的生存方式》这本独树一帜的作品中，作者麦尔文·康纳博士详细讨论了有关所有人类的生存问题。他指出："我们酒后驾车，不系安全带，不断抽烟……对于这些产生危害的事情，我们可以毫不在乎，然而，我们却因为担心恐怖袭击，而取消了去欧洲的旅游。"许多美国人因为害怕在埃及遇险，而不愿亲身去领略金字塔的辉煌，他们选择待在国内，却不知自己面临的危险是在埃及的 20 倍。

我们心甘情愿接受自己一手带来的危险，却对那些概率很低的危险忧心忡忡。我们可以忍受身边常见的危险，却对千里之外的危险焦虑不安。我们对美国商船在索马里被劫持的关注程度，要远远超过自己可能被害的关注程度，尽管前者发生的概率极小，而后者每天都可能发生。

***

直觉的意义，远胜于双眼所见。在《宇宙改变的那一天》中，历史学家詹姆斯·伯克指出：“我们用来看世界的器官不是眼睛，而是大脑。在我们看任何东西之前，我们的大脑已经储存了一套关于现实的构想。没有这套构想，我们眼睛接收到的任何信息，都没有意义。”伯克的话告诉我们，要想在现实中识别出危险，就需要提前掌握各种关于危险的拼图组件。只有这样，我们才能在危险逼近时，将其迅速辨认出来。

而现实中，我们总是热衷在事情发生后进行评论，对先见之明却心存怀疑。一个重要的原因，在于我们生活在一个事事有专家指导的世界里，这意味着，我们认为自己无须锻炼风险预测的能力。凯瑟琳是一个二十多岁的年轻姑娘，她向我这个很多人眼中的防范风险专家，问了一个值得所有女性关注的问题：“如何确认约会对象会不会带来麻烦？是否存在一张跟踪狂的特征列表？”

我让她具体说说自己遇到的问题。

凯瑟琳向我讲述了她的约会对象："我曾经和一个叫布莱恩的人约会过，但他有些过度痴迷于和我的关系。我们是在朋友的派对上认识的，他向认识我的人要了我的联系方式。那天我还没到家，他就已经连续发了三条信息给我。我告诉他，自己不愿和他约会，但他的坚持让我没法不接受。一开始，他表现得非常体贴，总能知道我想要什么，这本该是件讨人喜欢的事，但我总感到有些不自在。比如，当我提到我要整理我的藏书的时候，他会带着书架和其他一些工具出现，我连拒绝的机会都没有。他还过度解读我说过的话。有一次，他问我要不要和他一起去看篮球比赛，我说有时间的话就去。但他后来对我说，我当时答应和他一起去了。此外，他过早考虑了很多和我有关的人生计划，比如什么时候同居，什么时候结婚，什么时候生儿育女。在我们第一次约会的时候，他就用这些话题开玩笑，几次见面之后，他真的开始认真考虑了。有一次，他建议我装个车载电话。在我还不确定自己是否有需要时，他借了我的车，然后直接装了一个。之后，只要我在开车，他就会打电话给我。他还不允许我用那台电话和我的前男友通话，发展到后来，只要我和前男友联系，他就会勃然大怒。所以，当我最后告诉他，我不愿意和他发展成男女朋友的关系时，他不仅拒绝听我说，还做出种种令别人误会的举动：经常打电话给我，经常出现在我身边，寄礼物给我，和我的朋友聊天，甚至突然就跑来我办公室。我们才认识不到一个月，但他表现得仿佛这是他人生中最重要的恋爱。所以，像这类死缠烂打的人，通常都有怎样的特征呢？”

我告诉她：“相信你的直觉，答案就在其中。”但她对这答案似乎并不满意。确实，很少有专家会说诸如“答案就在你心中”这类的话，但问题的答案，其实早就被当事人牢牢掌握了，凯瑟琳说出的那些细节，正是跟踪狂最典型的特征，在后面我会具体列出。

武断否定直觉，很容易走霉运

人们对于专家有种过分的迷信。警察，通常被认为是最能预测危险的专家。在大街上每天巡逻所积累的经验，让他们最有能力识别出危险信号，但一个武断的否定，则会让所有经验白费。迈克尔·坎特雷尔是一名培训警察逃生的专家，在他的职业生涯中，曾无数次亲身体验过这个教训。

当坎特雷尔的警察生涯迈入第四个年头的时候，有一天，他的搭档大卫·帕特里克告诉了他一个奇怪的梦，在梦里，他们中的一个人被枪击了。

“好吧，那你应该根据这个梦提高警觉。”坎特雷尔回应道。

后来，帕特里克反复提起这个话题，有一天更是直接向大家宣布：“我确定我将被子弹打中。”坎特雷尔相信自己搭档说的并非虚言，以他对帕特里克的了解，他平日的警察求生技能真的很一般。

不久，在一次共同巡逻时，他们拦下了一辆坐了三个人的车。虽然司机表现得很配合，但坎特雷尔直觉地感受到了危险，因为另外两名乘客紧紧盯着司机的一举一动。让他失望的是，搭档帕特里克丝毫没有警惕之心，只顾站在巡逻车外点自己的烟斗。坎特雷尔命令司机下车，当车门打开的瞬间，他一眼看到里面有枪，于是立刻朝帕特里克发出警示，而此刻的帕特里克还神游天外，根本没能及时反应。

虽然逃过了这一劫，坎特雷尔却震惊于搭档的不祥预感竟然差点成真，于是，他找上级讨论了几次这个问题。警长却觉得他这是草木皆兵，所以每次谈话，都以警长对他的斥责作为结尾："从我在警局就任以来，我还从来没有掏出过我的枪呢，我的记忆中也没有警员被枪击过。"

之后的某一天，坎特雷尔轮休，帕特里克和其他同事一起接到通知，让他们注意两名涉及多起持枪抢劫案的嫌疑人。帕特里克独自巡逻了几小时后，看到了两个符合通缉描述的疑犯，其中一个人站在公共电话前，却丝毫没有要打电话的样子，另一个人来回走动着，眼睛一直留意着玻璃窗里边超市的情形。帕特里克完全有理由呼叫同事支援，但他又担心这两人如果不是通缉犯，自己难免尴尬。而这两个人看到帕特里克之后，就顺势沿着街道离开了。帕克里克则慢悠悠地开着巡逻车跟着他们，既没有向总局报告，也没有向同事求助。

他挥手示意这两个人停下来接受调查，然后走下车，要求其中一人转过身接受搜身检查。即使他面对的很可能是两个通缉犯，他却依然忽略掉了直觉的危险信号。直到他确认站在他身边的男人的确不怀好意时，一切都已经太晚了。

帕特里克眼角的余光看到了一把缓慢掏出的手枪，片刻之后，子弹便直奔他的面门而来。那个男人对着帕特里克连开了六枪，他的同伙也掏出了自己的手枪，在帕特里克的背上补了一枪。

当两个罪犯逃之夭夭后，帕特里克才艰难地通过无线通信设备联系同事。当坎特雷尔事后回放求救录音时，能清晰地听到帕克里克气喘吁吁的求救声：“我被人枪击了，我被人枪击了。”伴随着的，还有鲜血从他口中汩汩流出的声音。

帕特里克奇迹般地活了下来，并回警局短暂地工作了一段时间。可他依然不想为自己的莽撞负责，他后来对坎特雷尔吐槽：“要是当时和你一起就好了，一切都不会发生了。”

大家还记得那位训斥坎特雷尔的警长吗？他之前坚信警察被枪击的概率低到可以忽略，其中一个原因就是，警局很久都没出现过警察被枪击的案件了。如果从这个角度想，帕特里克的受伤应该足以引起警长的警觉，然而现实是，警长对此显然没有放在心上，因为就在几个月后，他自己也在便利店中遭遇了枪击。

坎特雷尔现在已经离开了警界，但他每周还会义务给警察上课，教授他们如何通过恐惧成功避祸。现在，当坎特雷尔告诉人们要听从自己的直觉时，没有人再把他的话当耳旁风了。

这种情况下，直觉最容易失效

除了人们的武断会否认掉直觉信号，我们还会陷入另一个怪圈。那就是，当我们接受了过多的错误信息时，直觉就会失效。在中央情报局的一次讲座中，为了证明错误信息的危害性有多大，我举了一个袋鼠攻击人的例子。我告诉在场的听众，大约每年有20个人会死于袋鼠的攻击。不过，袋鼠在攻击人的时候，会有以下预兆：

1）它们会露出大大的笑容，表现得很友好（事实上，它们是亮出了自己的利齿）。

2）它们会反复检查自己的育儿袋确定没有带着幼崽（它们从不会带着幼崽行凶）。

3）它们会检查身后的情况（因为发动攻击后，它们通常会马上撤离）。

在完成上述准备之后，袋鼠会跳跃着猛烈攻击对手，之后飞奔离去。

我请了两名听众重复上述三条危险信号，他们都准确无误地描述完整了。我想在场所有听众（现在也包括各位读者）将把这些危险信号铭记一生。如果有一只袋鼠和你面对面，可能是明天，也可能是若干年后，这三条指示都会浮现在你的大脑中。

然而，这所谓的三条危险信号，其实是我凭空捏造的。我故意这样做，是为了强调错误信息的危害性。我对袋鼠的行为其实一无所知（所以，尽你所能忘了上述的三点吧）。而我的这次试验充分印证了一点：我们必须要筛选进入大脑的信息，并确认哪些是可信的信息。

在生活中，我们常会被各类信息轰炸，而直觉准确与否，则取决于存入大脑的信息是否精确。詹姆斯·伯克说过：“你掌握的信息，构成了你的个体。”他用欧洲科学发展的历史作为解释。在 15 世纪的欧洲，人们坚持“地心说”，但之后，伽利略发明了天文望远镜，改变了人们对宇宙的认识。

虽然科技方面已经今非昔比，然而伯克认为，我们依然带着另一种错误在生活：“我们只能看见符合自己预期的东西，而对于不符合预期的事情，根本不屑一顾。”

当谈到人身安全这个话题时，我们耳边会充斥着无数的“伪真理”，而最具迷惑力的，莫过于认为：一部分人不具备直觉的能力。

辛西娅是一名代课老师，她十分风趣，也十分美丽。一天，正当我们共进午餐时，辛西娅向我感慨，她认为自己不是一个直觉敏锐的人：“我总是错过一些信号。”

我提醒她，面对一屋子不认识的六七岁孩子，她总能对他们未来的行为做出第一反应，而且判断得非常精确，她能指出谁是这三十人中最调皮捣蛋的，谁是其中的优秀榜样，谁是害群之马，谁是孩子王，哪些纪律守则能对他们起作用等等。

“这些事我的确能做到，”辛西娅说，“也不知道为什么，我总能判断成功。但是，我不能预测成年人的行为。”

这就是值得深究的事情了，因为儿童行为的不可控性，要远远大于成人。成年人不会突然在屋子里乱扔东西，然后哈哈大笑；成年女性也不会无缘无故把她们的裙子掀过头顶；不会在工作的时候突然趴到邻桌的桌子上；不会毫无预兆地扯掉同桌的眼镜；也不会故意把颜料倒在地上，然后用脚去画画。但上述任何行为，在孩子身上时刻都可能发生。

与之相比，预测成人的行为要简单得多，我们的直觉，只有在遇到不同寻常的行为时，才会做出反应。比如，在长达5个小时的飞行中，邻座的男人丝毫不会引起我们的注意，然而当眼角的余光瞥到他在偷看我们手里的杂志时，我们则会开始关注对方。其实，我们一直在本能地注意并观察着身边的人或事，但只有条件充分的时候，我们才会有意识地去分析他们的行为。正确的做法是，平日里我们应该纵观全局，排除掉那些无意义的信息；而当有突发事件时，我们应该集中注意力，做出反应。

为了向辛西娅证明直觉的力量，我现身说法，给她演示了一番如何听从直觉。我们在一家从没光顾过的餐厅用餐，我指着一位表现得异常恭敬的服务员告诉辛西娅：他是中东后裔。

我对辛西娅说：“我和这位服务员素不相识，更谈不上了解他的背景，但我凭直觉猜测，他不仅仅是服务员，还是这家餐厅的老板。他来自伊朗，在他全家移民到美国之前，他家在伊朗就把餐厅经营得有声有色。”

我将脑海中浮现的想法脱口而出，看起来，我像是在编造故事，但其实我只是在挖掘，让一个已经存在的事实水落石出。

当然，我也受到了一些错误信息的干扰，比如我看到餐厅墙上挂着的大象装饰画时，忍不住觉得：“哦，他不是伊朗人，他应该来自印度，或许这才能解释他的态度为什么如此恭敬。或许，他也不是这家餐厅的老板。”

当这个服务员再次来到我们这桌时，我甚至已经要彻底推翻之前的推测了。不过，我还是问了他这间餐厅的老板是谁。

“我就是。”

“这是你第一家餐厅吗？”

“是的，但我的家族过去在伊朗成功地经营过几家。为了来美国，我们变卖了那几家餐厅。”他忽然转身对辛西娅说：“女士，我想您一定来自得克萨斯州。”不带任何德州口音的辛西娅问他是怎么知道的。

“您拥有一双来自德州的眼睛。”

无论我是如何准确猜到他在这家餐厅的角色、他的祖国和他家族的历史，无论他又是如何知道辛西娅来自得克萨斯州，我们的猜测都得到了肯定。这种基于直觉的猜测，就是我们保障自身安危的方法吗？是的，不仅是我，大家每个人、每天都用这种直觉预测来保障自身安危，而非通过逻辑的思考。

辛西娅还告诉我，她是如何预判车辆行进的，她称之为“汽车的行动语言”。“我能知道，什么时候旁边的车会在不打转向灯的情况下并道，我还能知道，开在我前面的车是否要在下一个路口左转。”人们对于自己的这种能力都能欣然接受，每天我们也都凭着自己精熟的行车判断能力，穿梭在家与公司之间。我们在开车时，是不能看到其他驾驶员的全身的，只能通过关注他驾驶着的金属物体，来捕捉每一个细微移动，从而推断出他的意图、驾驶技术、此刻的驾驶状态和对他人的安全性等。

我们认为自己能预测很多事情，包括袋鼠，儿童的举动，车辆下一步可能的走向，却唯独认为自己无法预测人类的行为，这难道不矛盾吗？

否认直觉的后果，我们往往无法承受

人脑没有计算机运算得快，但世界上配置最高的计算机，其功能也无法与人类的直觉相提并论。否认直觉，常常会给人带来无法弥补的损失。

查娜·莱昂纳多经历的并非暴力事件，而是生死离别。悲剧的根源，同样是对直觉的否认。

那时，她的儿子理查德刚刚住进圣约瑟夫医院，即将在这里接受一次微型耳部手术。往常，理查德一见到医生，就会问一大串问题，但是当这次的麻醉医师小约瑟夫·威布尔鲁根走进病房的时候，男孩突然陷入了沉默。麻醉师问他是否紧张时，他甚至默不作声。“看着我！”这个医生命令道，但是理查德没有做出任何回应。

男孩显然不喜欢这个粗鲁的医生，查娜也有不适的感觉，但引发她不安的，不仅仅是医生的言行。一股强烈的直觉席卷了她的大脑：“取消这次手术，”这个声音大声地继续重复，“快取消这次手术！”但查娜迅速地遏制了这股直觉，开始理智地思考，是否应该取消这次手术。

抛开她对威布尔鲁根的第一印象，她通过逻辑和理性的思考说服自己：不能只靠一个人的个性，去评价这个人。但这时，直觉再次出声："取消这次手术！"查娜·莱昂纳多从来不是个爱担忧的人，然而她花了很大的工夫，才让心底的声音安静下来。"别犯傻了，"她暗自想着，"圣约瑟夫医院是州内首屈一指的医院了。上帝保佑，一定要保证这是个可靠的医生啊。"

当她的直觉被压制下去后，手术也如期进行了，但是理查德却再也没能从这场小手术中苏醒过来。根据之后的调查显示，同事们早就觉察到，威布尔鲁根医生最近不太对劲。据他们说，他的心思并不在工作上，更为严重的情况是，他近期在手术过程中，至少出现过六次昏昏欲睡的情况。对于医护人员而言，这些都是很明显的危险信号，我们不能确认查娜和她的儿子是如何觉察到的，只是，无论他们担忧的具体是什么，都已经被男孩的死亡无情地证实了。

手术台边，也曾有其他人听到过直觉的提醒，但之后同样被否定了。操刀的医生提醒过威布尔鲁根，理查德出现了呼吸不畅的症状，但威布尔鲁根并没有采取有效的措施。一名护士也说，她曾注意到男孩的不适，但还是"选择相信"威布尔鲁根有能力解决这个问题。

另一位医生，在回顾了所有在场医护人员的行为后，精辟地总结了下面这句话："就像一觉醒来后，发现房间里浓烟滚滚，但你只是起来开窗换气，之后就又回房呼呼大睡了。"

而这个不幸的故事也再次告诉我们，在事前"悬崖勒马"，要比在事后“悔不当初”更有意义。否认直觉所导致的后果，我们往往无法承受。

***

我曾多次看到，暴力受害者的生活看似恢复了正轨，但案发现场的细节和痛苦的感受，还不断在他们的脑海中翻腾，那条走廊、那个停车场、当时的所见所闻所感，都会随时在眼前闪现。他们会不断回忆起在尚未落入魔爪之前的情景，那时他们实际还有其他选择，但因为忽视了直觉的提醒，拒绝了恐惧馈赠的礼物，最终悔不当初。他们通常还能复述出一些具体的细节，然后说：“我现在才意识到这一点，但当时我真的一无所知。”然而，如果他们当时对这些细节真的一无所知，现在也不可能回忆起来，问题的关键是，这些细节在他们的大脑中曾经出现过，他们却选择了忽视，直到现在才懂得了这些细节的重要。

这也从另一个角度告诉我们，直觉确实作用强大，但如果你否认它，再强大的直觉也难免势单力薄，无法给你提供帮助。

一旦否认直觉，那些我们真正需要的、能够帮我们做出最佳预测的细节，就像扔进海里的救生衣一样，很快就飘走了。而我们，还像坐在头等船舱里惬意的人们，丝毫没有意识到，船即将倾覆，自己马上就要付出巨大的代价。

正是因为惨痛的教训见得太多，我才用了大半生的时间打磨我的直觉，避免侥幸心理，让其变得敏锐合理，并能精准预测。

预测的大学堂

The Gift of Fear

第三章

其他人能做的事，我同样能做。这是战争与生活给我的重要经验之一。

——玛雅·安吉罗

在我 13 岁之前，我已经目睹过了枪杀，看到过有人被拳打脚踢至不省人事，我还看到过朋友被一根钢棍打在头上几乎丧命，看到母亲吸食海洛因成瘾，看到我的妹妹被家暴。而我自己呢，此前大半部分人生，都在各种皮肉之苦中度过。

那个时候，我所预测的事件，其风险系数之高，丝毫不亚于现在——都是些生死攸关的预测。因此，我儿时就赋予了自己一项责任：确保我的家人都能够活着。但不幸的是，我没能做到，我为此自责了很多年。

虽然你面临的困境可能和我不同，但我们内心的煎熬却是相似的。我们纵然无法靠想象勾勒出别人的经历，但却能感知别人的感受。也正是这种感知别人感受的能力，让我们能成为预测的专家。

我们与“危险分子”的共同之处

你或许很想知道：如何才能辨别出暴力分子，如何在面对危险时护得自己周全，如何才能让那些毫无人性的暴行，不会发生在自己身上。其实，答案就藏在“人性”之中。

人类的任何行为，都不是无法解读的谜团。剑桥大学的尼古拉斯·汉弗莱认为，人类因为进化，而慢慢产生出了自省机制，所以能够“模仿其他人类的行为，从而预测他们的行为”。

要想提高预测的精准度，我们需要成为汉弗莱所说的那种“天生的心理学家”，而要做到这一点，我们必须首先弄清汉弗莱所说的“什么样的行为，才是人类的行为”。

我曾在玛西亚·克拉克还未成名的时期，协助这位年轻检察官成功起诉一个名叫罗伯特·巴多的杀手。巴多杀害了女演员丽贝卡·希弗，是克拉克将他送进监狱并终身监禁的。当我在监狱中和巴多交流的时候，他的表现和常人没什么两样，这让我抛开了“我们”和“他们”是两类人群的成见，而集中到人类共有的人性上来。最后我必须承认，无论你、我，还是巴多，我们拥有的共性，要多于我们的差异。

杰出的心理学家卡尔·门林格尔说过：“我从不相信犯罪心理的存在，因为每个人的心理都有邪恶的部分，我们都有犯罪的幻想和思维。”阿尔伯特·爱因斯坦和西格蒙德·弗洛伊德这两位伟人对此讨论得更为深入。在一次通信中，他们对人类暴力这个话题进行了探讨，爱因斯坦这样总结：“人类内心存在着憎恨与破坏的需求。”弗洛伊德在回信中表示完全赞同，并补充说，人类的本性应被分为两类：“一类是以保护和同心协力为目的，另一类是以毁灭和杀戮为目的。”他在信中写道，这种生命的状态是从“互相合作和彼此竞争的自然法则中”逐步进化而成的。

任何文化背景下，都会有暴力和谋杀发生，并无例外。《雄性暴力》一书中，作者理查德·兰厄姆和戴尔·彼得森认为，现代人类是“持续遭受了500万年致命暴力冲突的幸存者”。

那些想要推翻“人类普遍存在暴力”的人们，全都铩羽而归。不止一次有人以为找到了毫无暴力的乌托邦，在玛格丽特·米德的《萨摩亚人的成年》一书中，南太平洋的萨摩亚岛民被美化成不使用暴力的部落；而在《无害的种族》一书中，卡拉哈里盆地的“桑人”部落也被描述为“无害的种族”。为了寻找真相，《冒失者的生存方式》的作者麦尔文·康纳博士，曾多次亲赴非洲研究游牧狩猎民族，最终得出了结论：“无数次，学者们以为能在偏远腹地寻找到伊甸园，但最终，他们的伟大发现背后，都是伪造出的证据。”

与之相对应的是，如今斐济人被认为是世界上最友好的人，但在过去，他们也曾展示出人性中最残暴的一面。人性之复杂，注定我们无法天真地将某个人或某群人身上的暴力归结为0%或100%，人人都会与暴力有所关联，正如本书所说的那样：“暴力是人类的一部分，它不光存在于我们周围，更扎根于我们内心。”我们生活在航天时代，但我们的思维，依然刻着石器时代的印记。我们有竞争意识和领土意识，还争强好胜，就像我们的祖先类人猿一样。有人坚称自己从来不会伤害他人的性命，但他们又出奇一致地提出了一个前提：“除非他们企图伤害我或我重视的人。”可见，每个人都可能实施暴力，只不过理由各不相同罢了。

在接触和研究暴力犯的过程中，我很早就意识到，从他们身上必然能看到自己的影子。即便如此，当发现自己身上的部分特征与他们重叠时，我依然会心烦意乱。我想，一定存在着一条警戒线，来防止我坠入邪恶的深渊，一定存在着一些美好事物，让我能紧紧握住以防误入歧途。正常人与杀人恶魔之间，真的存在一条泾渭分明的界限吗?

有人用一把斧子宰了一头牛，又剖开了尸体，爬进去观察内部的构造；之后，他用同一把斧子杀了他年仅 8 岁的弟弟。另一个人用枪射穿了父母的双眼，并最终杀害了他们。这些行为听起来“惨无人道”“灭绝人性”，而这也正是我们常用来形容暴力犯罪的词，然而，这些罪犯真的没有人性吗?暴力行为虽然骇人听闻，但绝非违背人性。

当一名银行劫匪枪击安保人员时，我们都明白他行为的动机，但面对变态的杀手，我们却拒绝探究他行凶的理由，因为我们不想承认自己与他有一丝一毫的共性。通过区分出“我们”和“他们”是两类人，能给自己带来安全感。然而，即便是长期关注人类的专家，也逐渐认可了一点：人类间的共性，更能够帮我们精确预测暴力行为。关键时刻，没能识别出别人的险恶用心，你会付出沉重的代价，即：你的生存机会，取决于你是否能识别他人的意图。

当然，共性并不能成为犯罪的理由，有一些罪犯之所以被称之为魔鬼，是因为他们残暴到超乎想象。很多重刑犯被囚禁在加利福尼亚的阿卡斯塔德罗州立医院，我在那里成立了一项名为“病人养宠物”的项目，让医院中的病人去照顾小动物。这听起来没什么新奇，但对这些犯人而言却意义非凡，他们中的大部分人被终身监禁，禁止任何人探访，一只老鼠或者一只小鸟，就是他们全部的寄托了。

有一只小豚鼠，是该项目最早一批宠物中的一只，当这只小豚鼠快要去世时，罪犯们的反应让我印象深刻。当他们注意到这只年迈的豚鼠患病后，即使明知无法挽回，他们依然想方设法延长它的寿命。这个计划的负责人，杰恩·米尔德布鲁克在记录中写道：

一位名叫奥利弗的患者，把“满足生病的豚鼠的任何要求”视为己任。奥利弗甚至提出，把豚鼠放在他自己的房间：“这样，即使它在夜里去世，也不会孤零零没人陪伴了。”当豚鼠最终停止呼吸的时候，奥利弗抱着它，其他几名患者围在周围为它哀悼，他们每个人都双眼含泪，向豚鼠做了最后的道别。这一幕简直令人难以置信。

他们中一些人，受到了动物死亡的触动，首次为自己对他人造成的伤害而内疚。

现在，我想和大家分享我自己的亲身感受。

在这些被认为最无可救药的人身上，我看到了属于人类的同情心、感情和人性，尽管只是一闪而过，但这些曾被认为他们所缺失的特征（在大多数情况下，他们也的确欠缺）确实展现了出来。他们中的大部分人，确实罪有应得，如果让他们重归社会，其后果不堪设想，但我们不能罔顾他们的人性，因为如果我们这样做，那么我相信我们也会在这个过程中逐渐丧失人性。

即使是一堆穷凶极恶的谋杀犯，他们身上也有和你我一样的共性。我们只有先接受这一点，才能更容易识别出看似友好的强奸犯、有恋童癖的老师、纵火的保姆，以及各种混迹在人群中的杀手。那些外表和行为没有异常的人，可能是暴力行为的执行者，当我们接受这个观点时，直觉的声音就不会被屏蔽，“这个人看起来可不像个坏人”的念头，也将不再迷惑我们。

我们的判断系统经常会区分一个人是好是坏、有害无害，但只有我们的直觉感知系统，才能够让我们更好地规避危险。当我们判断一个人时，难免会产生标签效应，就像把罗伯特·巴多称为“魔鬼”一样，标签会让我们以为自己和这些人不一样，但直觉却能让我们看得更深刻。

科学家看到一只鸟故意弄碎自己的蛋后，不会说“它是个不折不扣的魔鬼”，相反，他们会认真分析。因为，如果这只鸟这样做，那么其他鸟也可能会这样做，这种行为一定有着某种原因，并且可以被预测。

***

现在你设想一下，一个人用来伤害他人的手段能有多恶劣？设想一种比你在电影里看到、书中读到或传闻里听到的还要残忍的暴行，现在就停下阅读，开始在脑海中想象出这场景。

我要说的是，既然你能在脑中构想这类场景，那么把想法变成现实，也绝非不可能。进一步说，你的想法，不仅会出现在你的脑中，也会出现在我们任何人的脑中，并有可能在任何人身上变成现实。因此，想要真正有效预测和防范暴力伤害，我们必须先接受以下观点：犯下这些罪行的人，同样归属于“我们”这些有人性的普通人中，而不是潜入我们内部的外来者。

罗伯特·雷斯勒就职于联邦调查局（FBI），是一位传奇的行为分析专家，他写过《与魔鬼战斗的人》一书，书名来自尼采的名句：“与魔鬼战斗的人，应当小心自己不要成为魔鬼。当你凝视深渊时，深渊也在凝视你。”这个首创了“连环杀手”专有名词的男人，几年前曾来到我家做客，共进晚餐时，我想起刚刚看完《沉默的羔羊》那本书，于是和他讨论起了其中情节。小说描述了一名专门杀害年轻女性的罪犯，他剥下她们的皮用来缝制一套“女性服装”。雷斯勒平静地告诉我：“这是爱德华·盖恩的案子。”接下来，他详细讲述了这起案件的细节，盖恩如何为了做成一件人皮大衣，而从墓地盗尸并剥皮加工。常年浸润在众多重大案件中，雷斯勒深知人的本性没有正常或者异类之分。他接触过众多所谓的魔鬼，他们并不生活在阴森的地牢或潮湿的森林中，他们也会逛商场，也会出现在校园中，也和其他人一样居住在某个小镇或是城市。

“魔鬼”是怎样诞生的

虽然罪犯并非真的异类，但他们的很多罪行，确实骇人听闻。那么，我们又该如何做，才能让自己不沦为类似事件的受害者呢?

对于动物来说，这一点其实很简单，猫是鸟类的天敌，而鸟类又是昆虫的天敌，所以见到对方只要逃命就好。而对于人类而言，辨识危险人物的情况，要比动物复杂。人类的行凶者更为高明，不会披着高调的外衣，让你一眼就从人群中识别出来，强奸犯可能在最初只是个吸引你的陌生人，而杀人犯最初或许只是追星族。

如果盲目搜寻，是难以辨认出潜在危险者的，所以我用了两章的篇幅（本章和下一章）来为你拨开迷雾，让你学会在他人妄图伤害你时，识破那些伪装和假象。

在这里，我们必须说说舆论制造出的“谜团”。你肯定也对新闻里的这类话耳熟能详了:“附近的居民感觉凶手自闭而且腼腆，他们都认为他只是个安静的邻居。”

这些陈词滥调，估计早就让你厌烦了，媒体对邻居的采访可以总结为:“他们对此案不能提供任何有用的线索。”然而怪异的是，新闻节目却总是对这类报道乐此不疲，而公众经过长年累月的洗脑，几乎就要相信犯罪的异常信号，就是没有信号。

事实并非如此。危险信号的形成远比我们想象的更早，有些甚至可以追溯到我们与对方相识之前。

雷斯勒的调查证明，连环杀手具有高度相似的人生经历：都有一个可怕的童年，以及糟糕的父母。他们在童年时期遭受过虐待，或是身体上的暴力，或是精神上的忽视，或是人格上的侮辱。这些经历，为他们成年后实施暴力犯罪埋下了伏笔，但他们的邻居很可能对此毫不知情。

泰德·卡辛斯基——这个连环作案的“炸弹客”，他的邻居就曾告诉人们，泰德的母亲“很友善，大家都乐意和她交往”，然而，泰德和他的兄弟大卫童年在那栋房子里的遭遇，却远远超过了邻居们的想象。

卡辛斯基家有两个儿子，成年后都脱离了正常的社会生活。其中一个人自己挖了一条地下沟渠，在里面住了一段时间——那个人就是大卫，好在他还没有失去理智，没成为杀人凶手，但他的兄弟泰德显然更加疯狂，成了能远程控制炸弹的连环凶手。而邻居们呢，依然对记者声明他们没有发现任何异样，然后记者告诉我们：这只是个普通的人家。这样一来，暴行的出现原因就成了“谜团”。

谜团背后真实发生的惨烈故事——那些能对人们起到警示作用的故事，却一直静悄悄地待在帷幕后，无人关心，更无人知晓。

被虐待过的孩子，长大后一定会成为罪犯吗？他们成人后，有人强奸了凯莉，还捅死了另一名女性；有人谋杀了丽贝卡·希弗；有人在罗伯特·汤普森离开便利店后，枪杀了一名警察；当然，也有人写了这本书。

艰难困苦的童年，并不能成为作恶的理由，但童年的遭遇确实能说明很多问题——就像你的童年也对你造成了种种影响一样。认真考虑一下他人童年的境遇，能有效提高你预测他人行为的能力。

***

暗杀者罗伯特·巴多告诉我，他在家中的处境十分凄惨，像被圈养的猫一样，被喂食后，他就被独自留在自己的房间里，于是，我产生了一个念头，让他比较自己的童年和狱中生活。

巴多：某种意义上，这两者没有区别，我在监狱只能待在自己的天地里，和我之前在家一样。

我：那你在这里做的事，和你小时候在家做的有什么区别吗？

巴多：在这里我的社交更广泛些，在家里时我没有可交往的人。

我：难道你在家的时候，不需要认识其他人吗？

巴多：不，我到这里后才学会与别人交往。

只要还有父母像巴多的父母一样，把孩子当成猫狗来养，监禁他们，不给予他们成长的自由，我们的监狱就一定会人满为患。父母的虐待、冷漠和不负责任，最终让整个社会为犯罪行为买单，更让受害者们付出惨痛的代价。

著名心理学家爱丽丝·米勒说："要消灭暴力，必须从每一个婴儿一出生就开始，因为只有从小体验过爱与尊重的生命，才懂得如何去尊重其他生命。"

巴多的童年充满了父母的冷漠与虐待，这让我意识到，我和他的童年有着惊人的相似。虽然我们的成长有交集，但我们却被命运拉开，走出了"伤害别人"和"保护他人"两种相反的人生轨迹。这也让我想起了斯泰西，他是一名潜在的谋杀者，多年来，我和我的同事一直在阻止他接触一位他迷恋的女性。有时，我不得不电话通知他的家人，让他们飞往洛杉矶把他带回家；有时，则是他的家人联系我们，说斯泰西正在去见那位女性的路上；而有时，他们是为了告诉我斯泰西偷了一辆车，或是从精神病院逃走了。我曾在一个电话亭中找到了斯泰西，当时是他离开医院的一周后，他的身体和精神已经崩溃了，衣衫褴褛，瘫坐在地上，两条腿的伤口都淌着血。在送他去急诊室的途中，他描述了自己产生刺杀念头的过程："当约翰·肯尼迪被刺杀的时候，我坐在电视机前看到了这一幕，从此打开了新世界的大门。"

斯泰西和我的人生，都被这起谋杀案深深地影响过，我们都曾在 10 岁的时候，在同一时间坐在电视机前，目睹了同一事件。但不同的是，其中一人沉溺于跟踪的快感，另一人则成为公众安全的守护人。

我们对斯泰西的监控，长达 15 年之久。在这 15 年间，他的情况时好时坏，有几年他表现得人畜无害，但更多的时候，他表现得很糟糕，药物的副作用摧毁了他的健康。林林总总的故事集合在一起，让我不禁为人类命运轨迹的多样性而思考。

***

在某种程度上，我通晓和平与暴力两种语言。比起常人，我更能参透许多罪犯的想法，因为我和他们大部分的人生经历相似。

我的童年，几乎都用来学习如何预测危险，为了不坐以待毙，我必须在危险到来前将其化险为夷。也正因此，我长期活在对“未来”的关注中，而对当下的痛苦无动于衷。从自我保护的角度上说，我具有极强的忍耐力和抗打击力，即心理承受力。但同时，具有强大的心理承受力也是众多暴力分子的共同特征。有些人觉得这是胆识或气魄，但“英雄主义”是有两面性的。**很多犯罪分子的一项显著特征，就是在面对许多别人视为残忍的场景时，他们却面不改色，毫不在意，心中没有一丝波澜。**

还有另一项显著特征，通常会体现在狩猎型罪犯身上，那就是**强烈的控制欲**。参考一下你身边称得上“控制狂”的那些人，他很可能成长在混乱、暴力或者有瘾君子的家庭环境中，至少，他的家庭中会存在父母失职、疏于关心孩子的情况。所以，对他来说，控制别人，就成了他预测别人行为的唯一方式，他似乎在用这种方式，为自己不受认可与尊重的童年做着补偿。而越是强烈的刺激，越是可以激发出他控制别人的欲望。

当然，我并不是说所有大胆行事的人，或是在他人受惊时仍保持镇定的人，或是控制欲强烈的人，都会演变成暴力分子，这些特征仅仅是人类暴力拼图中的三小块，其作用在于能够适时引发你的直觉。

而更多的罪犯，并不如我们所想的那样经历异于常人。我朋友身上真实的经历，就足以说明这一点。

那时，她正对前男友怒不可遏，甚至幻想过杀了他，尽管她明白，自己并不会把这个想法付诸行动。但有一天清晨，在她开车上班的途中，一个惊人的巧合发生了：她的前男友正在她的车前过马路。他的出现仿佛是一种昭示，她重燃怒火，一脚把油门踩到了底。就在她的车眼看就要撞上对方的时候，她突然清醒过来，猛打方向盘。好在她的前男友只是因此伤到了腿，没有重伤或丧命，否则她现在已经被打上了谋杀犯的烙印。事实上，她有事业有地位，在国际上都享有盛誉，是那类你永远不会和谋杀犯挂上钩的人。

你或许不知道，在你所认识的人中，绝大部分都曾心生杀意，我的朋友马克·永利讲述过他和他继父之间的故事：

“哥哥和我已经忍无可忍了，但我们没有枪，更没法用刀刺死他。这时，我们想起了曾经看过的电视广告，想起了黑旗牌杀虫喷雾。我们找到了继父床头的酒瓶，在里面添加了这种喷雾。后来他带着酒瓶到了起居室，很快就喝光了那瓶毒酒，丝毫没有发现自己喝的是毒药。而我们就等着他中毒倒地而亡。”戏剧性的是，马克·永利现在成了一名警察，在纳什维尔（美国田纳西州首府）警局成立了处理家庭暴力案件的分部，这在全国属于首创。而这一切，要多亏他的继父并没有毒发身亡，马克没有成为谋杀犯。

我能保证，坐在你身边的人的某段经历或某个念头，一定会令你震惊不已。可能他做过的事，和我们在新闻中看到过的没有两样，但现在我们都已懂得，任何人都可能犯下这样的罪。

***

儿时经历固然会影响我们的选择，但拥有暴力的过去，并不代表一定就有暴力的现在和未来。

童年的不幸铸就出了成年后的辉煌，这已经不是什么新鲜的观点了。从艺术家到科学家，甚至到国家领导人（克林顿总统就曾在童年时期被继父用枪威胁），无数事实证明，带有童年创伤的人是能创造辉煌的。小时候有幸躲过死劫的男孩，长大后可能会奋力保护他人安全；被阿尔兹海默症夺去母亲的女孩，成了举世闻名的神经学家；常用幻想的美好来逃离不堪现实的男孩，长大后凭借这种能力，慰藉了无数影迷的心。这些人之所以从事这份工作，正是由他们的经历塑造而成。剧作家大卫·马梅特曾听到两位知名演员抱怨自己的童年太过艰辛，他开玩笑地说："如果不是有过如此不幸的童年，他们哪有资格成为演员呢。"

但不幸的是，也有许多在暴力中成长的儿童，带给人们的是黑暗：他们把更多的暴力宣泄在下一代、配偶和他人身上。这也正是为什么我要在这本书中强调童年的影响，以及人类的共性，因为这些能让我们更好地保护自己。

当你觉得自己无法预测危险时，请记住，大多数暴力分子和你一样，他们出生在这个世界上，有着和你一样的感情，和你一样的想法。区别在于，他们从经历中得到的是毒害，而不是馈赠。

我接触过太多童年时代遭受暴力折磨、并在长大后报复社会的人。虽然他们的童年格外不幸，但从表面上看起来，他们与常人一样，甚至更加友好热情，但只要分辨出他们身上细微的危险信号，我们就能感受到他们的真实意图。

救命的信号

The Gift of Fear

第四章

人们要先识别危险，才能避开危险。就像智者不与恶犬同道，我们不应与恶人为伍。

——佛家

上一章我们讲过，那些危险分子和我们存在着共性，这有助于我们了解他们的想法，并相信内心的直觉。与此同时，他们必然也存在着异样，并且这些异样成为危险信号，能被我们所感知。就像凯莉讲述她的经历时说过的那样：在第一次听到那个陌生男人说话时，心头就闪过了一丝不对劲。

危险分子在实施暴力前，究竟会释放出哪些信号呢？就拿凯莉的例子来说，她之所以会觉得不对劲，其实源于这个男人出场的方式。在他发声前，凯莉并没有听到大门开合的声音，她的直觉其实已经有了判断：这个人肯定早于自己进入大楼，并且已经在公寓入口处潜伏很久了。后来，凯莉在和我谈话时意识到：这个人去四楼是为了拜访她对门的邻居克莱恩一家。而今凯莉才想起，如果克莱恩家通过对讲机确认来客身份，那么她应该会听到电子防盗锁自动弹开所发出的嗡鸣声；同时，克莱恩太太会站在四楼的楼梯口，用她一贯的大嗓门欢迎客人。这些来自凯莉的直觉本能，让她一度心生警惕。

而她之所以放弃听从直觉的警报，是因为她在这个男人身上，并没能为自己的警惕找到合理的证据。**人们总是相信眼见为实，而有些事只有先被相信，才能被看到**。只有先熟悉了危险都是如何表现的，才能有效躲避开它们。

老练的罪犯，深知如何在受害者面前伪装自己，而他们惯用的伪装伎俩，反过来也能成为他们自我暴露的线索。一旦有人出现下列情况，请你务必相信内心的直觉，让自己远离危险。

危险分子最爱用这7招

1．强拉关系

第一种信号，我称之为“强行拉关系”。这类人会频繁使用“我们”这个具有团体感的词语（如“上面可是有一只嗷嗷待哺的猫咪在等着我们呢”）。强行拉关系，能有效建立起一种基本的信任，人们难以拒绝来自“同类”的热情，因为那显得太不近人情。

陌生人在落入同一境遇时，比如同被困在电梯里，或者同时进入一家要打烊的便利店时，确实会产生“同是天涯沦落人”的亲近感，让距离瞬间拉近。但需要注意的是，强行拉关系不同于上述这些自然巧合，而是一种蓄意制造的圈套，目的在于操控人心。在使用这种手段时，罪犯会频繁提及所谓的共同目的或共同经历，会用“我们俩”“我们是一伙的”“我们要怎么解决这个问题”或者“现在我们已经完成了”等说法，但事实上，他口中的共同点根本就不存在。

大卫·马麦特的电影《赌徒》中，一个骗子就完美演绎了如何通过强行拉关系而行骗。傍晚时分，一位年轻的士兵进入了西联汇款（美国著名国际汇款公司）的一个网点，他想提取一笔汇款用来购买车票，但他很担心营业结束前汇款无法到达。他的旁边，坐着另一位等待汇款的客户，于是，这两个同命相连者在焦灼中开始聊天。中途，另一位客户向士兵提议："你看这样行不行？如果我的钱先到账，你想要多少我都借给你，等你回到部队后再把钱打给我。"年轻的士兵听后深受感动。这个人随即"不经意"地补充了一句："如果你的钱先到账，也请这样做。"

事实上，提议的这个人和士兵根本称不上难兄难弟，更不会有钱打到他的账户，他只是个行骗的高手。事情和他设计的一样，在西联汇款关门前，只有士兵收到了汇款，而天真的士兵坚持让他拿走了一些现金。这就是骗子的"高明"之处，他们总能让被骗者心甘情愿掉进陷阱。

对于直觉给出的具体警示，凯莉没能辨认出来，所以当对方拉关系、套近乎的时候，她也没能明确而直接地拒绝"伙伴关系"这个概念，比如说出："我没有请你帮忙，也不需要你帮忙。"这种直截了当的拒绝似乎有些无礼，然而，所有的防范措施看起来都很无礼，可比起落入圈套，行为上的无礼实在不值一提。

安全，是我们考量万物的第一准则，一次次看似无礼、突兀的拒绝，却可以对我们起到保护作用。

排队的时候，如果有人接连两次踩了我们的脚，我们会大声表达不满："你在干吗？"此时我们不会觉得自己有失斯文，甚至还会觉得已经很克制了。这是因为，我们在判断自己的反应是否合理时，主要是依据对方先前的行为。如果我们认为，自己是在对别人的行为做出反应，在礼节上就不太会有所顾虑。

当然，强行拉关系不只出现在危险分子身上，它也会被运用在多种场合，满足多种目的。然而，无论出于何种理由，一位陌生人向一位处于弱势（比如独自身处偏僻地方）中的女性献殷勤，显然都是不合时宜的。

人们总是对"套近乎"这一行为特别宽容，甚至有时还会褒奖。当人们为了一己私利去和他人套近乎时，会被认为是勇敢机智，值得肯定。当然，不是所有套近乎的人都居心叵测，比如有人会出于友好，在派对上和刚认识的人亲切交流，然而，这并不代表女性就有义务接受盛情。与其说套近乎是为了让女性轻松自在，不如离她远一些，她反而更能感到放松。

2. 大摆"迷魂阵"

和套近乎相同，"迷人"也是被错误鼓励的一种能力。

我们先来明确一点，我这里所说的迷人，不是由内而外的魅力，而是指一种能力——让自己"迷人"。和套近乎一样，这也是一种极具目的性且很易见效的手段。迷人的目的，在于诱惑或吸引别人，以便让自己掌控全局。

在这里，迷人不是形容词，而是一个动作——迷住别人。如果我们能意识到“他正想‘迷晕’我”，而不是单纯地认为“他真迷人”，那么就能反转局面，让自己把控住全局。那些施展魅力的人，并非全都居心不良，然而这种识破迷人表象的能力，却会让我们在危险到来前及时捕捉到信号。

我告诉凯莉，这一类的危险信号通常都写在人们脸上。加州大学旧金山分校的心理学家保罗·艾克曼曾说过：“面部表情可以透露出细微的情感变化，而只有诗人才能用语言将其细腻表达。”他认为，微笑是施展魅力的必要手段，但也是“掩饰真实情绪的最佳面具。”

加州大学洛杉矶分校的心理医生莱斯利·布拉泽斯对此认为：“当我想要欺骗某个人的时候，那个人只有比我更聪明，才能识破我。某种程度上，欺骗是一场智力的竞争。”

那些行骗的高手，会尽其所能掩盖自己的利爪。我不止一次从我的客户口中听到过这样的话：“他一开始看起来是个好人。”而正是这些“好人”，在蛰伏了一段时间（少则片刻，多则数月）后，袭击了他们。态度友好，并不代表内心善良，我们要牢记这一点，并教会我们的孩子。友好是一种决定，是人们社交时采取的一种策略，而非个人的品性特质。想要最终控制他人的人，最初大多会以“好人”的形象示人。

凯莉一边听一边点头，并告诉我，她也曾觉得袭击她的歹徒“十分友好。”黑色幽默大师爱德华·戈里在一首短诗中写道：

> 舍监给学生买了冰棒，
> 希望男孩们不会拒绝，
> 这样他在行不轨之事时，
> 就不会有人觉察。

诗中的舍监就在向学生们示好，他给他们买来吃的，但这不代表他的初衷也是好的。

塞缪尔·斯迈尔斯在他的《自己拯救自己》一书中曾写道："言行不一的人，得不到丝毫的尊重，他们说过的话轻于鸿毛。"但遗憾的是，这种状况已不适用于当今社会了。过去，人们的社交范围相对固定，我们对别人的了解，是通过他们成年累月的言行；而今，我们处在一个快速社交的年代，萍水相逢不计其数，许多人早已锻炼成了蛊惑人心的老手。过去，人们必须具备长期的良好口碑，才能获取他人信任；而今，获取信任变得轻而易举，帮一次小忙、说几句好话就能实现。

我总是鼓励女性，要对那些内心抗拒的接触，直接并明确地拒绝，但我知道这做起来很难。现实中，套近乎的男人会被视为机灵，而女性如果太犀利，则会被人嫌弃，尤其是一位断然拒绝他人的女性，常会被贴上负面标签，如"情商低""冷漠""粗暴"。人们理想中的女性，是那种欲拒还迎、欲擒故纵的委婉派，能和男人周到地互动，即使不愿意的事也不会直说；人们理想中的女性，还要能主动勾起男人的期待，让对方将更多的精力投入其中，仿佛这样的女性才叫聪明。当然，骗子也会利用人们对女性的不合理期待，来实现自己的计划。

3. 堆砌细节

行骗者常用的一种手段，我总结为“堆砌细节”。比如在凯莉的经历中，那个男人讲了他忘记帮朋友喂猫的故事，又建议凯莉“像旧电影中的绅士和淑女们那样”把房门开着，还主动解释了他迟到的原因是“手表坏了，不是我自己的错”。

当人们讲真话的时候，并不需要添加一些额外的细节来佐证，因为他们从来不会感到心虚。但说谎时就不一样了，因为心虚，他们会讲个不停，以便让自己的话合情合理，以假乱真。

这些谈话中的每一个细节，就像他们扔在路上的小图钉，这些图钉虽小，但一路轧过，也足以让卡车爆胎。你的心理防线就是这样被刺破的。

抵抗这种伎俩的方法，就是时刻提醒自己：**这些被提到的细节，与当下谈话的情景有关系吗？**大部分谈话的开端和结尾，都是和当下情景相关的，但别有用心者，会往里塞大量旁枝末节，转移我们的注意力。

凯莉就是被太多的细节迷惑了，因此忽略了自身的处境：跟自己说话的，完全是个陌生人。每当那个人引起凯莉不适时，每当凯莉刚要意识到当下的情况时，那个人就会重新插入一些无关紧要的细节来打岔，缓解他们之间的氛围，打造一种值得信任的形象。凯莉看到的不是真实的他，而是刻意伪装的面具。

我们先要识破这种伎俩，才能纵观全局，抓住关键。当你在夜晚独自走在大街上时，有人和你搭话，无论他表现得多么迷人，千万不能忘记你此刻的处境：深夜，僻静的街道，有个陌生人在接近你。要学会时刻提醒自己身处何地，以及身边的这个人和自己是什么关系。

识破堆砌细节并不难，只要时刻代入自己眼下的处境就可以。比如，当约会对象迟迟不肯离去的时候，无论他多么妙语连珠，你都要想到："我已经对他下过两次逐客令了。"

4."贴标签"

在凯莉的事件中，行凶者使用的第四种手段是"贴标签"。这类人会先刻意给女性贴上一个略带批判的标签，刺激她去主动推翻这种评价，比如"你不屑于和我这类人交流吧"。这一招堪称先发制人，因为女性为了摆脱"势利"或"歧视"的标签，势必会和他继续谈话。相似的还有这种："你看起来不像是爱看书的人。"女性很可能急于证明自己是如何博学多才，而落入圈套。

也正因此，当凯莉拒绝那个男人的帮助时，他说了这么一句话："有时候，做人不用太逞强。"于是凯莉为了不被贴上"逞强”的标签，接受了他的帮助。

“贴标签”通常都带有贬低或质疑的意味，很容易激起对方的反驳，而这正中一些人的下怀。他们就是希望被评论的人能做出反应，然后好落入自己的陷阱。所以，想不中计，保持沉默是最好的方法。何必在意他们怎么看你？别有用心的陌生人根本就不在乎自己的话是否真实，他们只想激起你的反应。

5．“放高利贷”

接下来的这种手法，被我称之为“放高利贷”。我告诉凯莉：“他希望你能接受他的帮助，这样你就欠了他人情，于是很难拒绝他接下来的建议或要求。”这种行为酷似放高利贷，放债时热情大方，慷慨无比，但在讨债时毫不留情，还会带走高额利息。这类歹徒为你做的每一件事，都会归入总账让你加倍偿还，而防范这类伎俩的措施，就是始终牢记以下两点信息：一，我并没有向他求助，是他主动接近我的；二，即使对方看起来只是个友好的陌生人，也要提防他的其他伎俩。

我们都遇到过施以援手的陌生人，其中图谋不轨的只是少数，剩下的要么是热心肠，要么就只是想献殷勤。后面两种比较容易应对，而暗怀鬼胎者则需要格外当心，因为他们诡计多端，比那些挥枪向你跑来的劫匪，更难识破。

6. 主动承诺

在讨论这个危机信号前，我让凯莉重新回忆她在公寓门口和行凶者相持不下的细节。那个男人曾做出这样的保证：“我放下东西就走，我保证。”

主动承诺，是一种准确无误的危机信号，通常带有可疑的动机。承诺是为了说服他人相信某种意图，但承诺并不是保证书。承诺只是一种无据可查的话术，表明说话人急切想要获取你的信任。所以，面对任何主动的承诺，无论这种承诺是否和人身安全有关，我们不仅要对此心怀疑虑，还要提醒自己：这个人为什么要说服我？

这个问题的答案不在对方身上，而是在你身上。

别人之所以对你做出承诺，希望说服你，是因为他意识到，目前还没有获得你的信任。因为直觉的信号，你确实对他心有怀疑，而他不请自来的主动承诺，相当于亲口告诉你：你对他的疑虑不但没错，而且很有道理。

无论何时，都要对任何的主动承诺心存警惕。主动的承诺，就像一面镜子，能够反射出直觉带给你的危险信息。当那个男人告诉凯莉，他从厨房找到喝的之后就会离开时，他其实感觉到了凯莉的怀疑，所以他又补充了一句：“我向你保证。”

当别人对你说“我向你保证”的时候，即使你不能亲口说出，也要下意识地提醒自己：“看来，我对你的怀疑并不是没有理由的。谢谢你自己证明了这一点。”

7. 无视拒绝

还有一种危机信号，也可以说是所有信号中最值得警惕的一种，那就是：无视拒绝。

袭击凯莉的男人，曾多次无视凯莉的拒绝。起初，凯莉拒绝他帮助的时候，他不予理会；之后，凯莉再次拒绝的时候，他干脆直接去拿凯莉的购物袋了。

存心想控制你的人，会假装没听到你的拒绝，所以，遇到这类情况，你不能犹豫，不能用商量的口气说“我很感谢你的帮助，但还是先让我自己试试吧”之类的话，这会让不法分子更认定你容易控制。有时候，我们不仅要在语言上拒绝得斩钉截铁，还要在行动上有所表示，比如立刻转身离开。

我们必须学会拒绝，不仅是那种对推销员的拒绝，更体现在另一些情况下，比如过于殷勤的陌生人、男朋友甚至是配偶，如果他们对你的拒绝充耳不闻，很可能是种重要的危险信号。

坚定的拒绝，能让歹徒知难而退。通常来说，歹徒都希望自己的猎物软弱可欺，所以，他们会先筛选一遍目标，我把这个过程称为“面试”。他会故意释放出一些危险信号，观察备选者们的反应，然后选定最好下手的那个。

举个例子，一个女人在地下停车场里，正独自拎着几个巨大的口袋，此时如果有个男人伸出援手，存在两种可能。一种是，这个人是一名真正的绅士，而另一种则是，他在进行一场

“面试”。如果这名女性略带紧张并腼腆地说：“不用，谢谢，我自己能行。”那她很可能成为理想的猎物。相反，如果她直截了当地对他说：“我不需要你的帮忙。”然后转身就走，并做出“不要跟上来”的手势，那她被选为猎物的机会就低得多。

你或许会担心：万一对方并不是坏人，只是想发扬绅士风格，这样拒绝岂不是会伤害对方？请放心，作为一名真正的绅士，即使当时他会因为你的态度有些气恼，最终还是会理解这种拒绝的。所以，不用害怕表达自己的拒绝，因为这无伤大雅。

不过，这里也涉及了一个问题，女性作为相对弱势的群体，难免会有真的需要帮助的时刻，这时候，该如何既得到帮助，又避开那些居心不良的人呢？

单身女性如果真的需要帮忙，明智的做法是主动找人帮忙，而不是留在原地等待别人主动帮忙。自己挑选的人，总比主动过来接近你的人可靠性要高。我更鼓励女性找同性来帮忙，在相同条件下，接受同性的帮助，要比接受异性的帮助更安全。

也有人会劝女性，不要激怒主动提供帮助的男士，以免他们的好意突然转变成恶意。对这点，我持保留意见，因为在正常情况下，一位只想提供帮助的绅士，是不会因为你的生硬言辞就被激化成罪犯的。**需要大家注意的，是那些主动提供帮忙而又无视拒绝的人，他们才是最危险的人。**

此外，我还想给广大男性提个醒。我知道，有些人在正常追求异性时，也难免会用到以上这些手段。只不过，这些手段即便没有恶意，但也有失诚恳。时代早就变了，追求女性的方式最好也跟着与时俱进，不然很容易被对方当成骗子或者歹徒。

不堪一击的“友好”

不久前，在从芝加哥飞往洛杉矶的航班上，我近距离观察到了一位男士是如何图谋不轨的。他使用的正是上述七种手段，堪称教科书般的案例。

那次航班，我的身边坐着一位单身旅行的妙龄少女，过道对面坐着一个40多岁的中年男性，他戴着耳机听音乐，但不时地观察着这个女孩。途中，男人摘下了耳机，用一种在派对上和女性搭讪的口吻，对女孩说：“这种耳机听起音乐来真不过瘾。”话音刚落，他向女孩伸出手，说：“我是比利。”这句话乍一听起来并没什么，但他的话其实隐含着问题，因为吐槽耳机和自我介绍之间，完全没有逻辑关系。

然而，女孩却完全按照比利的设计回答了他的问题，她说出了自己的全名，也伸出了手，而我注意到，那男人握住她的手的时间稍微有点久。

在接下来的聊天中，比利没有直接打听女孩的个人信息，而是以旁敲侧击的方式获得了不少信息。比如他说：“我讨厌来到一座城市以后，没有人来接我。”女孩说，她也不知道怎么从机场到她住的地方。比利又说："朋友有时候真是靠不住。"女孩也说："我住的那户人家（由此，可以排除女孩要见的是亲人）以为我坐的是下一班飞机。"

比利又说道："我很享受在没有朋友知道的情况下，到达一座城市。"这话显然和他之前的表达自相矛盾，他刚刚才说过，他讨厌到达一个地方之后没有人来接机。但他没等女孩反应过来，就马上补充了一句："不过，你的独立性大概没有我这么强吧。"女孩马上反驳说，自己从 13 岁开始就可以独自旅行了。

"你的谈吐很像我在欧洲认识的一位女士，一点也不像十几岁的女孩。"比利一边说，一边把手中的威士忌递给她，"你一看就是有主见的姑娘。"我很希望女孩能拒绝他的邀请。一开始她确实婉拒了，但却拗不过他的坚持："来嘛，有什么好顾虑的。"于是女孩接过了那杯酒，喝了一小口。

我仔细打量了一下比利。他体格壮实，手腕以上有刺青，身上戴着一些廉价饰物。这是一班早航飞机，但他已经喝了不少酒，没有随身行李。他穿着新的皮夹克、牛仔裤和牛仔靴。我的直觉判断，他应该是刑满释放不久。

当比利去洗手间的时候，他还没忘继续挖他的陷阱，他向女孩探身靠近，微笑着称赞："你的眼睛真迷人。"

就在这短短几分钟时间里，比利使出了我之前提到过的所有手段：强行拉关系（强调他们两个都没人接机）；堆砌细节（他的耳机，和他认识的一位欧洲女士）；"放高利贷"（请她喝酒）；摆“迷魂阵”（称赞女孩的眼睛）；“贴标签”（“你的独立性大概没有我这么强吧”，“你看起来就是有主见的女性”）；无视对方的拒绝（女孩一开始对他递来的酒说“不”时，他没理会）。而接下来比利想对女孩做什么，不言自明。

趁比利走开的机会，我问女孩能不能和她说几句话，她犹豫着同意了。这里就可以看出，搭讪技巧的重要性了，她能很愉快地和比利谈笑风生，却对我礼貌的询问心怀疑虑。我告诉她说：“下飞机后，那个男人会请你搭便车，但他不是个好人。”

飞机着陆后，在机场行李提取处，我看到比利再次走近那个女孩。虽然我听不到他们具体的谈话内容，但我也能猜到他们在说什么。那女孩一直摇头，嘴里说着“不”，但比利似乎不肯接受她的拒绝。不过这一次，女孩的立场很坚定。最后，比利只能愤然离开，打破了他一直营造的“友好”形象。

这班飞机上没有电影，但比利的表演远比电影精彩纷呈。他演示了图谋不轨者是如何挑选受害人的。

***

我们需要记住的是：**在正常情况下，一个对你没有任何企图、不想从你身上获利的人，是不会贸然接近你的**。因此，对于所有主动搭讪的人，我们都要心存提防。

当然，我并不是要你把所有的意外邂逅都当成阴谋，而是希望你能熟悉那些意图不轨的伎俩，然后在危险信号出现的时候，及时有所反应。而且还有一点很重要，那就是你要相信，如果你心中敲响警钟，一定是事出有因的。尤其在面对危险的时候，直觉在这两个方面是绝对正确的：

1）**直觉一定是对某种迹象的反馈。**

2）**直觉一定是衷心为你着想的。**

即使事后证明危险并不存在，我们也没什么损失，反而获得了一次培养直觉的训练。直觉会一直陪伴我们，即使我们在深夜熟睡时，它也在运作。我认识的一位书商经常在深夜才能到家，他说："从我把车停在车库，从后门进屋，上楼进入我们的卧室，翻开我的行李箱，找到睡衣穿好，到我上床睡觉，这个过程中发出的所有声响，都不会把我的妻子吵醒。但如果我们四岁的儿子半夜打开了自己的房门，我的妻子会在下一秒就翻身下床。"

如果你的直觉让你确信，你遇到的搭讪者确实并非善类，那又应该怎么做呢？这就好像夜间跑步时，你忽然感到自己被人尾随了，最好的方法不是试探性地左顾右盼，而是直接转身，直率坦荡地把目光投向窥视你的那个人。这样一来，你不仅能更好地把握当前的情况，还能向那个人传达一种信息：你不是一个唯唯诺诺、容易控制的理想猎物，想要袭击你不容易。对待搭讪者也是一样，我们虽然无法控制歹徒筛选作案对象的过程，但却可以决定自己是否要暴露出符合作案对象的特征，包括是否容易接近、所处位置，以及所处的状况。换句话说，你可以让歹徒从作案范围中把你排除。

这里面有个问题很关键，你一定要在歹徒试探你的时候，控制自己的反应。不要在不必要的时候，和陌生人聊天；不要因为陌生人帮了你，就觉得欠了他人情，并被这种感激或内疚操控；不要总是按照别人对你的期望行事；当别人想要控制你的时候，不要让决心动摇；最重要的是，不要否认自己的直觉。

能救命的“黑色幽默”

通常来说，直觉可以通过多种信号引起你的注意，而且，这些信号会依据事态的轻重缓急，而有所区别。

处在直觉信号顶端，代表最严峻事态的，是恐惧；所以如果感受到了恐惧，一定要认真对待。接下来，紧急性依次递减的信号分别是：忧惧、怀疑、犹豫、迷惑、第六感、预感、好奇心。

此外还有莫名的烦躁、持续的想法、身体的感觉、惊异和不安。相对来说，这些信号的紧迫性没有之前列举的强，但在这些信号出现的时候，不要一味拒绝，要以开放的心态考虑其出现的原因。

而我在这里要讲的，则是一个经常被人忽略的信号——幽默。幽默中蕴含着丰富且珍贵的信息，如果不加留意，就会像未能及时收割而被烈日烤干的庄稼，令人惋惜。以下的故事中，幽默在危机中扮演的角色，就完美地阐释了它的重要性。

加州林业协会的前台那天轮休，所以鲍勃·泰勒和其他同事只能代为整理往来的邮件。他们偶然发现了一个收件人为协会前任主席的包裹，包裹很大，而且很沉，他们还为此讨论了一番是否要寄给他。这时，现任主席吉尔伯特·穆雷走了过来，他也被邀请加入这项讨论，穆雷建议："我们把这个包裹拆开看一下吧。"

听闻此言，泰勒立刻起身离开，临走时还开了个玩笑："我要在这颗炸弹爆炸之前，赶回我的办公室。"他沿着过道走回自己的办公桌，还没坐下，就听到一声巨大的爆炸声。包裹里果然是个炸弹，他的上司瞬间毙命，而泰勒躲过了致命的袭击。

泰勒的直觉，正是用幽默的方式展现出来的，他说的好像是玩笑话，但其实是在用最清晰的方式通知每一个人：我觉得这事不妙，这个包裹一定藏着危险。因为相信直觉并以此行事，泰勒逃过劫难，而他的很多同事，却对他发出的警告置若罔闻。

当我和客户讨论某些潜在的危险时，我已经学会如何聆听他们的玩笑话。如果在我起身准备离开时，客户半开玩笑地说"只要我从枪击中活了下来，明天我就会联系你"，那么我会坐回原位，请他就这个话题提供更多信息。

幽默，尤其是黑色幽默，是一种能够表达真实担忧的方式。人们之所以会采用这种方式表达担忧，是因为有着幽默的这层外衣，既不用顾虑他人认为你的想法很蠢，也不会显得自己过度恐惧。只是，无论这类与危险有关的幽默，是出于别人的口中，还是从自己的大脑里蹦出，我们都要清楚地意识到一点：我们会在什么情况下，才去开这样的玩笑？

通常，我们是不会刻意储备玩笑以备不时之需的，也正因此，当鲍勃·泰勒在看到这个包裹是寄给一年前就已离职的同事时，并没有说出诸如“这里面大概是个水果蛋糕吧，去年圣诞节之后被忘在这儿了”这类的俏皮话，反而用幽默的方式，吐露出了他不经意间一个看似荒谬的想法，而正是因为这种想法荒谬到离谱，才让听到的人感到幽默有趣。

不过，这个荒谬的想法是如何产生的呢？其实是有迹可循的。

那天上午，寄到加州林业协会的那个包裹异常沉重，被胶带里三层外三层打包得十分严实。好几个人都对这个包裹里装了什么感到好奇，有几个还推测里面是不是装着炸弹。他们看到寄件人那一栏上写的是一家名叫奥克兰的公司，但如果他们查询过工商名录，就会发现这家公司并不存在。

然而遗憾的是，虽然有着蛛丝马迹，这个包裹最终还是被打开了。

就在这起邮件爆炸案发生的几周之前，一位广告经理在位于新泽西州的家中也收到了相同的包裹，这个包裹来自同一位“炸弹客”。就在广告经理准备打开包裹之前，突然问妻子，这个包裹是不是寄给她的。这其实是个十分关键的问题，但片刻之后，他放弃了追问。当他拆开包装的瞬间，生命被炸弹吞噬了。

一名资深的邮件安检员这样评价道：“我听说过太多这样的故事，收件人一边对着包裹说‘这看起来像是炸弹’，一边动手打开包装。我不太能理解这种矛盾，大概只有心理学家才能做出合理解释。或许他们是担心如果报了警，后来却发现是虚惊一场，场面就有些尴尬了。”

“炸弹客”本人曾多次嘲笑那些命丧炸弹包裹的受害人（共23人）。耶鲁大学的计算机专家大卫·格兰特在从炸弹包裹事件死里逃生的两年后，收到了来自“炸弹客”的讽刺信：“如果你真的聪明，就应该意识到，无数人憎恨正在改变我们的世界的技术，你就是始作俑者之一，但你还是愚蠢地打开了包裹。看来高学历的人，也没有多聪明。”

炸弹包裹并不是常见的危险，但受害者们却仍预感到了风险，并将这种忧虑用黑色幽默表达出来。而在一些常见的危险发生前，人们也会产生这样的黑色幽默。

一家工厂里，员工在午饭时间听到屋外传来一阵巨响。有一个人开起了玩笑：“那可能是维斯贝克回来了，准备把我们都干掉。”片刻之后，玩笑的主人公约瑟夫·维斯贝克真的冲进了这间屋子，持枪疯狂扫射他的同事，之前开玩笑的人也没能幸免。

可见，幽默也能给人警示，尤其是黑色幽默，它绝不仅仅是一句玩笑。

直觉的信号

让我们再来回顾一下，直觉的信号会以哪些形式出现：

直觉的信号

- 坐立不安
- 挥之不去的念头
- 幽默
- 惊异
- 不安
- 好奇
- 第六感
- 预感
- 疑惑
- 犹豫
- 猜疑

· 忧虑

· 恐惧

每个人在遭遇危险时，直觉发出的信号未必相同。凯莉的直觉发出的第一信号，是恐惧；查娜·莱昂纳多的直觉发出的，则是一种挥之不去的犹豫，让她觉得儿子的手术似乎存在不妥；迈克尔·坎特雷尔的直觉，是为他搭档的莽撞坐立不安；鲍勃·泰勒的直觉，是通过黑色幽默的方式预见到了包裹里的炸弹；而罗伯特·汤普森收到了最直接最强烈的信号——恐惧——所以他进入便利店后，立刻转身离开。

一位名叫南希的年轻姑娘，也曾感受过恐惧的直觉。她的朋友把跑车停在路边，然后去自动取款机取钱，车没有熄火，南希坐在副驾驶的位置，突然间，她感受到了一种巨大的恐惧。她屏住了呼吸，伸手去摸锁车键，但太迟了，一个男人直接坐到了驾驶员的位置，持枪抵住她的腹部，之后开着车扬长而去。南希被绑架了。

南希为何会出现恐惧的信号呢？后视镜里闪过一小块牛仔布料的影子，正是南希直觉的来源。这证明有一个身着蓝色牛仔裤的男人，正潜伏在车边，并快速移动着。如果平日里，有人想要靠一小块牛仔布料说服南希锁紧车门，她很可能不以为然，但恐惧的震慑力，远远大于逻辑的影响力，所以她的直觉早于理智有了反应。

在与绑匪共处的五个小时内，南希的大脑中一直有声音告诉她："冷静！冷静！冷静！"于是，她一直和绑匪聊天，让绑匪放松了警惕，并且在绑匪命令她在仓库附近下车时，果断抓住了这个机会逃生。直觉让她明白，只有劫匪确信她对他没有威胁，才不会杀人灭口。

***

我花了很多笔墨，来讨论能救命的直觉信号，但即使你能够做出完美的预测，你依然会发现自己处于危险的阴影中。我常被人问到，如果面对强盗或者劫车的歹徒，最佳的反应是什么。从来没有万无一失的对策，因为每个人可能遇到的危险都不同，我无法一一给出标准答案。有些人觉得面对强奸犯的时候应该顺从，而有些人认为应该反抗。两种策略都需要根据具体情况，才能判断是否合适，所以最佳的策略，就是听从你的直觉，你自己能够把握一切关键信息。聆听自己的心声，就拥有了掌握全局的智慧。

什么样的陌生人需要当心

The Gift of Fear

第五章

当人们计划用岩石建造一座教堂时，岩石便不再是单纯的石材，而化作了教堂的形象。

——安东尼·圣－埃克苏佩里

我们每天都在和陌生人打交道，因为这份陌生，难免忧心忡忡。如何知道身边的司机没有歹意？如何确保新雇的保姆不会虐待自己的孩子？这是每个人都在忧虑的问题。

或许有一天，真的可以通过机器测试出一个人的品行，但在那之前，我们更习惯依靠别人的判断——我的朋友凯文正直可靠，如果是他推荐的保姆，肯定没问题。就这样，我们用别人的评价说服自己安心，然后驱车离家，把孩子留给一个半小时前刚认识的陌生人。

无数例证告诉我们，熟人介绍并不可靠，因为你的熟人也未必了解他所雇的人。说到底，把关者终究还是我们自己，那么，我们应该如何判断眼前的陌生人是否危险呢？

如何让“恶保姆”不进家门

当我们面试保姆的时候，通常会特别留意对方的某些举动，希望看出是否有不正常的迹象，比如精神是否正常，是否被前雇主投诉，是否有吸毒史等。然而，却很少有家长将这些问题直接宣之于口。

我们最关心的那些问题，总是难以问出口，比如“你虐待过儿童吗？”为什么不问？因为我们觉得，问这种问题过于粗鲁，更过于可笑，即使是有黑历史的应聘者，也必然不会老实回答。

但无论如何，你还是应该亲口问出这个问题，因为你得到的回复，或者看到的反应，很可能让你有意外收获。比如，应聘者可能会回答“您认为什么叫虐待”或“你从哪里听说了什么吗”，或者闪烁其词，这时你就很有必要抓住这个话题不放。记住，你要托付给他的，是你的孩子，所以提出一些自己最关心的问题，是无可厚非的。合格的应聘者立刻会理解你的顾虑，而心虚的应聘者，则可能在回答中暴露自己。

此外，还有一点需要注意，就是不要因为一件小事而随意给对方“加分”。在没有得到确切的结论前，很多家长会受应聘者的某个举动的影响。比如，家长看到应聘者爱抚了家里的宠物猫，就会觉得：“她喜欢动物，看来有爱心，这是个加分项。”或者直接认为：“猫咪也喜欢她，这是个好现象。”人们太急于找到合适的应聘者，所以更愿意相信对方是符合条件的人。而事实上，这个过程更应该做的，是关注对方有什么缺点，而不是强调优点。一旦我们过多强调对方的优点，就会不自觉地强化自己的判断，这也是陌生人获得你信任的心理过程。他们不过是通过了你的几项测试，但突然之间，你就觉得他们不再那么陌生了。

这种情况下，我们的预测还能保证准确吗？

***

心理学家约翰·莫纳汉在他的著作《预测暴力行为》一书

中，开篇便问了一个看似简单的问题：如果你放开这本书，那么它会朝哪个方向掉落？

你肯定可以很轻松地预测“书会落地”，因为我们早就掌握了重力原理。然而，对于预测潜藏的暴力，我们未必可以如此自信，因为我们没有像了解重力一样，了解它的规律。

由于我对暴力和重力的了解一样多，所以知道暴力其实和重力一样，也有基本的规律可循。虽然人类的行为受环境的支配，会在不同情况下有不同的举动，但我们仍然可以用“人性的八个支点”作为框架，来预测人的行为。人性的这八个支点分别是：

1）每个人都渴望和他人建立关系。

2）失去令人悲伤，因此我们竭力避免失去。

3）没有人喜欢被拒绝。

4）所有人都希望得到认同和关注。

5）为了追求快乐，我们会努力，但为了避免痛苦，我们会不遗余力。

6）不喜欢被嘲笑或羞辱。

7）在乎他人的看法。

8）希望能在一定程度上掌控生活。

正是人性的这八个支点，撑起了一个人的人生，决定着一个人的行为模式，它们适用于你和我，同样也适用于那些危险分子。如果你认为危险分子一定遵循着什么你所不了解的人性，那我只能说：抱歉，让你失望了。

不过，对于正常人来说，由于人性中的这八个支点普遍稳定，全部都能起到支撑作用，所以，他们的行为模式也是正常的，符合社会的规范。而对于危险分子来说，由于他们人性的支点很不稳定，甚至很多支点都失去了支撑，所以，他们或者不能与别人建立关系，得不到别人的肯定，或者经常遭到嘲笑和羞辱，或者不能掌控自己的生活……这种人性支点的坍塌，必将导致行为的危险和邪恶。

所以，我们可以通过评估一个人的人性支点的情况，来预测他的行为。比如，一个人刚离了婚，又失去了工作，还被诊断出了严重的疾病，面对人性支点的逐个坍塌，不难推测出他会有着什么样的行为。就拿那些虐待孩子甚至谋害雇主的恶保姆来说，他们之所以会做这种极端凶残的行为，正是因为人性支点坍塌了，失去了支撑自己的平衡。

通过分析以上人性的八个支点，我们可以发现，那些危险分子其实与我们一样，只不过他们的心理需求没有得到满足，人性支点严重崩坏。

无论你的预测对象有多么奇葩，多么闻所未闻，只要你以“人性的八个支点”作为框架，一定能在他身上看到自己的影子，发现你们之间的共通之处。当你的预测承担着巨大风险时，记住坚持寻找你们身上的共性，这会引导你站在他的角度看待问题，做出准确的预测。

如果你不确定这样做是不是有效，就让我们联想一下匿名电话吧。你肯定不会认为，自己会做这种将快乐建立在他人恐惧之上的事，但回想一下我们的童年，我们是不是也曾从暗处窜出来，吓唬我们的朋友或者兄弟姐妹？在看到他们受惊的表情时，是不是也会感到愉悦？这么一解释，你是不是就能明白打匿名电话的人是出于何种心态？

虽然人类的共性远比差异要多，但大家还是会遇到和自己的行为准则大相径庭的人，这类人做事从不过问良心，也完全不在乎他人的利益，这与精神变态有关，是我们需要注意的。一旦将变态者请进家门，必然招来一场灾祸。罗伯特·黑尔在《良知泯灭：心理变态者的混沌世界》这本书中，曾深刻总结过一些关于精神异常者的特征，具体如下：

- 花言巧语，不真诚
- 自我中心，自大浮夸
- 缺乏内疚和羞耻感，亦无负罪感
- 喜欢欺骗，有强烈的控制欲
- 易冲动
- 寻求刺激
- 缺乏责任感
- 感情淡漠

从犯罪者的角度想问题

然而，虽然我们一直强调共性，但必须承认，变态者之所以称为变态，就是因为其时常不按常理出牌。所以，想要准确预测他们的行为，既要从我们自身的角度考虑问题，也要从对方的视角看待现状。前者不是难事，但从另一个人的角度考虑问题，则是一项后天的技能。然而幸运的是，这项技能其实你早已掌握。

总结起来，就是我们熟悉的“设身处地”。

举一个大家都熟悉的例子：一位乘客到达机场的时间比预计要晚，根据你的经验，你能推测出他可能出现的想法、情绪及举动。他还会闲庭漫步吗？在办理登机手续的柜台前，他还会好心地让其他人插队吗？他还有闲情逸致赏析机场的建筑风格吗？

其实，预测暴力与预测赶飞机的过程没什么区别，都是将自己代入进去，视为当事人。我们也管这个叫作“了解事物的反面”。

对于赶飞机这件事，我们并不陌生，所以能够毫不费力地判断出这名旅客的行为。而正是因为有些人对暴力行为不甚了解，导致他们产生无法预测危险的错觉，其实，这和在日常生活中预测一些平凡琐事的过程是一致的。在《信息焦虑》一书中，作者理查德·沃尔曼这样解释道："我们通过了解事物的反面，来了解世上的一切。从白天了解黑夜，从失败中学习成功，从和平中理解战争。"这里，我们应该加上一句："从安全中了解危险。"

具体说来，怎么才能反推出对方的行为呢？既然我们对正常的行为更为熟悉，那么，只要先列出这些行为，就能轻易地推测出反常的行为，从而预测出危险。我们把这种方式称为"反面守则"。

正常的行为	反常的行为
踏实做事，谨守本分	大量精力用于本职工作外的事情
尊重个人隐私	好奇心过强，打探别人隐私
保持合理的个人距离	强行拉近个人距离
拜访时，等待别人引路	毫无顾忌地在室内乱窜
专注眼下的工作	扩大讨论话题，并肆意进行评价
时间观念强，工作效率高	无时间观念，拖沓
做客时，不在意别人家中是否有旁人	做客时，急于了解别人家中是否有旁人
不在乎是否还有其他访客	急于了解是否还有其他人上门
礼貌地注视	一直盯着你看

为了训练人们如何识别假钞，一个可靠的做法是每天与真钞接触，用眼睛观察、用手触摸、用鼻子闻，当人们对真钞非常熟悉之后，只要假钞一出现，这些经过训练的人一眼就能发现。同样，如果你对正常的人性和行为非常熟悉，也就能识别反常的人性和行为。

当然，在这个过程中，直觉是关键。如果一个女人对出现在自己家中的陌生人，比如送家具的工人，没有感到不自在，其实是她的直觉已经帮她做了评估：对方没有危险性。直觉在做评估时，会评估对方的行为是否正常。因为，我们需要在潜意识知道什么是正常行为，什么又是反常行为，如此才能在对方有异常举动时心生警惕。

一个人的危险行为不可能比他的危险动机更早出现，在危险动机与危险行为之间还存在一段距离，我们有足够的时间设身处地去感到对方的情绪和想法，并预测他们的行为。

下面，我们来做几个练习。

一名不受欢迎的员工被解雇后，他拒绝离开办公室，并向上级主管抗议："我已经变了，你还没了解我的进步。"在依然不能如愿后，他大声报出这名主管的家庭住址，并威胁说："我会和朋友一起去拜访你家的。"公司保安把他请出了公司大楼，而第二天上午，这名主管的汽车挡风玻璃被人砸碎了。

这名被解雇的员工是否有可能：

1）为赔偿挡风玻璃的修理费寄来支票？

2）第二天在一家医学院登记入学？

3）开始在半夜向这名主管家里打骚扰电话？

在这名男子被解雇了若干天之后，这名主管在家中的邮箱里发现了一条死蛇。这条蛇出现的原因是：

1）邻居的恶作剧？

2）蛇类保护协会的成员为了提高公众对蛇的保护意识？

3）那名之前被解雇的男子出于报复？

你或许会说，这些答案太显而易见了，一点难度都没有。然而正是这些再明显不过的例子，足以证明：当你要在这些互相矛盾的选项中，做出最符合实际的选择时，选中正确答案的概率其实非常高。

当我们将这样的选择，放到某个与自身安全有关的情景下：地下停车场里，一名女性在费力地将杂货放进自己的车中。这时一名陌生男人主动走近她，表示愿意提供帮助。这时，出于人身安全考虑，她需要问自己三个问题，这个人是否是：

1）市民志愿服务组织的成员，专门在地下停车场巡逻，负责帮助女性？

2）连锁超市的老板，正在寻找下一任全国超市广告代言人？

3）一名想和我发生性关系的陌生人？

其实，在她为自己列出这几个选项前，心中就已经有了正确答案，因为人的直觉比思维更超前。在地下停车场里，当女士碰到那个陌生男人时，她的直觉早就感觉到了他。她能感觉到他在暗中盯着她，还能感觉到周围有多少路人，停车场里的照明情况，声音能传多远，自己是否有能力逃脱，以及何时应该采取自我防护措施。总之，她的直觉更了解她的处境。

和上述情况类似，当我们预测那名被解雇的男子的行为时，直觉能告诉你，他的心中此前埋藏着怎样的怨恨。你会想起在他发出口头威胁之后，总有莫名的财产破坏事件；还会想起更令你不安的故事：他曾经如何报复过他的邻居。

上面那些练习中提供的三个选项，是为了让你不必过多思考就能用直觉得出答案。而在实践中，这种练习更多的是培养你的观察力而非创造力，你认为是你凭空捏造的选项，其实是你回想起的事实。许多人认为，创造的过程需要结合多种想法和创意，但具有高度创造力的人会证明：所有的信息都蕴藏在自己身上，可能是一个想法，一首歌，一幕回忆，我们需要做的是挖掘这些信息，而不是重新构造信息。

米开朗基罗曾艺术性地概括过这种方法。当被问及他著名的《大卫》雕像是如何创造出来时，他回答："这很简单，只要凿去看起来不像大卫的那部分大理石就可以了。"

预测的意义，在于掌控结果

然而，对于预测来说，还存在着一个悖论：如果你在预测的过程中花费的时间越长，越多的信息就会浮现出来，你的预测就会有越多的证据支撑，准确度也越高；但是，预测用的时间越长，留给你扭转局势的时间就越少。

也就是说，尽早完成预测，会让你有时间去接受或改变最终结果。

而这就是预测的意义——**我们要用预测，来避免或利用某种结果**。为了达成这个目标，我们在做出预测之后，必须立刻进行相关的准备。**不为结果做准备的预测，只能称之为好奇**。

为了结果要做多少准备，取决于以下几个因素：避免或改变这种结果，对你是否重要；你所做的能不能达到效果；准备的成本高低。而其中最重要的一点，就是预测的结果是否可靠。

如果我告诉你，明天你会被闪电击中，并向你索取五万美金承诺帮你免灾，你肯定会嗤之以鼻。虽然被闪电击中关乎人命，但我预测的可靠性太低，而需要花费的代价又太高。但假设有一位医生告诉你，如果不立刻进行心脏移植手术，你就会毙命，那么这五万元的花费骤然间变得合理有据。被闪电击中和心脏衰竭，都会带来死亡，但我们会认为医学的可靠性更高。

比较预测的可靠程度（reliability）、重要性(importance)、成本(cost)以及有效性(effectiveness)（统称为RICE评估）决定了我们在日常生活中如何做出决定。

我们的社会就是通过RICE评估来决定预防措施的。而具体到每一个人，那些引起我们警觉、让我们选择采取的预防措施，都源自我们个人的RICE评估结果。所以，在你犹豫该采取何种措施保障个人安全时，不妨问问自己这几个问题：这个预测可靠吗？可能造成的后果有多严重？可行的预防措施的成本如何？效果怎样？

直觉是一种迅速、自发且无意识的处理方式，能够为我们提供很有价值的信息，而这些信息是深思熟虑的分析所无法提供的。千钧一发之际，直觉会跳过所有逻辑，将危险信号直接传达给你，让你有机会做出反应。当你感到恐惧的时候，直觉其实已经完成了一系列复杂的评估。但很多时候，我们必须要在清醒思考后才能做出预测，并对预测的结果做出反应。所以，我们需要接受直觉和理性同时存在，并在人们遭遇意外时做出权衡的决策。

如何才能在直觉和理性之间保持平衡呢？瑞典著名导演英格玛·伯格曼这样认为："我把我所有的决断都交付直觉。我把代表直觉的长矛投掷黑暗中，然后，派遣代表理智的军队到黑暗中寻找到这支矛。”

通过掷出直觉之矛，我们能为理性预测提供极大的帮助。具体做法就是时刻问自己：这个人接下来可能会有什么举动？从而得出我们该有的对策。而当直觉之矛出手的那一刻，我们已经和自己的直觉站到了同一个战壕。

然而，理性的逻辑与判断有时会阻止我们追随直觉的矛头所指引的方向，为此，在下一章，我们就将看到理智为何要听从直觉的引导。

意外是如何被预测出来的

The Gift of Fear

第六章

一旦触发的条件得到满足，后续事件就会接踵而至。

——亚里士多德

一个本应回家的男人，驱车到离家不远的旅店，并指明要旅店顶楼的房间。虽然他没有任何行李，但一位行李员还是引领他到了八楼，这个男人拿出他口袋里所有的现金（61 美元）作为小费，还询问服务员房间里是否备有纸笔。五分钟后，这个男人从窗口纵身一跃，再也没有醒来。

这个男人的死，真的无法预测吗？帮他办理入住手续的前台，或者带他上楼的行李员，难道事前没有发现任何端倪？事实上，两人都曾有机会关注这名旅客的言行，然而，他们并没有质疑这些问题：他为什么没有带行李？为什么一定要求顶楼的房间？为什么他需要纸笔？为什么他把身上所有现金，都作为了小费？

当然，这些疑问也许另有解释，比如他可能遗失了行李；他要求住顶楼的房间，可能是为了更好地欣赏远处的风景；他想要纸和笔，可能是想要给别人留个信；他把身上所有现金当作了小费，可能因为他慷慨大方。

而此时，一个能够决定他所有行为性质的关键问题是：他是否面露沮丧？但遗憾的是，旅店员工都没注意这一点。

正如禅宗的至理名言：知道问题，是解决问题的第一步。如果要去预测意外，人们必须先知道，自己预测到的可能有什么。

语言中透露的暴力信号

如果一只狗朝着你咆哮，你或许会害怕它咬你，但吉姆却认为它只是在召唤其他犬只。吉姆是犬类行为的预测专家，曾和无数凶狠莫测的狗打过交道。如果你和吉姆一起观察同一只狗的行为，毫无疑问，吉姆能够更轻松地解读出狗的各个动作的意义，也能更准确地预测出它的下一步行动，这种优势在于，吉姆掌握了犬类行动的语言。

同样，能掌握直觉传达的信息，也会让你先人一步预测出事情的下一步。听从自己的直觉，不同于有意为之的推测。女性其实在直觉方面一直存在优势，我在讲座中常抛出一些测试直觉的游戏，让听众根据直觉给出答案，大部分正确答案都来自女性，虽然，大部分错误答案也同样来自她们。

比起男人，女性更乐于猜测，想到什么答案就脱口而出。男性却有诸多顾虑，他们会尽量避免自己在众人面前出错，所以在尚未确定正确答案前，他们不会贸然回答。而女性在日常生活中更习惯于依赖直觉，所以这种时刻，也就更无所顾虑。

用直觉解题时，你要做的只是倾听直觉传达给你的信息。尤其当推测对象是人类的行为时，直觉预测的准确性，毫不逊色于逻辑推测。

***

我们之所以能对人类的行为有所预测，是因为我们能读懂人类行为所释放出的信号。

德斯蒙德·莫里斯在《人体的倾诉》一书中，详细记载了世界各地肢体语言代表的意义。让人惊讶的是，有 66 种肢体语言竟然能在全球通用，也就是地球上所有文化背景中的人类，无论是高端写字楼中的 CEO，还是落后部落里的土著，都能理解。而这 66 种肢体语言中的大部分，都是在无意识中被表达出来的。比如，下颚前倾是咄咄逼人的表现；脑袋稍微往后缩，是恐惧的表现；气喘哼哼鼻孔大开是生气的表现；伸出胳膊，手心朝下并上下移动，是一种让人镇定下来的手势，说明他在安抚别人；此外，在所有的文化背景中，轻抚自己的下巴都是在告诉别人“我正在思考”。

这些动作都是无意识的行为，同样，当我们做这些行为时，也会在无意识中被人解读出来。如果我让你从这 66 种肢体语言中列出 15 种，你会觉得很难，但如果换成让你识别出来的话，你就可以做到。

同样，识别语言的言外之意，比掌握语言的表面含义更能帮助做出预测。我们下面说的，就是如何从别人的语言中，了解他们真实的意图。以下几种语言，其言外之意都明显地指向了暴力：

- 断然拒绝的语言
- 确认资格的语言
- 自我膨胀的语言
- 寻求关注的语言
- 打击报复的语言
- 情感依赖的语言
- 身份认同的语言

寻求关注、自我膨胀、确认资格和断然拒绝之间通常紧密相关。想想你是否认识这样的人——渴望他人的关注，无法忍受孤独和默默无闻。虽然人类都不喜欢被人忽视，但对这个人来说，被人忽视简直是灭顶之灾。他们觉得别人的关注理所应当（表现为确认资格和自我膨胀），知道自己需要关注（表现为害怕受到拒绝），并且千方百计让人们听见他的声音，看见他的身影（表现为寻求关注），所以，他们极力避免人气的流失。当他们博取关注的欲望强烈到一定程度时，甚至会通过铤而走险来吸引眼球。

可以想见，当一个人对自己的评价极高，甚至到了自我膨胀的地步，那么他遭受失败所带来的耻辱感，势必比常人要猛烈得多。

想要预测出暴力是否会发生，我们必须站在当事人的角度，去思考事件的背景、起因以及发展趋势，而不能仅从自身的角度出发。我们必须问问自己，对方如果采取暴力，会有利于还是有碍于他实现目标。即使是看起来最不可理喻的暴徒，在实施暴力之前，都会经历理智与情感的多阶段演变。而这个过程，归根结底不外乎以下四个方面的考量，被我们简称为 JACA 评估：正当性（justification）、替代选项（alternatives）、施暴后果（consequences），以及施暴能力（ability）。

1．正当性（J）：为暴力找个充分的理由

正当性，是指实施暴力的人会为自己的行为找一个正当的理由，不过，他们所谓的“正当”，也仅仅是他们自己认为的“正当”，并不是真正的合理与公道。

在日常生活中，以正当性为动因的行为屡见不鲜，有时，一点寻常小事就能激发我们去维护自己，比如被别人踩了一脚，我们会嚷道：“喂，你踩到我了！”有时，吵架的夫妻为了证明自己的观点是正确的，也会绞尽脑汁找借口反驳对方。这些都是寻找正当理由、维护自身利益的过程。

一个人如果想为自己的做法找理由，会把关注点从“你的行为惹怒了我”转移到“你的行为是错的”。人们最常用的正当化手段，就是站在道德的制高点，让自己的愤怒看起来特别合理。然后就可以如《圣经》所说的那样“以牙还牙，以眼还眼”。

愤怒是种猛烈的情绪，来势汹汹令人难以挣脱。人们在遭遇不公时，愤怒很容易被激发，于是，一些小事都成了借口，让人们把过去遭遇的所有不公都代入到眼下的情景，更加大了反应的激烈程度。这样的人往往性急好斗。

当然，同一件事情，对不同人的刺激程度是不同的。约翰·莫纳汉就曾指出："人们对事件的评价，会对他（她）是否会诉诸暴力造成重大影响。"比如有些人在别人无意撞到自己时，会坚持认为："你并不只是撞了我一下，你是故意想打我。"这时，他已经为自己的怒气找到了合理的理由。

2. 替代选项（A）：有暴力以外的解决方式吗？

这一项是说，除了诉诸暴力之外，是否还有其他选择能达成目标。任何暴力都是带有目的性，所以，了解行动者的目的，对预测危险至关重要。如果一个人想找回他原来的工作，暴力显然不是最好的办法，反而会让他离目标更远。但如果他想报复解雇他的公司，那么暴力就是可用的手段之一。

暴力之外，有很多替代选项，比如嘲讽挖苦、诽谤抹黑、对簿公堂等。所以，了解行动者的目的，是预测的关键。如果他的目的是造成肉体的伤害，那么除暴力之外的替代选项并不多。如果他只想惩罚对方，那么可选择的方式不计其数。**当暴力成为唯一选择时，暴行将在所难免。**在《圣经》故事中，如果牧童大卫有其他选择，相信他一定不会和巨人歌利亚战斗。

大卫是渺小的人类，而歌利亚是高大强悍的巨人，即便大卫有一万个正当理由去打败巨人、维护和平，但他在战斗力上的劣势却是不争的事实。但是，大卫别无选择，只能走上战场。穷途末路的人或动物都会选择战斗，即使暴力并非正当手段，结果也不一定对自己有利，力量还可能对比悬殊，但他们仍然会选择暴力。

3．施暴后果（C）：施暴付出的代价，能承受吗？

对于暴行可能带来的后果，施暴者自己是如何看待的呢？在决定诉诸暴力之前，人们会有意无意地权衡一切可能发生的后果。有些后果代价太大，会让人无法承受，比如，很多人会因为担心自己的形象崩塌，而选择克制内心的暴力冲动。

然而，一个人对待暴力的态度并不是永远不变的。一旦处境发生变化时，即便是平时温和顺从的人，也可能变得凶狠残忍。当一个人认为自己使用暴力的利大于弊时，比如穷途末路的杀手想要引起大众关注时，他将暴力付诸行动的可能性就会更大。

4．施暴能力（A）：有能力将暴力付诸行动吗？

最后，行动者还会评估自己是否有能力成功施暴。比如，他会考虑自己能否一拳击倒对方或将其一枪毙命。一旦施暴成功，他会信心大增，对再次施暴充满期待。如果再有武器在手或绝技傍身，他会更加有恃无恐。

值得注意的是，行动者对于自己能力的判断，是出于自身角度进行的，而非旁人。所以，即使是在人们眼中没能力施暴的人，也有可能铤而走险。

***

以上就是JACA评估因素，了解这些，有助于我们洞察施暴者的心理。而且，这一评估对很多重大事件也都适用。

时评节目《60分钟》曾介绍过一位才智过人的恐怖分子，人称“工程师”，他曾协助神风特攻队队员把炸弹绑在胸前。这些士兵成了行走的炸弹，把死亡带向了人口稠密的地区。记者史蒂夫·克罗夫特采访了“工程师”的一位追随者，此人同样是一名恐怖分子。记者想知道做出如此暴行的“工程师”是个什么样的人，追随者的答案简单却令人震惊：“他是个正常的人，与我们所有人没有区别。”

克罗夫特反驳：“你说他和我们所有人一样，但我觉得，没有人会觉得你和他是正常人。”

恐怖分子回答道：“我认为你的观点是错误的，在我的国家有无数民众坚信我们的信仰。”

他说得没错。

JACA评估因素同样适用于国家，每次美国在发动一场战争前，都会先找一个特别正当的理由，比如对方是堕落的政府，有失控的独裁者，那个国家里藏着国际通缉犯和大规模杀伤性武器等，然后说出：“我们不能坐视不理，放任不管！”当我们认为谈判、警告和封锁都不能解决问题时，就已经默认自己除了暴力别无选择。而随着战备物资和军队到达前线，我们对自己的施暴的能力也愈加自信。

我们为什么要从危险分子的视角看问题？之前我们已经讨论过，要想准确做出预测，就不能先入为主地批判对方的价值观，而是应该站在对方的角度和立场看待问题，无论他们的观点和我们存在多大差异。历史学家詹姆斯·伯克对此也做出了解释：“自认为能代表普罗大众心声的人，才是真正的少数派。”

怎么才能知道，自己的预测是准确的？

直觉给我们发出信号，让我们对情况做出预测，然而预测一旦形成，新的问题也应运而生：我怎么知道，自己的预测能成真呢？

预测到底会有多大可能变成现实，以下的11项判断因素，可以用于评估暴力预测的准确度。

1. 可衡量性（Measurability of Outcome）

事件的结果，有衡量标准吗？举个例子，如果预测的问题是“在这次支持堕胎的集会上，听众席上会有炸弹爆炸吗？”

显然，这个问题的答案是可衡量的，因为炸与不炸都显而易见。但如果预测的问题是“我们在夏威夷之旅中，会度过一段美好时光吗？”我们的答案很可能并不一样，因为人们对“美好时光”没有统一的认识。所以，这个预测结果并不像上一个问题一样，能够得到确定的答案。

2. 优势地点（Vantage）

这个意思是说，观察者能否看到事件发生的背景和有用的危险信号。举个直观些的例子，想要预测两个正在吵架的人接下来会不会动手，就要站在一个可以观察他们每个举动的优势地点。

3. 紧迫性（Imminence）

你所做的预测，结果会在多久后呈现出来？一般情况下，我们希望自己的预测能够对眼前的现实有意义。“下周会有歹徒对史密斯议员行凶吗？”和“在未来 30 年中，会有歹徒袭击史密斯议员吗？”这两个问题相比，很明显前者更容易被预测，因为一周内的变数显然要少于 30 年。人们更愿意调动资源，给那些短期内能见到效果的预测，虽然对史密斯议员来说有点残酷，但对目前的大众来说，他是否会在未来 30 年中遇害，人们并不关心。

远期预测的问题，就像“抽烟会导致死亡吗”一样难以确定。吸烟者能够轻松预测出，烟草中的有害物质可能会导致他们死亡，但这个结果要在很远的未来才能被证实，因此，这个预测对现实的意义和影响大打折扣。

4. 情境（Context）

预测者是否清楚地了解事件发生的背景？是否能评估当时的情况与环境，以及当事人之间、事件之间的关系？

5. 危险信号（Pre-incident Indicators）

危险信号，是这 11 项因素中最有价值的一项。因为这是危险来临前，我们能收到的最直观的提醒。

危险信号该怎么界定呢？如果要预测州长是否会在公开演说中遇刺，歹徒持枪跳上讲台的那一刻，确实是有力的信号，但是这个信号已经太迟了；歹徒出生的那天也是一个危险信号，但这个信号时隔太久，也不具备价值。我们更希望得到的，是介于这两者之间出现的信号，既不会太早而无法识别，也不会太晚而没有改变的余地。能够有力揭露暗杀活动的危险信号包括：了解州长的行程表、制定暗杀计划、购买武器、记录每日细节，或者向他人暗示“大祸将至”。

在结果发生前，都会有一系列的危险信号，但是只有能被侦测到的信号，才是有价值的。

6. 实践经验（Experience）

预测者是否有相关的经验？驯兽人能比我更准确地预测眼前的狮子是否会发动攻击，因为他在这方面比我更有经验。如果两种结果——狮子没有发动攻击，狮子发动攻击——他都经历过，那么他的预测就更具可信度。

7. 可参照事件（Comparable Events）

当你预测眼下的事件时，是否研究或借鉴过相似的案件？一个非常有意义的举动，就是参考那些相符度极高的案件。比如，预测女孩是否会被偏激的前男友杀害，可以参考诸多被前任报复的案子，因为这些案件在很多方面都有相似之处，包括行凶者和受害人的关系等。相反，见财起意的谋杀案，则对这类案件没有多大用处。

8. 客观性（Objectivity）

是否客观考虑过事情有可能存在正反两种后果？举例说，如果一个人要判断某员工是否将会做出暴力行为，那么“认定暴力行为不会发生”的人，就不适合来做这项预测。只有考虑到预测结果的正反两种后果，才能充分关注并利用手边的所有信息。

9. 投入程度（Investment）

预测者对结果会投入多少？或者说，他（她）对避免或改变这种结果，是否有足够的热情？如果我现在问你，我明天是否会睡过头，你不会集中精力分析这个问题，但是如果你希望我明天一早能去机场接你，那么，你对这个问题的投入程度就要大大提升。

10. 再现性（Replicability）

通过预演，来验证预测结果是否能成为现实。预演对于风险度不高的预测是可以一试的，毕竟模拟复制是科学预测的奠基石。但对于高风险的行为来说，这样的预演就行不通了，比如要预测一位盛怒之中的员工是否会枪杀他的主管，我不可能给他一把枪来模拟这个情景。

11. 知识储备（Knowledge）

预测者在做预测时，所应用的知识是否恰当？是不是能对预测起到积极作用？比如，一位公司高管如果掌握了一条“年龄范围在 35 至 55 岁之间的白人男性，是工作场合暴力犯罪的主要人群”的信息，那么，他极可能忽视这个范围之外人员的异常行为，因为在他的知识储备中，其他人不符合“这项犯罪心理”。

暴力什么时候会发生？

最高难度的预测，就是对暴力发生时间的预测。地震预测就是一个典型的例子。大家可能不信，但事实上，我们能够探测到地震发生的信号，但问题在于，我们无法判断这些信号到底是一次大地震的直接信号，还是一个微不足道的干扰信号，所以，我们倾向认为地震是无法预测的。

在预测暴力的过程中，我们面对危险信号时也有两种选择：等待信号最终演变成为灾难，还是中途完成预测，并进行干预。难点就在于，将哪一刻界定为暴力的开始。是向受害者开火的那一刻？是武器入手的那一刻？还是最初产生杀意的那一刻？

人类的行为其实环环相扣，但大多数时候，我们总把目光聚焦在某个单独的环节。比如我们寻找某人自杀的原因时，可能会说：“巨大的财产损失让他难以承受。”但许多人也蒙受了财产损失，却没有决定结束自己的生命，所以这并无法解释自杀者的悲剧。**虽然，我们希望把暴力行为看作是一种因果关系，但实际上，这是一个过程，暴力造成的结果，也只是其中的一个环节**。对于自杀事件来说，失业只是整个链条中的一环，自杀的过程，在生命最终结束前就已经开始酝酿了。

伤害事件也是同理。虽然，我们总希望用简单的因果关系来解释某件谋杀案（比如他知道了妻子有外遇，所以杀了她），但这种逻辑对预测丈夫的行为，没有任何帮助。或许早在两人结为夫妻之前，谋杀就已经开始酝酿，而最终的悲剧，只是这个过程的结果。

***

至此，你已经了解了许多如何预测危险的信息，信息量很大，如果让你全部回想起来，恐怕有些困难。但其实，你不需要任何刻意的记忆，因为所有的信息都早已储存在了你的大脑中。一旦危险迫近，这些信息会在第一时间通过直觉提醒你。

比起回忆所有信息，激发自己的预测技巧，更能让我们实现平安的生活。在接下来的几章中，我们就将学到，如何利用直觉的实用性，预测他人的行为，保障自己的安全。

被人威胁，我们应该怎么办

The Gift of Fear

第七章

人类是头脑简单而懦弱的生物。他们过于爱惜自己的生命，又过于恐惧自己的同类。

——杰克 · 艾伯特

我们这一生，总会听到一些狠话，或许自己也说过不少，但没有什么比“我要杀了你”更让人觉得危险的。事实上，这句话引发过太多恐慌和忧虑，而更恐怖的是，有些威胁确实成了悲惨的事故。

谁会对我们痛下杀手呢？我们通常认为，只有精神错乱的危险分子才会有这样的歹念，但事实并非如此。你或许没有亲耳听到谁对着你咆哮：“我要杀了你。”但许多人都产生过伤害你的念头：嫌你开得太慢的后车司机，认为你占用公共电话太久的排队者，被你炒了鱿鱼的员工，被你甩掉的恋人，他们都曾对你有过转瞬即逝的恶意。这些恶念对你必然不是什么好事，但你却无从避免。即使，大部分恶意并没带来真的损害，但对方释放恶意的言行也会引发你的不安，并因这不安影响你的整个思绪。

了解恶意，是我们杜绝伤害，并减少不安的最佳手段。

可怕的不是语言，而是情境

通常来说，极端的言行总会引发我们的警觉，其中就包括别人针对我们做出的口头威胁。

口头威胁会让我们焦虑。然而，被人威胁虽然不是好事，但却还不算太糟，因为这意味着，此刻对方还在犹豫是不是真的要实施暴力。比起做些实际的伤害，目前他似乎更倾向于口头威胁。

口头威胁对我们并不陌生，父母用“你会受罚”来教训孩子，律师用“我们会采取行动”警告对方，国家元首用“将发动战争”来震慑他国，前夫用“要实施报复”来威胁，孩子用“大哭大闹”来逼父母让步，所有这些表达都为了一个目的：引起不安和恐慌。我们对这些情况十分熟悉，却很少有人就此进行过研究。

想让生活正常运转，我们就要学会分辨，这些威胁哪些是真的，哪些只是一时的气话或玩笑。正是因为我们认真对待“如果随意停车，相关部门就会把车拖走”这样的话，我们才会寻找符合规定的停车位；也正因为我们认为配偶说的“如果你耽误了晚餐，我就杀了你”只是个玩笑，我们才敢和对方共度一生。**言论本身不是问题的关键，放出这种狠话的情境，才是核心所在。**

平日里，你如果看到两个人在争吵，或许会感到不安，但如果这只是两位演员在舞台上的演出，那么无论争论如何激烈，都不会引起你的警觉。相反，有些正常情况下的普通行为，如果发生在特定的情景下，就会让人警报大作。比如，在街道上有人踏上台阶是再平常不过的事了，但如果是在演出过程中，有观众突然起身走上台，那就是很不寻常的信号。

即使是听起来极尽温柔的话，根据说话的情境不同，传达出的意思也不会相同。可以说，是情境赋予了语言所表达的意义。

某天早上，一个男人刚来到办公室里，同事通知他："上司要见你。"他表情冷静，只轻声说了一句："我也想见他。"然后他拎着沉甸甸的健身包来到更衣室，换完衣服后，接连从包里掏出两把手枪放在身上，随即进入了上司的办公室。

到此为止，如果让你预测出这个人下一步的行为，你会做出怎样的判断？十有八九，你会认为这将是一起办公室枪杀案。但如果这个人是一名警探呢？这一系列言行则是正常的。

***

虽然，事件的背景才是预测威胁行为的关键，然而对于很多人来说，背景却偏偏是最容易被忽视的，他们更关注事件的内容，甚至连一些专家都这么做。最典型的例子，就是确立了很多"关键词"，认为这将有助于分析是否受到威胁。然而，词语只是人们对话中的组件，它本身并不能代表最终要表达的意思。与其筛选所谓具有危险性质的"关键词"，不如关注这些词出现的情境。

让我们一起关注以下几组词语：

· 肌肤
· 割

- 撕开
- 警告
- 血杀
- 碎片
- 炸弹

如果一段文字包括“杀”“血液”和“炸弹”这几个词语，就足以触动关键词研究者心中的警报。但请你阅读下面这段话，然后判断是否从中感觉到了威胁：

这次自驾游让我感受到了侵入肌肤的寒意，寒风如刀割，力道之大足以撕开车顶。这里给大家一个警告：千万不要和亲戚一起旅行。虽然血浓于水，但哈利舅舅时不时扔来的笑话炸弹碎片（强行搞笑）让人实在无法忍受，甚至让杀时间这件事都变得无比痛苦。

接来下，请再关注几组词语，并阅读包含这些词语的文字：

- 干净
- 漂亮
- 鲜花
- 美丽
- 迎接

把你的烂事收拾干净，再买一些漂亮的鲜花，因为上帝指引我将你带去他美丽的净土，他在那里急切地迎接你的到来。

这里还有真实存在的一封信，我的顾客曾让我帮忙分析过：

昨天和你一起散步的时候，你优雅的体态让我意乱情迷。你的美丽让我第一次开始欣赏世间万物的美好，比如一朵鲜花，或者一泓清泉。有时我无法分辨，你的美会在哪里结束，又会在哪里开始。现在我想要的一切，就是触摸你的玉体，并与你分享我的爱意。

如果没有具体情境，这只是一封普通的情书，诉说着浓烈的爱慕之意。但让人心生警惕的是，这是一位 50 岁的中年男性写给邻家 10 岁女童的信。现在他正在监狱中，罪名是：反复向未成年少女提出性请求。

同样，如果一名女性为躲避前夫的骚扰隐姓埋名，远走他乡，一天，她收到了前夫的短信："嗨，亲爱的，是我。"她必然会惊恐不已。

***

比起语言的内容，语言发生的背景对预测的作用更大。所以，分析对方的语言时，必须要充分考虑情境因素。

语言有情境可以参考，那么其他险境，是不是也有情境在发挥作用呢？事实上，同样奏效。

行文至此时，我正身处斐济岛上，当地人时常面临被椰子砸死的危险，这对于我们大多数人来说是闻所未闻的。然而，斐济岛上高耸的椰树长着巨大的椰子，如果其中一个砸落在你身上，受到的冲击力，相当于被五楼上扔下的保龄球击中。

有什么办法可以防止被椰子击中？爬上椰树，检测树干的结实程度？辨别椰树纤维的湿度和密度，以及椰子的重量？测量风速，计算周围的树上最近掉落椰子的比例？还是聆听那个最终的预示信号——椰果从枝叶间掉落时发出的声响。但通常，当你听到这声音的时候，死亡已不可避免，这将是你在人世间听到的最后一种警告。

到底有没有方法，能让我们躲过这致命一击？当然有。人只有在椰树下时，才有可能被椰子砸死，因此只要远离椰树，就能轻而易举从源头避开这种灾难。同样，我们也能避开很多只有在特定情况下才会发生的危险。比如，我们可以不在暴力帮派的地盘上耀武扬威，不在治安不好的地方露财，不让一段危险的关系继续。事件发生的背景，有时就足以成为预示危险的有效信号。

及时捕捉这种信号，能有力保证我们的个人安全。

怎么判断对方只是说说，还是来真的？

在乔治·华盛顿大学任教的时候，我开设过一门刑事司法课程。在课上，我曾做过一次特殊的练习：我找了五名学生，让他们设计如何当众对我发出恶意威胁，然后，我会逐一评估。

我点名的第一位学生，便是以现场的情境引入话题："今天晚上，你提出的这个公开练习，简直是天助我也。我甚至都不敢相信，你第一个挑的人就是我，因为我已经计划杀你很久了。当我看到课表上今晚有你的课时，我从兄弟那里拿了把手枪。现在，枪就在我的公文包里。"

他拿出了公文包，来回晃动，里面发出了重物移动的声响。"我原本打算，在你取车的时候开枪，但我还是决定把机会留在课堂上。考虑到你身为安全领域的专家，再考虑到这节课的内容，让你此刻死在我的枪下，一定会让我扬名天下。"

这名学生环顾四周，有些同学已经开始感到不安了。他故意提高声音说道："如果有人不想看到教授的下场，现在就可以离开教室了。"然后，他的手缓慢地伸向了公文包。这时，他的时间刚好用尽，我喊道："下一位。"于是这名学生就坐下了。

正是因为清楚这番话所发生的情境，所以对于这样的威胁之语，我不会有半点畏惧。但人们听到死亡威胁的时候，通常并不是在这样的情境，于是难免惊慌失措。在人们的观念中，死亡威胁比其他威胁更严重，但实际上，大部分死亡威胁不过是虚张声势，我们需要学会的，是如何应对这样的威胁，而不是为之惶惶不可终日。

想要区分出真正预示威胁的语言，我们先要明白什么才叫威胁。威胁，是发出企图制造某种伤害的言论。威胁的一个重要特点，就是不会提出交换条件。不会说类似“如果”“或者”“直到”“除非”这样的字眼，凡带有这些词的就不是威胁，而是恐吓。这也是威胁和恐吓之间的重要区别。

恐吓的目的是提出条件，是一种能让被恐吓者有机会避免恶果的言论。“如果我得不到晋升，我就一把火烧了这栋楼”，这是一种恐吓，因为他已经明确提出了避免恶果的条件。在恐吓中，说话者会明确表达他希望的结果，暴露他行为的动机，比如：“除非你向我道歉，否则我就杀了你”（说话者希望得到致歉）；“如果你炒了我，你可别后悔”（说话者希望保住饭碗）。

我们常误认为恐吓会带来更大的危险。其实，恐吓并不是真的准备制造伤害，而只是希望自己提出的条件能得到满足。但威胁就不一样了，威胁不附带任何交换条件，比恐吓更容易演变为暴力，因为威胁者常常已经穷途末路。尤其是，当一场纷争总是无法结束，此时发出的威胁要更具危险性，因为这种情境下说出的话，已经不是情绪化的反映了，而是经过了深思熟虑。

威胁和承诺有着很大程度的相似，都是说出来时毫不费力，但履行起来困难重重。虽然威胁和承诺都是为了让别人知晓自己的某种意图，但威胁带有深深的挫折感。**在博弈中占据上风的人，很少语出威胁。而人之所以发出威胁，说明已经无法通过其他手段控制事态的发展**。所以，多数情况下，威胁代表着走投无路。

威胁会让人心生恐惧，威胁者正是企图利用人们的恐惧，达到自己的目的。比起被威胁的人，威胁者自身也很忐忑，因为威胁一旦被说出口，接下来他必须做出选择——要么增加威胁的力度，要么反悔放弃。但无论选择哪一种，他们都希望自己能占据优势。

人们面对威胁做出的反应，决定了威胁是否奏效。是受到威胁的人，决定着威胁的作用，而不是威胁者。

我们给客户的建议是，即使面对最严重的威胁（达到需要进行预防措施的程度），也不要在威胁者面前显示出你受到了他的影响，更不要在他面前流露出恐惧。

***

很多威胁者的头脑都很混乱，做事也没有条理，他们可能开始会说："你们所有人会在一小时后被炸飞。"之后又变成了："你们应该去死。"最后又变成了："我保证你们的末日将会降临。”我们把这种改变，称为“可信度递减型言论”，这种电话暴露了歹徒的目的不在预示危险，而在于宣泄愤怒。

威胁别人时，人们会故意用夸张的词，让听者震惊害怕。比如：“我会让你碎尸万段”或“我会让你的脑袋开花”。然而，无论威胁的内容多么令人不寒而栗，永远不要忘记：威胁的内容并不重要，重要的是威胁时的情境。也许，根据当时的情境，一个真正被激怒的人仅仅说了一句“我已经忍无可忍了”，接着便会做出可怕的事情。

在过去的30年中，我听到过无数威胁，有的惊世骇俗，有的卑鄙低劣，有的听起来还挺有创造性。从这些经历中，我总结出一条经验：**面对威胁，最重要的是能够保持镇定**。如何保持镇定？一种简单的方法是询问自己：“我是现在就有危险吗？”只有当你清楚意识到这个问题之后，才能冷静下来，继续观察事态的发展。

被威胁的滋味并不好受，即使对方用的是书信或电话表达威胁，即使这种威胁无法给人立即带来危险，但依然会引发人们心理乃至生理上的不适。人们的血液会涌向四肢（准备战斗或逃跑），身体释放出化学皮质醇（受伤时能加快血液凝结），肌肉中的乳酸不断发热（准备发力），目光凝聚，呼吸和心跳加快（支撑人体的循环）。这些身体反应，在威胁近在眼前时会十分奏效，比如凯莉起身逃出她的公寓的时候，但对于未来潜在的危险，还是镇定更能带来有利的结果。

还要注意的是，盲目判断也常常会妨碍我们的感觉，让我们无法做出准确的预测。每当人们觉得掌握了足够的信息时，就会自认为可以对事情做出归类了，并根据自己处理这类事情的经验，来判断下一步应该怎么做，驾轻就熟。熟悉感会带来安全感，但熟悉感所引发的判断，就像是舞台上被突然放下的帘幕，阻断了人们对全局的观察，对一些陌生的新的信息视而不见。

谁是受益者，谁就是可疑者

还有一种情况下，会让人们停止接收新的信息，那就是当他们草率地认定某人是否无辜时。前文提到过一宗委托，有名女士在打赢官司后不久，就遭受到了死亡威胁，她坚持认为威胁来自她起诉的那个男人。在向我诉说这个故事的时候，她提到了一些不相关的信息（我把这些细节称为细枝末节），这其实是一些很有价值的信息，但是这位女士无法接收到提示，因为她已经早早认定了疑犯，所以也就停止了继续观察，而我则没有受到这类干扰，于是分辨出了信息的重要性。

经常会有当事人以为自己能排除某个人的嫌疑，但峰回路转的情况也不在少数。我们一起看一下夏尔米的故事，就能认识细枝末节的重要性：

“有人在暗中威胁我，但我想我已经找到幕后黑手了。几周前，有一辆车曾停在我家门前，司机紧盯着我家的大门。我故意开关了几次门廊的电灯，那个人马上就离开了。昨天，同样的事情又发生了，接下来我就开始接到匿名电话了，有个男人对我说：‘你应该搬家，这不是单身女人该住的地方。你不属于这个社区。’也正因此，几天后遇到理查德·巴恩斯真是件幸运的事，他准备购买我在山上的那栋房子。你知道吗，对于一名单身女性来说，那栋房子也确实太偏僻了。”

你发现这里的细枝末节的信息——也就是那些与威胁者无关的细节了吗？就是接手她房子的那个男人。

“再告诉我一些关于理查德·巴恩斯的事情。”

“哦，他只是准备买我那栋房子的人，他简直是上帝派来的天使。有一天我收信件的时候，他正好跑步经过，于是我们开始聊天。他告诉我，他很喜欢我家的飘窗，所以事情很顺利地发生了。第二天下午，他就给了我报价。”

“再谈谈那个困扰你的匿名电话吧。”

“我很担心，打电话给我的人肯定是想害我。”

“但电话里他建议你搬走。如果你搬家的话，对于打算伤害你的人来说，他的计划就会落空了。你不如想一下，你搬走后谁能受益？”

“没有人……”夏尔米说到这里，猛地停顿了一会儿，然后忽然醒悟过来似的，“难道，是想要买我房子的人？！”

大家肯定已经明白，我们接下来会围绕什么话题。在夏尔米的表述中，理查德·巴恩斯住在驱车一小时距离外的郊区，所以，他为什么会特意到夏尔米家附近跑步呢？他还知道她那栋房子的细节，比如飘窗好不好看，而这必须是把车开到夏尔米家的私人车道时，才能看到的建筑部分。但夏尔米一开始就排除了他的嫌疑，所以，她之后也没有再考虑过他作案的可能性。

因此，我建议大家思考这个问题：自己在受到威胁，并做出相应的反应后，受益人是谁？问题的答案，通常指向的就是威胁者。

被人敲诈，怎么办？

除了被人匿名威胁去做某事，我们还会接到一些为了经济利益而发出的威胁。威胁者掌握着对受害人不利的信息，并且承诺，如果受害人同意满足他提出的条件，他就会守口如瓶。这种情况下，受到威胁的人，其反应决定了威胁的价值。

遇到钱财上的敲诈，应该如何处理呢？比如有人告诉你："如果你不拿出一万块，我就告诉你老婆我和你的关系。"这种情况下的最佳回复应该是："等一下，我这就把电话给我老婆，你直接和她说。"这样一来，敲诈的筹码就变得一文不值。如果

恐惧
给你的礼物

The Gift of Fear

关键时刻直觉能救你的命

[美]加文·德·贝克尔(Gavin de Becker)/著 陈玲/译

武/志/红/带/你/一/起，成/为/你/自/己

你能让对方相信，他的威胁对你没有任何作用，那你就在这场博弈中为自己争取了一些优势。在许多案件中，通过这种方式，能够真正做到化险为夷。

相反，如果你向对方不断祈求，或表示服从，那么就等于帮对方确认了手上筹码的价值。很多人觉得花钱保平安是物有所值的事，但我个人不太推荐这一做法，以我的经验，在付款后就履行承诺的敲诈者，真的少到可以忽略不计。敲诈者一旦尝到甜头，很可能故伎重施，未来的某一天，你可能会再次受到勒索。

每个人都有秘密，如果敲诈你的人，刚好掌握了你某个不为人所知的真相，你该怎么办呢？我的一位客户是位星途璀璨的女明星，某天，她接到了前男友的电话，他们已经很多年没有联系了。对方威胁我的客户，必须交出5万美元，否则他就公布我的客户曾经有过堕胎史。我的客户只要一想到她的这段历史被公开，就坐立不安，在见到我之前，她已经整整一个星期没有睡过安稳觉了。

我让她考虑，如果这段历史被公开，谁的反应会最为激烈，并让她整理出一张清单。

她回答："首先是我的父母，我不想让他们知道这件事。"于是，我建议她考虑亲口告诉父母这件往事，而不是担心他们从娱乐新闻中得到这个消息。我告诉她，她自己才是唯一能决定这份威胁的分量的人。

大多数被敲诈的人，不会考虑主动爆料，他们认为这个想法太过疯狂，但我的这位客户，在 10 分钟内就做出了决定，她拿起电话，将事情的来龙去脉全告诉了她的父母，从源头上扼杀了威胁。在挂上电话的那一刻，她显得无比轻松和愉悦："来这里之前，我只想着要阻止他说出秘密。现在，我不再害怕他了。"最终，我的客户没有给她的前男友任何好处，而那个男人也没有抖露她的秘密。

比起一上来就开出价码，敲诈者更希望受害者自己入套，比如能对他说："我很乐意给你一些好处，我能拿回那些照片吗？"对于受害者这种难以抑制的恐慌，我常建议他们，比起用主动表态安抚敲诈者，更好的做法是强迫敲诈者自己说出他们的目的。比如你可以反复强调"我不明白你话里的意思"，直到对方忍不住直接说出意图。之所以要让对方自己说，是因为这将帮我们区分他的动机是谋财还是其他恶意。

和拒绝陌生异性的帮忙不同，在敲诈者面前，我们则要保持风度。尤其是，当你确实有把柄在对方手中的时候，激怒对方并不是明智之举，他们很可能借机将自己的行为更加合理化。然而，对非专业谈判人员来说，在交涉中有礼有节、拿捏好分寸并不是件易事，但无论你相信与否，这是最容易攻破对方的阶段。

比起只想谋财的敲诈者，心怀其他恶意的敲诈者，把口头威胁转变为实际行动的可能性更高。这些敲诈者很难沟通，因此，如果遇到一开始就口出恶语的敲诈者，可以直接放弃协商。

此外，对于威胁，还要能听出弦外之音。任何威胁都会有间接的暗示，比如“你将来会后悔”，这时，最好直接问出对方的真实目的，即直接询问威胁者打算干什么：“你说这话是什么意思？”通常情况下，对方给出的具体解释威胁性会比较小。但如果，他的具体解释实际上已经构成了明确的威胁，则应该立刻反应过来，让自己占得先机。

比匿名更可怕的，是署了名的骚扰

在人们的概念里，公众人物，恐怕是最容易面临威胁的一群人了。然而实际情况是，普通人之间的威胁更容易演变为暴力。

和匿名的死亡威胁相比，更容易给我们带来真实危险的，是落下署名的威胁。发出匿名威胁的人，并没有强烈想和被威胁的人见面的欲望，而留下真名的威胁者，并不在乎自己被曝光，反倒想借机获得关注。这种威胁者更乐于站在犯罪的舞台上，在万众瞩目中承认自己的罪行：“没错，这是我的杰作。”

所以，我们在判断威胁是否会演变为暴力时，千万不要对那些有出处的威胁掉以轻心，不要草率地认为“他不会傻到让所有人怀疑他”。

不过，在现代社会，死亡威胁这种事情毕竟还是少数，我们更多见的，则是那种顽固骚扰你的人，这类人有个形象的名字——牛皮糖。

甩不掉的“牛皮糖”

The Gift of Fear

第八章

当你被他激怒的时候，他就成了你生命的一部分。

——盖瑞森·凯勒

我们总是教育孩子：坚持就是胜利。我们认为坚持不懈是取得成功的必备品质，我们欣赏一路披荆斩棘，依然奋勇向前的斗士。

但是，当坚持变得不合时宜时，那些曾经被称赞的人，就会成为我们正常生活的侵略者。比如死缠烂打的追求者，缠着你要说法的前员工，不甘心的前男友、前女友等。这些像牛皮糖一样挥之不去的人际关系，很不容易处理。

对待这种窘况，我们格外小心翼翼，很想知道自己做出哪些行动后对方才能停止骚扰，又怕自己一步走错，反而刺激了对方，让骚扰升级。

接下来，是一起发生在我的客户身上的事件，想象一下如果这场噩梦发生在你身上，你会怎样。我们也将借机分析，如何才是对待“牛皮糖”的正确方法。

纠缠你的人，利用的正是你的这些错误

麦克·费德和妻子杰姬成功地经营着一家旅行社，手下有75位员工。一天，他们两人一起参加研讨会，通过熟人的介绍认识了汤米。这是个很有朝气的年轻人，看起来雄心勃勃，当他们讨论旅行社接下来的业务扩展时，汤米立刻打开了话匣子。

此时，夫妻俩不曾想到，这次偶遇竟然成了一场噩梦的开

始。在交谈中，汤米不断向麦克和杰姬介绍自己的观点：“我一直对开发新型团队游很感兴趣，我还制定了一些团队旅游的套餐，相信能够为任何一家旅行社带来盈利。但到现在还没有找到合适的合作伙伴。”

杰姬告诉汤米，她很欣赏汤米的想法，麦克也说汤米的很多想法听起来很有意思，然后两人对汤米道别后就离开了。

两天之后，当麦克坐在他的办公室时，他接到了汤米的来电。汤米从介绍他们认识的那位女士那里，得到了麦克的联系方式，他准备跟进他认为的“已经开始的商业合作讨论”。汤米说：“我今天就能拜访你的公司，我只需要 10 分钟的时间，我保证。”麦克不想伤害汤米的感情，于是他们约在两点碰头。

两点的时候，麦克正好在接听长途电话，这让他赴约晚了几分钟。汤米有些不悦地说道：“我以为我们约定的时间是两点整。”

“哦，是的，但我刚刚正在讨论一条去非洲的线路……”麦克本能地解释，随即反应过来：我为什么要向他解释得这么详细呢？原定 10 分钟的项目介绍，被汤米延长成了 20 分钟，他为自己的提议又找了一些新的素材，也能看出他确实花了不少心血，只不过，整个议题并没有让人耳目一新。

接下来，汤米话锋一转，从原本的登门拜访，变成了正式的自荐：他说自己可以从现在的公司离职，加入麦克的团队，如果项目失败了，麦克不需要付给他工资，而如果成功了，麦克需要支付他一些提成。

麦克告诉汤米，他没有进行这个项目的意愿，而且现在公司也没有职位空缺。汤米却好像没听到一样，依然说：“我随时都可以过来，然后我们可以一起把这个项目正式运营起来。”

麦克暗自想：“这是一种坚持，是成功的标志。”这或许也是很多人对于“过于执着者”的解读，但事实上，这的确是某种标志，但却不是成功的。**这种无视拒绝的态度，在任何情景中，都意味着麻烦的降临**。

当他们的谈话进行到40分钟左右，麦克忍不住终于出声打断：“听着，汤米，我们公司最好的旅游产品代理人玛琳准备结婚了，她可能在接下来几个月里离职，如果到时候有空缺，我会通知你。”

汤米没有立刻得到想要的结果，感到有些失望。

一周之后，麦克再次接到汤米的来电，询问他是否做出了任何决定。麦克很疑惑：“现在事情没有任何变化，汤米。玛琳和未婚夫还没有定下结婚的日子。”汤米显然不愿听到这个回复，他继续纠缠。这通电话，表明了“牛皮糖”们的另一项特征：过分解读他人的意思，尤其是关于未来的承诺。

第二天，玛琳疑惑地问麦克，他是否有一个名叫汤米的朋友，因为他打电话给她，并询问她的结婚计划的进展。在电话里，他询问玛琳是否有一个大致的离职时间，因为“麦克和我打算开辟旅游产品新时代”。

五分钟后，麦克联系了汤米，口气就没那么友好了：“你听好了，你是个不错的苗子，我知道你对这个项目很有热情，但我必须向你说明，如果我们打算采用你的想法，我会联系你。你不需要再给我打电话了，而且我也不认为你有直接联系玛琳的必要。你明白了吗？”

电话另一头的汤米，却语气平静：“哦，我完全理解，很抱歉给你带来了困扰。我只是觉得我应该从她那里得到一份时间表，以便我能及时入职，就是这样，没有其他恶意。我不会再打扰她了。”听起来，汤米似乎已经领悟了麦克的意思，但他又加了一句：“玛琳说她可能在八个星期后离职，所以我会在那个时间做好准备。”

“汤米，听着，你不需要做任何准备。旅游产品不是你想的那么简单。我希望我们之后还有见面的机会，祝你一切顺利，再次感谢你提出的建议。”

挂上电话，麦克感到心里一阵轻松：终于结束了，他真是个执着的人，但我相信，他已经懂得我的意思了。

麦克显然乐观得过早了。大约三个月后，有一天麦克吃完午餐回到办公室，发现汤米给他留了三条语音信息，这位执着的先生又出现了。紧接着，没等麦克回复，汤米的电话已经主动过来了，他听起来很激动，也很生气：“这真是太出乎我的意料了，麦克，这不是惊喜而是惊吓。我今天早上打电话过来的时候，他们告诉我玛琳已经离职两个星期了。整整两个星期！

你知道我们之间有过约定，所以我有些失望。我希望你还没有找到玛琳的继任者。”

因为那个莫名其妙的承诺，麦克对汤米竟然产生了一丝愧疚，口气上甚至有些歉意：“好吧，首先，玛琳的空缺还没有被补上，但是，呃，这不是重点。我想说的是，我们之间并没有过约定，我们只是聊了一下而已。”

“我本来以为，你是那种会严格遵守约定的人，但现在看来，你可能不是。”

麦克心中一动，觉得这是一个解决问题的机会，只要能摆脱对方的纠缠，自己背些恶名也没什么，于是他说：“可能我的确不是这种人，汤米，所以我们还是维持现状，各自发展吧。我很抱歉给你带来了这么大的麻烦。”

麦克说完就挂上了电话。

但汤米显然不想就此打住，他又打了两次电话，还发了信息，说自己有紧急情况。麦克没有回复，一个几乎陌生的人，会有什么紧急事件需要通知自己呢？

然而可惜的是，麦克没能坚持下去，在接连收到汤米五条信息后，他忍不住和妻子讨论起这个状况：“我不想再让他纠缠下去了，但我总不能一直不回他电话把，我不想激怒他。”

“他已经被激怒了，”杰姬理智地分析着，“在我们拒绝和他合作的时候，他就已经被激怒了。所以，无论你和他怎么交流，无论你的初衷是什么，他都不会听进去。”和大部分女性一样，杰姬更知道怎么处理纠缠自己的人，她知道掩耳盗铃的人，永远会假装听不懂别人的真实意思，就像汤米。

“我再观察一个星期，如果汤米还没有停止这种行为，我会联系他，和他在电话里说清楚。”麦克说。

杰姬提醒他：“麦克，你已经直接地告诉过他，不要再联系你了，你说过‘我们维持现状，各自发展’。这些我都记得很清楚。”

在这里，我要提醒所有被“牛皮糖”困扰的人们，无论是执着的追求者，还是求职者。当你因为想要摆脱纠缠而回应对方的骚扰时，只能刺激对方增加纠缠的力度。

两个星期后，麦克又收到了一条信息，上面写着：“十万火急，我要马上和你通话。”他觉得，是时候出面结束这一切了。麦克不希望自己处于被动，他认为狠狠骂对方一顿，应该就能解决问题，但他犯了一个错误，他按照了自己的行为标准去衡量汤米。

“你这人怎么回事？你是不是疯了？我们不会一起合作的，你明白吗？我已经强调过很多次了，你怎么就听不进去呢？我认为我们以后不需要交流了！”

但汤米的反应，出乎麦克的意料。他表示，自己只是想打电话来道歉，因为他不想截断自己的后路。“我还是认为，将来有一天我们能一起完成这项计划。”他补充道。

“不，汤米，你应该把这件事彻底翻篇。这是我们最后一次交流了，好吗？我们之间就到此为止，可以吗？”麦克又犯了个错误，他表现得像是在询问汤米，而不是直接告诉汤米他的决定。

一个星期之后，汤米通过联邦快递寄了一封信给麦克。里面有一张便签，是汤米请求麦克在随信附寄的推荐信上签名，这样能帮助他在银行的工作更进一步。

死缠烂打的人，经常会提出许多看似合理的要求，比如汤米的推荐信。但他们的真正目的是，为了增加联系或者制造联系的新契机。麦克给汤米回复，说自认为并没有资格在推荐信上签名。然而，这通回复算是闯了大祸，在麦克留言的几小时后，汤米发来了这样一条信息：“你应该知道，比起回复我，直接在那封信上签名更能节约你的时间。现在，请把推荐信原件回寄给我。”不幸的是，麦克此时已经把这封信扔了，这又给了汤米一个纠缠下去的理由。

第二天，汤米又发来信息：“不需要回电话，我只是想让你知道，你是个混蛋。把我的信还给我。”

这则信息，终于引起了麦克的重视，他觉得应该立刻采取些措施应对汤米。此时，事情的局面已经很微妙：纠缠者和受扰者，有了真正的共同之处——双方都不想“就这么算了”。汤米执着于得到想要的回复，而麦克开始想办法对付骚扰。

当你开始重视骚扰者，要与之面对面过招的时候，则正中了对方的下怀。

与骚扰者当面较量，是下下策

无论纠缠者嘴里所说的是什么，他们内心真正想表达的是：“我不会让你无视我的存在的。”所以，他才会一直给对方施压，直到对方受到刺激做出反应。而只要对方有所反应，他都会肆无忌惮地继续纠缠。

首先，他会利用对方的内疚感，提出要求；之后，理所当然地开始骚扰对方；再之后，升级为侮辱对方。而被骚扰者的每一种回应——无论是友好还是不友好，都会刺激到对方。当受扰者开始回击，那么他们不仅会继续被纠缠，而且离受到威胁的日子也不远了。

麦克当时显然并不懂得这一切，他联系了介绍他和汤米认识的那位女士，告诉她汤米的所作所为，并请她帮忙调解：“或许你能和他谈谈，告诉他不要再来骚扰我了。”

果然“奏效”，第二天，麦克的语音邮箱里收到了三条汤米的信息，其中一条甚至是凌晨两点发送的，信息里写着：“现在，你这个混蛋又毁了我一段宝贵的友谊！你在散布关于我的谣言，我需要你向我道歉，书面的道歉。”

两天后，麦克收到了更多信息，其中有一条表示，汤米准备起草一份正式的书面投诉。另外一条则表示："我会每个月在你公司预定20组旅行套餐，但都是虚假订单。你不会知道哪些是我的预定，这是对你做出无法履行的承诺的教训。"

杰姬告诉麦克，留下这些语音信息作为凭证，同时无视这些骚扰，不做回复。接下来的一周，汤米又发来信息，声称如果麦克打电话道歉，那么他会接受麦克的道歉。事情看起来确实要"没完没了"了。

麦克和杰姬没有办法，于是去警局报了警。警察也找过汤米，告诉他必须停止骚扰行为。但警察的出现，反而让汤米的骚扰更加升级了。

在世界上所有文化背景中，警察的作用都是规范行为，当有人行为不端时，我们都希望警察能制止这种行为，但有时，警察的介入，反而助长了本该受到制止的行为。

麦克和杰姬找到我时，麦克坐在我办公室的沙发上，一再向我表明他已经到了绝望的地步。他希望我能"派出一些员工"说服汤米，让这一切了结。

我向麦克解释，汤米的任何行为，都不是简单劝诫能起作用的。麦克却还有一丝幻想："但是，如果他知道他的行为会给自己带来麻烦，他就会停止这些疯狂的举动了。"

我告诉他："汤米的行为，说明他不按正常规则办事，他和我们生活在不同的世界，我们无法教会他遵从我们的逻辑。和内心扭曲的人，没有直接交流的必要。"

麦克依旧愤愤不平：“我不希望他认为对我如此骚扰后，自己却不用付出代价。”

但这次，杰姬抢在我之前发声了：“如果我们不能控制他的行为，我们也肯定不能控制他的思维。”

我给麦克提出了建议：“不要理会汤米。”如果他坚持不回应汤米，那最终，汤米会把注意力转移到其他事情上：“这个过程可能很漫长，需要你有很好的耐心，但是，任何想要改变他的行为的尝试，都只会适得其反。”

“交流即激怒”，只要你和骚扰者之间有了接触，无论这接触是愉快还是郁闷，事态都会被进一步激化。就拿麦克来说，我们都知道他永远都不会和汤米共事，也不会成为朋友，更不想让对方从他身上获利，所以，无论他做什么，汤米都不会满意。汤米会在被拒绝的沮丧和愤怒里，寻找发泄情绪的出口，一旦麦克联系了他，就等于告诉他：“嗨，我就是那个出口。”这时，麦克说过的所有的话，就会成为对方抓住不放的借口。

把骚扰者从生活中剔除出去的唯一方法，就是不要联系他。只有这样，他才会知道，他的纠缠对你没用，才会最终放弃这样的行为。

而你的每一次联系，都等于给自己增加了六个星期被骚扰的可能。这个道理，同样适用于应对死缠烂打的追求者、想要复合的前男友和前女友、期待重回岗位的失业者，以及其他一些无法接受现实的人。

当我们遇到“牛皮糖”，人们有两条截然不同的路：1）改变对方的想法或行动；2）改变自己面对纠缠做出的反应。前一种策略，效果不言而喻。第二种策略，则要求我们提高自己对骚扰的忍耐度，并且能分析出对方行为升级为暴力的可能。在第二种策略中，我们需要通过控制自己的恐惧与不安，来限制事情对我们产生的负面影响，同时，通过无视对方的骚扰，让对方放弃继续骚扰。

在麦克的事件中，我建议他做出如下对策：重新申请一个语音邮箱。我的同事每隔一个小时，会检查一次麦克之前的语音邮箱，除了来自汤米的信息，其他的都会及时通知麦克。

受害者无法约束骚扰者的行为，因此，控制自己对骚扰的反应，是几乎唯一的选择。

后来，汤米又继续给麦克打了五个多星期的电话，还发来了许多信息，包括一些威胁——那种麦克如果看到的话一定会忍不住回复的威胁。但此后，他的骚扰渐渐销声匿迹。麦克原本认为，阻止汤米骚扰行为的唯一方法是有人“让他停下来”，但事实上，任他骚扰下去，才能让他最终停止骚扰。

不理会，是最好的回击

我们难免就会落入被骚扰的境地，这些骚扰可能来自关系亲密的伙伴、前任员工、前男友、前女友，或者像汤米一样阴魂不散的人。

我们也会收到别人的各种建议：“只要你回他电话，他就会停止骚扰，他只是想引起你的注意”，或者“你可以请别人帮你回复，告诉他你出差了”，或者“把联系方式都换掉，他会明白你的意思”。**大家总有一股无法抑制的冲动，想要惊天动地地回击威胁和骚扰，但事实证明，最好的方法就是不做任何多余的举动**。当然，这不代表我们什么事都不干，而是用一种合乎逻辑的对策，明确表达出自己的态度。这是一场耐心的测试，却能让你在最短的时间内摆脱骚扰。

我的一位朋友，告诉过我他的一项工作技巧：“我的办公桌有两个抽屉。其中一个放着我必须解决的问题，另一个放着等待时间帮我解决的问题。”时间，能够消磨大多数纠缠不休的人的执着。

麻省理工学院的玛丽·罗伊教授，是少数专门研究骚扰事件的专家，她认为，纠缠不休的骚扰者都带有一个危险的标准，即“极端的欲望”，具体来说，是“想要在身体和心理都完全掌控某一个人，或者是，想要控制整个工作，比如让别人完全采纳自己的某项建议”。她还补充道：“他们还有一种极端的权利意识，比如说话的时候会说‘她一定要和我谈谈！’或者‘我们部门负责那项工程的人，必须是我！’”

当发现一个人有着不切实际的设想，并希望别人满足他时，当他希望别人完全服从自己的无礼要求时，我们就要放弃和他协商，因为，显然没有继续交流的必要了。一个人希望这次合作自己能赚到100万美元，却只肯让合作方赚1万美元，这种情况下，协商毫无意义。

况且，在有些事件中，甚至连骚扰者自己都不知道，自己期望的结果到底是什么，这样他们也就永远无法满意。就拿汤米对麦克的骚扰来说，我们能说清这满足了他的何种欲望吗?是希望麦克对他的道歉?是想要成功和麦克合作?汤米自己很可能也不清楚究竟想要得到什么。

对于这些人内心的巨大矛盾，罗伊教授也进行了解释:“他们只知道自己不想成为失败者，但又找不到通往成功的路。”

骚扰什么时候可以真正中止?只有当涉事双方都不再执着于此时，才可能画上句号。这个过程中，只要有人试图改变骚扰者的行为，或者想要满足对方的要求，那么，这场纠缠就还会继续下去。

当然，我理解人们为什么会面对骚扰者“沉不住气”，因为人们对潜藏的暴力心生恐惧。骚扰真的会变成暴力吗?让我们继续拿麦克和汤米的事情举个例，通过JACA四大主要因素，分析汤米是否有可能实施暴力:

正当性(J):诉诸暴力是否正当

当麦克联系汤米的朋友时，汤米很可能被激怒了，但他之后的行为，则说明他并没有付诸暴力的意向。

替代选项（A）：暴力以外的解决方式

采取暴力手段的人，很少或几乎不能找到其他解决方法，但汤米接连不断的电话和信息，则说明他还有其他很多手段，比如扰乱麦克公司的正常运营、骚扰、威胁等等。

施暴后果（C）：施暴的代价

采取暴力手段的人，认为之后的结果是他们能够承受的，或者是对他们有利的。但汤米没有表示出自己要采取暴力，也没有表示甘心放弃自由，表明这种后果是他无法承受的。而威胁带来的后果，包括警察上门警告，却都是他可以接受的。

施暴能力（A）：成功施暴的能力

采取暴力手段的人，会认为自己完全有能力实施暴力，但汤米既没有口头表示，也没有采取任何行动来证明自己拥有这种能力。

***

虽然，骚扰者看起来都是不按常理出牌的人，但除非他们是受人雇佣，否则大多数的纠缠行为，其实都是有迹可循的。这规律就是：当他们自己想停下来的那一刻，才是纠缠消失的时候。

想要准确预测自己会不会遭遇纠缠，必须了解对方会以何种方式表达自己的欲望和权利，并且在受到拒绝后会有什么反应。

除了个人因素，文化氛围也是我们可以考量的因素。我们所处的文化，总是灌输给我们类似“坚持就是胜利”这样的理念，我们也总能听到这样的话：“所谓毅力，指的不仅是持之以恒的力量，还有失败后重来的能力。”或许，这对所有像汤米一样的人深有启发，鼓励他们用各种手段去满足自己。

公众人物，是如何面对骚扰的

这世界上最饱尝骚扰滋味的，恐怕就是公众人物了。无论是毕业舞会上被选出的女皇，还是站在权力之巅的政客，或者是世界知名的明星，被骚扰的经历都可以出书立传了。

很多普通的受害者，应该都有过这样的设想：如果自己拥有无上的权力，能够影响、控制甚至惩罚纠缠自己的人，这该是何等的痛快！他们甚至会幻想，如果他们能取得警察、法官以及政府的支持，那么问题就都会迎刃而解。但这也只是美好的幻想，现实中，无论一个人的名声多显赫，无论他的支持者权力多大，都难以控制他人的行为。

加拿大歌手安妮·莫莉的经历，就有力地证明上述结论。有一个男人常年跟踪她，法院下达过无数的禁止令，但都对他无效，他甚至因此多次入狱，经历了6年牢狱生活。他出狱后，法官警告他禁止接近莫莉，但仅仅一个月，这个跟踪狂就在之前200多次违反法院判决的纪录上，又增加了一笔。

在我接触过的案例中，明星被粉丝纠缠的例子不胜枚举，其实，粉丝到底会不会变成危险人物，关键不在于对方坚持不懈的行动，而在于我们能否预测对方下一步的行动，也就是说，要知道对方的行动会不会升级。被人纠缠时，人会产生烦恼和挫折感，于是希望通过采取一些行动来制止对方的行为，但无论是求助心理专家、执法部门、政府或者其他相关组织机构，你都无法控制所有人的行动。虽然这听起来不公平，但事实正是如此。而我的职责，是提高被纠缠者的安全系数，减少人们心中的恐惧，我不会说些虚无的安慰之词，我更愿意教给你怎么做才能获得安全。

当我们面对骚扰时，就好像雨天开车，我们必须经过这条路，而不是等待路面被太阳烘干之后再继续前进。我们能做的，是在每个危险的转角尽量减速慢行。同理，当你面对纠缠不休的骚扰者时，你需要尽量降低你们之间相遇的可能性，你要在自己的能力范围之内有所改变，而不要试图改变你无法改变的事物。

等待和观望，通常是面对骚扰最明智的选择，但遗憾的是，人们总是不由自主地选择了另一种策略：“交流并激怒。”即使你的本意是缓解局面，但你一旦这样做后，也就丧失了继续等待和观察对方下一步行动的可能。

应对“牛皮糖”的错误演示

纠缠固然令人烦恼，但如果执意要去改变纠缠者的行为，就会激化对方，导致行动升级，以至于招来大祸。一位媒体人物，洛杉矶广播电台的职员吉姆·希克林的遭遇就清楚地说明了这一点。

希克林是一位飞行评论员，他会乘坐在直升机中，向听众播报最新的交通情况，以及重大的新闻事件。他曾收到一些来自粉丝的骚扰信件，有人表示能代他处理，并且说出了他最想听到的话：“我们会解决这些问题的。”但事实上，他们不但没能解决，还起到了反作用。

8 月末的一天，希克林在家里收到了艾德·泰勒的第一封信。45 岁的泰勒在生活中经常受人忽视，性格懦弱，他在之后的来信中，也一直表示着自己的不幸。不过，他在第一封信中对希克林表现得很友好，并表达了自己对他的支持。泰勒在开头称呼希克林为“亲爱的吉姆”，并在结尾处留下“艾德·泰勒敬上”这样的署名。

虽然希克林没有回信，但泰勒锲而不舍地继续写信。这些信中表达了他对希克林的赞美和恭维，他对希克林主持的节目印象很好，他甚至还建议希克林参选州长。还有一封信，更是直接表达他对希克林的狂热崇拜：“你是闪耀的明星。”

此时，吉姆·希克林还不知道泰勒是一位不知疲倦的写信人，不知道在过去的几年时间中，洛杉矶多位名人都曾受过他的骚扰。泰勒的信有时取悦他们，有时惹恼他们，但更多时候，这些信都被直接无视了。可希克林却用了一种最大张旗鼓也是最不明智的方法：他雇用了两位私人侦探解决信件问题，这两人贸然前往泰勒的住址，并发出明确的命令，让他停止写信。

私人侦探入侵式的介入，并没能阻止泰勒的来信，但却改变了信件的内容。侦探介入后的第一封信，长达六页，字迹飘忽，还有很多杂乱的涂改痕迹，口气也开始变得不友好：“你这样做极大地冒犯了我，你对我发出的隐含的威胁，让我考虑了很多。你是个自以为是的受迫害妄想狂，你是个头脑愚蠢的家伙，你是个傲慢无礼、让人无法接近的家伙！”

这封信，开启了之后泰勒一年生活的重头戏：他向法院提起了诉讼。泰勒这样写道：“受到别人的调查，让我‘受宠若惊’，更让我大为触动。究竟是什么导致了这样的情况？不过，多亏希克林在一开始就傲慢地通知我，告诉我他的律师是谁，我才明白……拥有一位优秀的律师是件多么重要的事情。”

接下来，泰勒又给希克林工作的电台主管写了封信：

有两名私人侦探以金西广播（电台的所属公司）的名义闯入我家。他们贸然审问我一些非常私人的问题，关于几个月前我给希克林寄去的一些个人信件。

你们的员工承认他们受了吉姆·希克林的委托，而这种贸然的行为，完全没有顾及我的家庭、我的客人、我要承担的责任以及我的个人身心健康。这是一种骚扰；一种对我隐私的恶意践踏；这也是一种威胁和恐吓；关键是，这是错误的！

我犯了什么不可饶恕的过失，让吉姆·希克林竟然来起诉我？是因为他的工作，还是因为他的个人？我将自己去寻找答案，因为这对我很重要。

投诉并未结束，大约一个星期之后，泰勒给联邦航空局（FAA）寄去了第一封信，质疑希克林是否拥有飞行驾驶的资格："虽然根据你们的判断，希克林先生是一位头脑清晰、身体健壮的人士，但我认为他对他人的生命和财产，甚至他自己的安全都构成了威胁。"

之后，他又接二连三继续给联邦航空局写过信。

接下来，泰勒向高级法院提起民事诉讼，要求希克林对他道歉。在给法官的信中，他这样写道："强烈谴责并反对被告侵犯了我身为公民的以下权利：言论自由权利；通信自由权利；免于心理攻击及报复行为的权利；在私人住宅处免受威胁的权利。"

泰勒的这封信，给我们提供了一个看待问题的角度，即从骚扰者自己的角度看待问题。

起初，泰勒是想要和希克林建立交流，但侦探的介入，让他失去了交流的可能，他因此很沮丧。他感觉自己受到了谴责，而成为他人眼中的笑柄；他觉得别人会更看轻他，除非他得到希克林的道歉而恢复名誉；在这种痛苦中，他觉得自己的生活彻底失控了。

事情并未因为泰勒的一系列信件而结束，他换了种方式，开始更加疯狂地追踪希克林。因为希克林节目中的某句话，他会立刻写信给电台提出抗议。他打印了一封长达七页的备忘录，详细记录了每一条和希克林相关的“事故”。他坚持希克林以直升机为武器，并称“一个心理失衡的人掌握了一架飞机，就等于掌握了攻击性的武器”。

相信仅仅通过文字，你已经感受到了“牛皮糖”所带来的烦躁感，他们没完没了，锲而不舍。然而回顾事件的过程，又是那么的简单：一位听众给他欣赏的名人寄去了赞美信，虽然这些信的表达风格可能没有赢得对方的好感，但信件本身没有任何问题。后来，两个人上门威胁泰勒让他停止写信，这让希克林和泰勒之间有了现实中的联系，而且反目成仇。

事件在不断升级，爱德华·泰勒之后又写了这样一封信：

希克林，如果你拿枪来我家威胁我，而不是派两名私人侦探，那么我或许觉得你是条光明磊落的汉子。而你现在又开始派人上门威胁我的生活，这就很可笑了。记住，下次见到我的时候，请对我表示尊重。

泰勒不仅在信里提到了枪，寄信的那一天，他还真的亲自去买了一把枪。

而希克林并未意识到，自己之前的处理方式有什么不对，他再次用了相似的方式。他向地方检察官申请派调查员去泰勒家，于是，在某个晚上，泰勒被警察逮捕了，并且当着他年迈母亲的面。

当泰勒因为轻微诽谤罪在监狱里待了三天后，他胸中的愤怒之火变得熊熊燃烧。而这时的希克林，很快就要结束他的广播生涯了，他和妻子正在计划进行一场游轮旅行，甚至还在节目中透露了他的计划。

第二年 4 月 2 日，希克林和妻子一起登上了意大利号游轮。

出发之前，希克林夫妻和前来送别的朋友一一告别，但此时，在船上的不仅仅是他们的朋友，还有一个疯狂的报复者。吉姆・希克林在他的妻子眼前，被一个他从来没见过的人一枪毙命。爱德华・泰勒最终选择用暴力手段“维护”自己的尊严。

这是血的教训。很多人或许都和希克林一样，认为想要阻止爱德华・泰勒继续写信，只需要一项有力的警告，如果警告的力度不够，那么警方的逮捕一定能够震慑他。

但事实上，即使泰勒被判刑并被监禁后，他依然继续着写信行为，他不断给地方检察官和其他相关人员写信，直到他在狱中死去。

***

面对“牛皮糖”，必须谨记一条：不要和对方发生冲突。一旦引起冲突，后续会很难收拾，尤其是对受骚扰者来说，根本无法成为冲突的真正赢家——对方胜利，你受损，而你胜利，则会招来对方的报复。

心理学家约翰·莫纳汉在他的著作《预测暴力行为》中曾解释过，他认为暴力是一种相互作用的行为：“被害者受到真切暴力威胁时的反应，不同于与行凶者发生争吵时的反应。”一旦和对方发生纠缠，就等于陷入了对方的陷阱，如果被对方激怒，那只能让他得意，觉得自己的计策对你有效。

***

大家还记得汤米的案例吗？通过跟进调查，我们了解到他之后在一家银行就职，在那里度过了三个月后，因不服从上级安排而被解雇。当我写到这里的时候，他正在持续骚扰那家银行的人事主管。银行向法院提起起诉，希望他能知难而退，但汤米绞尽脑汁，以各种理由继续纠缠。想必这家之前雇佣汤米的银行，像其他雇主一样，也很担心受到解雇员工的暴力复仇。

而在下一章，我们将学习到，如何正确应对那些心怀恶意的报复者。

被人报复，应该怎么办

The Gift of Fear

第九章

我们的怒火带来的恶果，远比引起我们怒火的行为更可悲。

——马可·奥勒留

亲爱的劳拉：

现在是时候撕破脸了。既然你想把我逼上绝路，你也别想过得舒坦。我告诉过你，如果我被炒了鱿鱼，或者没能通过调查，那么无论你乐不乐意，都得出来见我。你也问过我，对你还能有什么报复，杀了你吗？当时我的回复是否定的，现在依然如此，我不会杀你。如果我杀了你，你就再也没有机会为你自己赎罪。我知道你父母住在哪儿，无论你想逃到哪里，我都能追踪到你。我正在出售我的房产，已经注销了养老保险账户，并且抛售了股票，我能很快地销声匿迹。如果你依然坚持你愚蠢的决定，说不定我就会丧失理智，开始我的报复，我会摧毁所有阻碍我的事情，直到警察逮捕我，法院判处我死刑。

保重

理查德

当你在读这封信的时候，你的直觉一定在不停发问：理查德是谁？劳拉又是谁？他们之间是什么关系？理查德为什么被解雇？他会对劳拉做些什么？或许，你无从知道理查德写下这封信的具体背景，但仅仅依靠信中提供的信息，依然能够通过JACA元素分析，得出一些很重要的结论。理查德在信里提到了他使用暴力的正当性理由（他被炒鱿鱼了），他替代选项越来越少（是时候撕破脸了），通过暴力得到的结果，对他有利

（劳拉会为解雇他而后悔），以及他有实施暴力行为的能力（他掌握了劳拉父母的住址，他已经把自己的财产变现，做好了出逃的准备）。

这是一起真实事件。写这封信的人全名为理查德·法利，收信人全名为劳拉·布莱克。他们同时受雇于位于硅谷一家名为 ESL 的高新技术公司，法利曾追求过劳拉，劳拉拒绝了他，可他始终不愿放弃。公司曾多次介入，让法利停止纠缠劳拉，但每一次介入，都激化了他的骚扰程度。最后，他向劳拉发出了死亡威胁。而他的另一封信，更是暴露了劳拉的不利处境，在这封信里，他附上了一件让劳拉毛骨悚然的东西：她家正门的钥匙。

ESL 公司的主管发出警告：法利如果继续骚扰劳拉，那么他一定会被解雇。但法利的回应充满了恶意，主管曾难以置信地问他："你是说，如果我解雇你，你就会杀了我？"

"我要杀的，可不止你一个。"法利这样回答。

此时的劳拉，已经申请了法院的人身禁止令，但她很担心，在法庭的陈述中，她表达出了自己的不安："我怕拿到了禁止令后，他反而会对我做什么。"

法利最终被解雇了，并收到了法院的禁止令。但有一天，他重新回到了公司，直接开枪击碎了安检门的玻璃，然后闯入大楼，将愤怒的子弹送给他以前的同事。

当他最终找到劳拉·布莱克时，他用一发来复枪的子弹将她击倒在地。那一天，共有 10 个人被法利的子弹击中，其中 7 人不幸身亡。劳拉虽然在中弹后大量失血并短暂地失去意识，最后仍顽强地爬出了大楼。

后来，劳拉在对我回忆这段经历的时候曾这样说：“禁止令是压倒法利的最后一根稻草。在向法院申请禁止令之前，我犹豫了很久，但公司催促我尽快申请到法令。他们劝我，如果我不申请这项法令，我在工作上的晋升可能会受到影响。这时我也只能说：‘好吧，我去申请一下。’我们原本还计划，请求法官把临时性的禁止令变为永久性的。”

这一天，最终给劳拉带来了无数病榻上的日子，也给法利带来了漫长的牢狱生涯。新闻中多次提及那天发生的惨案，并这样报道：法利由于“精神崩溃”而引发了这起枪击惨案。

但事实真相，远没有这么简单。

人类不会突然“精神崩溃”，其中必然有一个演变的过程。而通常，这个过程也是能被预测的，就像我们能预测壶中的水会逐渐沸腾。幸运的是，总有人能够从正确的角度观察到这些危险信号，让事情变得可以挽回。

想躲开报复，一定不要忽视这些信号

你可能会对帕特这个名字感到陌生，但就是他，让我们一想到职场枪击案，就立刻联想到美国邮政服务。

惨案发生在俄克拉荷马州，在主管说要解雇帕特后不久，帕特依然来上班了，除了带着对老板的满腔怒火，还带来了三把手枪。他在邮局大开杀戒，20 名同事被击中，其中 14 名丧命，随后他饮弹自尽。

虽然帕特的袭击触目惊心，但不到一年，另一起报复事件又发生了。并且而和这起惨案相比，帕特之前引发的屠杀只能算得上是“一起小事故”。

这次案件的主人公名叫大卫·伯克，是全美航空公司的一名职员。在他引发惨案之后，记者通过调查了解到很多关于他的负面信息，如果全美航空公司事前调查到这些信息，绝对不会雇用他：伯克拥有一段黑暗的历史，包括毒品买卖、入店行窃、盗窃汽车，以及对女友实施暴力行为。他曾切断女友车中的电路，对她一阵猛打，然后拿枪威胁她，后来事态恶化到她不得不向法院申请了人身禁止令。

伯克在生活中的恶习，也被他带入了工作。雷·汤普森是伯克的主管，他曾多次批评伯克身上的缺点和问题，而结果就是，伯克在他的录音电话上留下了死亡威胁。伯克认为自己过得不好，是因为种族歧视，是因为人们排挤和孤立他。所以，当他因为盗窃 69 美元被全美航空公司解雇后，他怒不可遏。而他的一位同事（一位完全没有判断力的同事）还借给了他一把点 44 的左轮手枪。

这把枪注定有借无还。

因为忽略了员工身上潜藏的危险信号，全美航空公司雇用了伯克，但他们犯的更大的错误，则是在他做出了一系列的威胁后，并没有及时回收他的机场出入证件，事后检查发现，伯克至死都携带着这张证件。正是因为有这张证件，让他得以在被辞退后依然出入自由，甚至出事当天，负责安检的职工在伯克经过时还和他打招呼："祝你今天愉快。"而伯克回答："我会度过愉快的一天。"之后，他走进汤普森的办公室要求复职，汤普森当然拒绝了他的要求，并很快结束了这场对话，因为他急着赶飞机去旧金山。没过多久，伯克也出现在登机队伍中，手里拿着和汤普森同一班飞机的机票。

那天下午，航班 1771 号上其他的乘客都已对号入座，等待起飞，估计只有伯克不会关注飞机的目的地，因为他早就知道这班航班会无人生还。

飞机起飞后，伯克在晕机袋上给雷留下了信息："嗨，雷，又见面了。我觉得我们会以这种方式来做个了结，还真是种讽刺。你还记得吗，我曾向你请求看在我家人的份上让我复职。现在我一无所有，而你马上也将一无所有。"

在两万两千英尺的高空上，机组人员听到了两声枪击，伯克枪杀了雷·汤普森。他们立刻联系航空管制人员："机上出现枪击事件。"几秒钟后，这架飞机的飞行记录器又录下了三声枪响，之后是旅客的骚乱和最后一次枪击。

塔台指挥试图重新联系上飞行员，但飞机早已不受他们的控制。这架航班现在完全掌握在重力的作用下，以每小时 700 英里的速度俯冲坠地，机上 43 人当场死亡。伯克由此制造了美国历史上最惨重的职场伤亡案件。

这类伤亡众多的报复性事件，不仅出现在职场，也越来越出现在其他场合，比如校园。

现在有好几所重点大学，也成为我们公司的客户，而在过去，高校从来没有担心过这类问题。

看起来，暴力的发生总是出人意料，让人毫无防备，而大多数时候，危险信号其实就在眼前，却被人轻易忽视掉了。某些糟糕的校园暴力事件结束后，学校领导总是把行凶者描述为："一直表现良好。"潜台词就是："谁会想到，事情能发展到这个地步呢？"但如果进一步询问这些领导们，问题的答案，就会从他们自己的口中暴露出来。

韦恩·罗的案件，就是一个典型的例子。在他即将成为轰动人物的那天早上，韦恩的学校收到了一件他的快递。前台接待员觉得包裹很可疑，因为退货地址上写着"经典武器"几个字。她及时通知了大楼主管，而后者在参加例行会议时，把包裹交给了主任伯纳德·罗杰斯。职工们都表示想拆开包裹一查究竟，他们担心里面装着武器，但主任认为，学院不能擅自插手学生的快递，于是，他派人出面去和韦恩谈谈。

也正因此，一个很糟糕的情况发生了，韦恩被允许拿回了包裹，并把它带回了自己的房间。随后，特林卡·罗宾森——韦恩的宿舍大楼主管找到了他，并询问包裹中装着什么。但韦恩拒绝当面打开包裹，于是她毫无所获地离开，随后，她带着自己的丈夫弗洛伊德再次找到韦恩，但这时，包裹已经被拆开了。韦恩告诉他们，里面装的不是武器，只有三个弹匣和其他一些枪支组件。但特林卡和弗洛伊德还看到一个空了的子弹盒，对此韦恩解释道，这个包裹是为朋友准备的礼物，其中只有一部分是他自己需要的。

一旁的弗洛伊德，显然忘记了韦恩曾拒绝当面拆开包裹的事，他对韦恩的回答很满意，甚至事后把韦恩描述为“对我很坦诚，没有戒心”。

而就在那天晚上 9 点左右，一个匿名电话打来通知特林卡，“坦诚”的韦恩带着一把枪准备杀人，目标包括她、她的家人，和其他一些人。

特林卡自然高度重视这通电话，她立刻联系了几位学校领导，然后紧急把孩子带到了学校教务长的家里。做完这些后，他们决定前去检查韦恩的卧室，如果他们在那里找到了武器，而且韦恩拒绝投降，他们就可以名正言顺地报警了。

可就在这时，枪声突然响起。

当枪声散去，已经有 6 个人被韦恩击中，其中两人当场死亡。这时，距离韦恩收到包裹不足 12 小时。

十多天后，罗杰斯主任才公开对此事件进行说明，大家急切地想要得知他掌握的信息。而罗杰斯告诉他们的却是，他“没有掌握”的信息：“我不清楚有关武器的事情。我对韦恩持枪的事情也一无所知。”然而事实是，危险信号曾不止一次响起，但最终都被忽略了。

这起案件的背景，揭示了最关键的预测信息：一个学生从枪支商店那里收到邮包；他拒绝当众拆开包裹，或告知包裹中的物品；他在独处时拆开了包裹；不久，匿名电话通知有学生持枪准备杀人。这些事情都不是独立的单独事件，它们是一个事件的不同步骤，而使这一系列事情串联起来的，则是大家都直觉地感受到了危险。

当韦恩在法庭接受传讯时，他穿着一件运动衫，胸口印着“我厌倦了这一切”几个字。而韦恩衣服上的这句话，确实道出了我某方面的感受。

我看了太多人们因为忽略危险信号而酿成的悲剧，我相信，如果当时这些当事人拥有关于危险的知识，那么，他们完全可以做出不同的选择。我并不是为了指责谁的过错，而是希望更多人了解到危险。

报复者的特点

我们或许很想知道，那些容易实施报复的人，都有着怎样的特点。

帕克·迪茨，是美国顶尖的司法精神病学和暴力行为专家，他曾这样评价过报复类的案件："从随处可见的信件、备忘录以及涉事人的回忆中，都能看出施暴者在案发前，曾让周围的人感受到各种负面情绪，包括不安、受威胁、被恐吓、被侵犯和危机感。"

迪茨还讲述了一桩真实的惨案：有一名职员因谋杀同事而被捕入狱。刑满释放后，他入狱前就职的公司竟然再次雇用了这名男子。重新回到这家公司以后，他由于为人阴郁易怒，其他同事都与他保持距离，人际关系相当糟糕，他威胁过其他同事，而且还尾随过一名女同事。就在他快要再次被公司解雇的时候，他主动辞职了，之后继续跟踪那位女同事，并最终将她杀害。

谁能想到，事情会进展到这种地步呢？

可是，谁又不该想到，事情会进展到这种地步呢？

***

报复型的人，通常都存在着显著的特点，我把这类人称为"自导自演者"。这类人在和人交往的初期，就已经暴露了不少特征。其中之一，是**非常固执己见**。不接受他人的意见，认为这是对自己的侮辱或批评。

另一种特征是，他**总是揣测他人有着最恶意的动机**。举例来说，如果他认为自己的薪水存在出入，他不会认为这是自己的错觉或别人的无心之失，而是会这样想：“财务想从我这里揩油水，想都别想！”他坚定地认为，所有人都在算计他。

“自导自演者”在问你问题前，他们自己已经预设了答案。所以，如果你的答案和他的不一样，他就会非常愤怒。换句话说，他已经为一切都写好了剧本，并且在他的剧本中，自己是一个通情达理的好人，身边人都奸诈狡猾。至于各种错误，从来都不是他的问题，而是别人故意针对他，或者将责任推卸给他。

和“自导自演者”交流会让你很受挫，你会发现，他丝毫不关注你在表达什么，相反，他只关注你表达的是不是他在意的事。只要你的言行不符合他的剧本，你就必然无法说服他。

“借千斤顶”这个经典故事，就能够解释这类人的具体心理变化。

一天晚上，在漆黑偏僻的高速公路上，一名男子的汽车爆胎了。当他准备换上备用轮胎的时候，发现车里没有千斤顶。他望了望公路远方，看到隐约有灯光，估计可能有几户农舍，于是他决定走去借千斤顶。

在他步行的过程中，天色越来越暗，他开始担心那里的居民不愿意帮助他。“他们可能甚至不想开门，或者假装自己不在家，”这个男人暗自想着，“我可能要再多走几公里，到另一户人家，而第二户人家，可能会说家里没有千斤顶，然后把我拒之门外，又或者，他们要求我证明自己不是流窜犯，还或者，即使他们愿意帮我，却坚持我留下钱包作抵押，以防我带着他们的破东西逃跑。”

男人越想越觉得愤恨：“这些人究竟是怎么回事？他们竟然多疑到要拒绝一位求助者，他们想让我冻死在屋外吗？”

这时，他已经走到了亮灯的第一户人家。而他头脑中各种被拒绝的想法，已经让他怒不可遏。他重重地捶打那户人家的大门，心里想着：“他们最好不要假装家里没有人，因为我已经听到了电视机里节目的声音。”

几秒钟后，一位女士面带微笑地打开了大门，并友善地问：“是需要什么帮助吗？”

他粗鲁地向这位女士吼道：“我不要你的帮助，而且，如果你不把你家的破千斤顶打包好送给我，我是绝对不会接受的！”

“自导自演者”对他人提供的帮助，没有丝毫感谢之情，这让人们和他越来越疏远，也正因此，事情会真的朝着他编排的剧本发展，他的人际关系越来越糟糕。

“自导自演者”还常会发出恶狠狠的警告：“你最好不要把责任算到我头上”，或“我最好在这次晋升的名单中”。即使他最终得到了想要的结果，却仍会认为这是自己施压后的成果，不然其他人一定会欺负自己。

每个报复者的履历上，几乎都劣迹斑斑。他们威胁、恐吓、欺凌他人，甚至实施暴力。但很多人却对他们敢怒不敢言，比如雇佣他们的企业，很可能不敢轻易解雇他们，只是不停地将他调换部门，或者给他安排晚班的工作，让他尽量和其他员工避开，但唯独，不敢轻易解雇。因为他们知道，他会对解雇反应激烈，他们不想惹祸上身。

这种冷处理，看似躲开了矛盾，但其实只能更加纵容“自导自演者”。当他拥有一种东西越久，即使这是别人故意照顾的结果，他却依然会越发相信自己拥有这一切实属理所应当。处理这类人的关键做法就是：**尽早斩断你们之间的关系。**

尽早斩断关系，谨防对方出现TIME症状

无论“自导自演者”是你的员工，你的朋友，还是你的恋人，当你第一次感到有让对方离开的理由时，你就应该采取行动了。

但是，你要确保你的理由充足，因为一旦你尝试失败，没能切断联系，就可能刺激到对方，让他进入 TIME 症状的状态。所谓 TIME 症状，指的是威胁（Threats）、恐吓（Intimidations）、操纵（Manipulations）以及激化（Escalation）。

威胁和恐吓，我们之前已经了解过了。而所谓操纵，是指用言论来故意影响最后的结果。所谓激化，是指制造出更严重的恐惧、不安与忧虑，比如突然造访，比如粗暴改变某事或某

物的现状，再比如以险恶用心去行事。

面对难缠的人，你必须明白一点，你在斩断关系这个环节上耗时越长，对方报复你的可能性就越高。别抱有任何“随着时间会变好”的幻想，如果这段关系目前让你感受棘手，那未来只会更棘手，处理起来的难度也更大。

“自导自演者”之所以执迷不悟，是因为在过去曾通过操纵他人或者恐吓他人得到过甜头，有人曾向他证明了他的策略是有效的，所以，他而今才更有恃无恐。当他发现这些手段不再像过去一样奏效时，他会将这些手段升级，这时候，就需要我们用自己的直觉进行预测了。

***

如果你通过前面的章节，已经掌握了预测危险的方法，那么可以借助下列表格进行梳理，一旦你认识的人出现这些情况，尤其是出现了多项，为了安全起见，请尽快与其“斩断关系”。

1. 顽固执拗：心理缺乏弹性，抗拒改变，故步自封，不愿意讨论和自己不同的意见。

2. 武器：在最近三个月中，他获得了一把武器，或者他本人是一个武器收藏爱好者，或者他经常以武器开玩笑，或者他将武器与权力、报复等同于一体。

3. 阴郁沉闷，并导致相关疾病：他可能易怒，或常垂头丧气。长期的愤怒，酝酿出的不仅是暴力的危险，而且当人们被强烈的愤怒控制时，患心脏病的风险也相应增加，事实上，愤怒比吸烟、高血压、高血脂带来的危害更为严重。

4. 悲观绝望：他总是发表一些悲观的看法：“这么做又有什么用呢？”“什么事情都改变不了。”“我算是没有指望了。”他或许常把自杀挂在嘴边，或是他研究、制定过自杀计划。悲观和绝望，是预示问题的重要信号。

5. 对暴力的认同：他对其他施暴者不仅认同，甚至还挺欣赏。新闻报道中的暴力行为，是他谈话和玩笑的重点。暴力的电影、血腥的电脑游戏、充满暴力描写的小说以及涉及暴力的新闻报道，都能吸引他的关注。

6. 让别人心生恐惧：人们会对他产生恐惧或担忧，这其实是他人的直觉在发出危险信号。

7.TIME 症状：对其他人实施过威胁、恐吓、试图操纵对方行为，而一旦这三种手段落空，他的行为会激化，重复并加剧这些行为。

8. 多疑偏执：他认为别人都对他不怀好意，无关的事情在他眼中也能被当成别人针对他的证据。

9. 拒绝批评：不接受别人的批评，对批评他的人心生怨恨，拒绝承认别人对他的批评存在一定道理。

10. 迁怒：把自己造成的过失推给他人，拒绝承担责任。

11. 不切实际的期待：渴望得到晋升，渴望在争论中获胜，渴望一切证明自己是“正确的”的事。

12. 委屈不满：他常感到委屈，常常没什么理由就会抱怨别人。

13. 有不良案底：有攻击或伤害别人的前科，或者最近被警察找上门过。

14. 媒体报道：喜欢看和暴力有关的报道。事实上，暴力行为总是扎堆涌现，暴力分子总是相互模仿，他们参考此前相关的新闻总结经验。

15. 越界关注：他监视着别人的各种行动，即使这和他没有任何关系；他甚至对别人建立起观察日志；或许他近期已经开始尾随某位目标人物。

16. 沟通联系：如果他被解雇，他会煽动其他职员离职，他对失去的东西总是耿耿于怀。

并非所有特征都会出现在同一个人身上，但我们都可能接触过拥有若干条特征的人，如果你和一个这样的人相处，最好提高警惕。而最好的方式，就是能熟悉这些危险信号，能在危险真正来临之前占得先机。

职场反报复，要注意下列重点

在反报复方面，职场是个很特殊的领域，因为想要切断同事关系，并不是一个人所能做到的，而是需要整个团队，尤其是管理层予以重视。

迪兹博士是职场安全方面的专家，在研究诸多工作场合大型暴力案件后，迪兹博士做出了一个总结：

员工会认为，有一些事情是完全可以被预测并被避免的。公司必须学会了解他们的不安，要鼓励员工，向主管告知引起他们不安的同事。

另外，迪兹的研究，还证明了媒体报道和职场暴力之间的联系。

每次职场暴力案件在全国广泛报道之后，接下来的数周时间里，会涌现多起类似案件，这已经成为一种恶性循环的模式，而且发生频率越来越高。其中的原因是，新闻报道在电视中出现的那一刻，潜在的行凶者正在寻找摆脱自身困境的方法。当他们通过电视，发现有人先于自己做了自己想做的事，于是从这些歹徒的处境中，看到了自己的影子，这会刺激他们把想法最终落实为实际行动。

而今，几乎每家公司都有自己的安保队伍，然而，危险的同事却依然存在于我们身边。而许多最终被激化为暴力行为的事件，都经历了一个长期酝酿的过程，但公司高管却对此一无所知。这是为什么？因为没人愿意把这类事情报告给上级。一旦报上去，上级可能会这样回复：“喂，难道你连自己的手下都管不好吗？”

若干年前，我曾接触过一位客户，他是一家大型企业的首席执行官。当我们讨论企业下属的一家餐厅时，我问他："餐厅中的女性员工，一定面临过不少强行被追求、被跟踪的情况吧？"但他的回答是："你说的情况，我只听到过一两次，这大概算不得什么问题。"几小时后，我又和人力资源主管讨论了这个问题，他的回答是："哦，当然，去年我们大约有六七件这样的事件，有时候，这真的是个问题。"之后，我又和餐厅分部的主管聊了同样的问题，他的回复是："每个月我们可能需要处理两件这样的事件。过去的几年里，我想每年大约有 20 件左右，这已经是非常严重的问题了。"

同样的事件，在不同的人眼中，看到的样子也截然不同。

职场的反报复行为，比起其他领域要更特殊，因为职场存在管理者，而管理者会决定对直觉信号如何处理。如果处理问题的大权，刚好落在那些助长问题的人手里，他们害怕上级认为他们无能，就会隐瞒真相。

所以，如果一家公司对上报的信息持欢迎态度，即使是负面消息也秉持此态度，那么将有力地激励员工反映问题。然而在某些公司，如果某级主管将某位员工的过激行为报告上级，那么他可能被上级批评小题大做，或没有能力自己处理问题。最不公平的是，只要他担心的事情一天没有发生，他就会被上级多误解一天。所以，我建议公司在这种情况下，能重新定义错误一词。以下三条标准，才应该是衡量安全负责人对错与否的关键：

1）是否首要考虑安全问题；

2）是否提出了关键的问题；

3）是否及早而且清晰地表明自己关注的重点。

涉及职场威胁的事件，其实和生活中其他事件有着相似之处，比如离婚、邻里矛盾、棘手的法律争端，以及岌岌可危的合作关系等。所有这些情况，都有一个共同点：双方利益存在直接冲突，又没有完美的处理方式能兼顾所有人的利益。

通常，在职场中状况百出的人，在生活中也不好相处。生活中的美好事物对他来说，就像摇摇欲坠的多米诺骨牌，其中总有一张骨牌是他的底线，一张倒下，全部垮塌。而这张牌，十之八九和他脆弱的尊严相关。一旦觉得尊严受到侵犯，他很可能诉诸暴力手段。

怎么将危险分子，预先挡在公司门外

在这里，我们不妨假设一下，如果员工的恶行没能被阻止，最坏的结果还是发生了，他们大肆报复，伤害昔日的同事们。那么在整个过程中，雇主扮演了怎样的角色？或者说，雇主的失误在哪里？

首先，要从雇主决定录用这名员工开始。

公司为什么招录一名人员？因为他能够满足公司的要求，将会成为一名适应能力强、积极能干的员工。但现在我们可以通过背景调查，掌握更多的信息，做出更准确的预测。虽然，背景调查并不能百分百杜绝员工变成暴力犯，但有效的背景调查，将有助公司掌握应聘人员的重要信息，将那些危险分子预先挡在大门外。

有一家安保公司，雇用了一位名叫罗德尼·加曼尼安的员工。加曼尼安用公司提供的制服和车，引诱年轻女孩登上他的汽车。他勾引了一名叫蒂克·黛尔的18岁姑娘，他用公司配给他的车把女孩带走，还用公司交给他的大楼钥匙，把女孩成功带到了公司，然后用公司提供的手铐囚禁了女孩，用公司提供的警棍殴打女孩，最后，用公司提供的手枪最终把女孩杀害。

这家安保公司没有对加曼尼安进行任何入职背景调查，也没有检验过他的简历。如果他们能够利用几分钟的时间，认真检查他的入职申请，那么他们就会发现，加曼尼安甚至没有填完入职申请表，大部分都是空白，而即使是他填写的部分，也暗藏着很多问题。比如，加曼尼安写到他在军队服役了三个月。这明显是值得质疑的一点，为什么只在军队待了三个月呢？多数人在军队的时间都不止三个月。加曼尼安还提到，他上两份工作离职的原因是被解雇，但这家公司根本没有调查解雇的原因。

当我电话询问加曼尼安的前两任雇主时，我感受到了这桩悲剧最令人惊悚并痛惜的部分。第一家公司表示：“哦，没错，我记得罗德尼·加曼尼安这个人。他曾经试图在下班后，在公司二楼和一名女孩发生关系。”第二家公司也表示：“哦，没错，我对罗德尼·加曼尼安印象很深，他画了一些露骨淫秽的画贴到了女盥洗室里。”而加曼尼安最终杀死女孩的地方，正是公司二楼的女卫生间，当时是下班时间。仅仅花了25美分，我就了解到了这些信息，如果加曼尼安的雇主愿意花时间和精力了解他的背景，那么惨案或许能够避免。

我还曾经遇到过，有职业司机故意开车以高速撞向一排抗议者，最终导致多人受伤，一人脑部重伤。同样，这个司机的公司在他入职之前没有进行严谨的背景调查，推荐信上的电话被忽略，申请表上的个人信息也没有被确认。事实上，推荐信上的电话号码，不仅同时出现在了亲属联系信息一栏，而且按照这个号码打过去，接通的是别人家的住宅。检查这些细节毫不费力，还能由此得到一个重要的危险信号：不要着急让这个人上岗。

面试应聘者，是另一种获取有效背景信息的途径，但许多雇主并不善于把握这次机会。雇主首先要了解的是，面试者是否在此前的工作经历上弄虚作假。在申请表上篡改真实信息时，面试者很少能记得他们制造这个谎言的过程，所以就手里的申请表直接向面试者提问，是很有效的做法。应聘者最可能模糊的，是之前工作的时间长短，他们可能把8个月夸大为一年，把18个月夸大为两年等等。

在面试过程中，除了之前工作的时间，还有一系列值得提问的话题。虽然不能把所有问题完整地罗列出来，下面还是列出了几个问题供大家参考：

“请描述一下你工作以来，遇到过的最好的雇主。”以及“遭遇过的最恶劣的雇主。”

这些问题，能有力地揭示应聘者对公司管理者的看法。如果应聘者只用寥寥数语总结了最优秀的雇主后，却对最糟糕的雇主滔滔不绝，那么他是在泄愤。他是否用“性格不合”等类似的表述解释他和前任雇主之间的不愉快经历？他是否嘲讽前任雇主？他是否对自己的问题承担责任？

“谈一谈你生活中经历的挫折，并解释一下导致这种挫折的原因。”

他描述了失败经历后，是否从自己身上寻找原因？或者他把责任推给别人？举个例子：“我没能顺利高中毕业，是因为那些糟糕的老师，他们不能激发我学习的动力。”

“如果你的前任雇主想把公司经营得更好，他们应该做什么？”

应聘者是否列出了一长串意见，觉得他能够比之前的管理者经营得更好？他的评价是否具有建设性，或者只是为了发泄愤怒？

“你曾向前任雇主提出任何工作改进建议吗？”

如果他说“是的，我提过，但老板们从来不愿听取别人的意见”或“我提过，但他们只跟我说了句‘管好你自己的事情’”，这种回答，不仅仅体现出他上任公司管理者的处事手法，还更能显示他本人在工作中的行事方法。大多数公司，都会欢迎员工通过合理途径提供的建设性意见，无论这些意见最终是否被采纳。另一种负面的回答是：“提出建议有什么用呢？任何事情都不会发生改变。”还有一些应聘者指控前任雇主偷窃他们的创意，另一些则会讲述他们为了让前任雇主采纳自己的意见，甚至不惜和公司发生冲突。在这种情况下，有必要了解这是他的个人行为，还是同事们一致的行为。

“如果你的前任雇主想要挽回你，他们可以怎么做？”

一些应聘者能给出合理的答案（工资的小幅度上调，更合理的工作时间安排等等），但另有一些人，会列出一张异想天开的愿望清单，比如“他们应该付我双倍的工资，把我提升为副总，让我每周从星期五开始休假”。

“你如何解决工作中遇到的问题？”

理想的回答是应聘者请教他人，参考他人的意见，并和相关人员进行讨论等。而不合理的回复都包含着与他人发生冲突这一情节。另一种消极的回答，是他不关心如何解决问题："即使说了，事情也不会有所改变。"

"请描述你在遭受某一困难时，如何得到了别人的重要帮助。"

他是否能回忆起这一经历？如果他的回答是肯定的，那么他对他人的帮助是何种态度，感激、赞赏还是觉得理所应当？

"你最好的朋友是谁？你会如何描述你们之间的友谊？"

无论你相信与否，面对这个问题时大脑里一片空白的大有人在。如果，他们给出的名字不在推荐人范围内，继续问清原因。之后询问他是否能把那个朋友列入推荐人。

当公司急于招聘员工时，我们总能将很多异常之处合理化，而直觉常常就这样被忽视了。耐心、仔细地调查，能够帮助我们排除居心叵测的应聘者。

掌握管理技巧，也能防止职场暴力

对于已经在职的员工，如果经过核实，他们的背景并不存在问题，那么，该如何防范他们成为暴力分子呢？

员工没有得到正确的管理，也是职场悲剧频发的一个原因。

正确的管理，可以总结为以下两点：表扬先进，纠正错误。发现并鼓励员工做正事很重要，监督并警告他们不要做坏事，也一样重要，特别是，不能忽略不服从上级安排的员工。对于问题员工，一些管理者常采用放任自流的办法。其实，很多问题员工引发的问题，都能在事发前通过一步步合理引导得以避免，但管理者大多采用区别对待的方式，因为这比解决问题更省心省力。

这类问题员工十分敏感，尤其关注自己是否被贴上“被处理”的标签，这常是刺激他实施暴力的一个因素。当他发现自己在雇主眼中已经成了危险分子，他实施暴力行为的可能性将大大增加，因为他会认为既然已经被贴上了这样的标签，那就干脆坐实这个名头。

***

没有当机立断解雇员工的雇主，也会导致职场暴力的发生。

员工对工作投入的感情时间越长，他对这份工作的感情就越坚定，那么雇主解雇他时受到的阻力也就越大。雇主通常不倾向解雇那些令他们忧心忡忡的员工，因为他们不知道处理这类员工的最佳方式。接下来，我将列出参考方式供大家在处理这类难题时使用，其中大部分方法，也适用于处理其他感情复杂的关系问题，比如拒绝纠缠不休的追求者、离婚的前任等。

1. 维护对方的自尊底线

理解并尊重对方的自尊。不要让对方感到尴尬，要照顾他的情绪。不要让他觉察其实你已经设想了很多他可能制造的危害。如果能从对方身上感受到危险信号，你理应做好最坏的打算，但要避免让对方觉察出你的想法，否则等于让他知道了你的软肋。

2. 尽快完成解雇流程

一些雇主会为被解雇的职员提供一段离职缓冲期，认为这能减少对方受到的打击。虽然这项措施表面上延长了对方的聘用期，但事实上也延长了被解雇的过程，增加了对方的尴尬和焦虑。就像是给毫无生命特征、注定不能存活的病人强行套上生命维持器，有些人觉得这能够延长生命的长度，但其实只是延长了死亡的过程。

3. 不要妥协

这可谓是适用于处理所有纠缠不休的关系的黄金守则。一旦做出了解雇的决定，你就需要和这名员工面谈，通知他你的决定。他可能会提出一些异议或请求，但不要和他妥协，无论他有多坚持。这不是一场关于改善现状、纠正错误、改头换面的讨论，回顾他在工作中和公司发生的摩擦，只会更戳中他的痛处，激化他的偏执。无论你给出的原因有多充分，他都不能接受自己被解雇是公司做出的合理决定，所以你尽量长话短说。

我建议大家在通知被解雇的员工之前，先列出和对方谈话中的重点。同时，我建议大家事先准备好防止对方转移话题的套话，无论对方想说什么扯开话题，这句话都能帮你把重点拉回来："比尔，现在不是回顾过去的时候，我们应该面向未来。"

4. 谈话内容面向将来

在对话中谈谈未来可能需要解决的问题。比如："如果有人打电话来找你，我们应该告诉对方你的哪个地址？""你需要我们把邮件转发给你，或者给发送者提供你的新的邮箱地址吗？""如果你未来的公司打电话来调查，我们该如何表达你的最佳工作表现？"你需要让对方感受到，他在工作中的投入是有价值的。这虽然是微不足道的细节，但却能帮助谈话内容指望未来，指向让对方重振旗鼓。

5. 直截了当地进行谈话

一些公司没有直接通知员工他被解雇的决定，而采取一种迂回的方式暗示这个话题，导致对方完全没有意识到他将被解雇。在谈话之后，对方可能会表示他理解了公司的意思，他会改善自己的工作表现，而这时公司只能这样回答："不，你不明白我的意思，你已经被解雇了。"对话进行到这里，对方必然会感受到被愚弄了，并因为被解雇而产生负面情绪。下面是一个笑话，乍一听好像是在强调用迂回的方式通知坏消息，但其实证明了直截了当才能让谈话有意义。

一名女士打电话给帮她看家的朋友，并询问家里的情况。她的朋友向她汇报：“呃，你的宠物猫从房顶掉下来摔死了。”“天哪，”这名女士对此大为震惊，“你怎么能把这个残酷的消息直接告诉我呢？你应该这样说：‘茸茸在屋顶上愉快地玩耍，突然她失去了平衡就要从屋顶上滑下来。她找回了平衡，又踩回了屋顶，但之后她又滑倒了，这次她从屋顶上掉了下来。她很快被送到兽医那里，但她的伤势太严重了。之后茸茸有好转的迹象，我们都觉得她能挺过这一关，但……好吧……她最后还是去了另一个世界。’这才是你应该告诉我的方式。”

她的朋友表示理解，并为自己的冷酷道歉。一个星期之后，这名女士再次打电话询问家里的近况。她的朋友犹豫了一会儿，然后说：“呃，你的母亲当时在屋顶上玩耍……”

直截了当的坏消息，在大多数情况下更能让谈话人受益。

解雇谈话的中心思想，应该是你相信对方未来能够成功，能找到自己喜欢的工作并干出一番事业（你可能感受到了他有一些问题，但你不需要把这些信息直接告诉他，这对你没有任何好处）。谈话的基调应该是实事求是，而不是一味地严肃沉重。你可以说：“我们都会在职业生涯中经历些变化，我本人就经历过好几次。我们知道你会干出一番业绩，这次解雇不会成为你的拖累。”

6．只谈整体印象，避免具体事例

很多雇主急于向被解雇的员工证明，这项决定是多么合情合理。另一些雇主，则把这次谈话变成了一次教育员工的机会，想要纠正或者改正员工的态度。很多雇主平常没有对员工直接提出建设性的批评意见，却在解雇他们的时候，才抛出这些评价——这时为时已晚。合理的谈话应该着重于决定，而且要突出这项决定对双方都有利。比如称赞对方是有能力的人，只是遗憾目前的工作岗位不是能提供其发挥才能的最佳环境。避免谈及接替这个岗位的备选人，当被问到这个问题时，最好转移话题，或者直接说公司还没有相关决定。

7．解雇谈话事先要保密

为了保证解雇谈话负责人的个人安全，员工不能提前被通知谈话的时间或内容。但遗憾的是，在现实中很多情况是，一位同事会过来通知当事人去参加会议，理由是“他们要炒了你”。

8．合理的时机

其他员工准备下班的这段时间，是进行解雇谈话的最佳时机。当这段谈话结束时，被解雇的员工无法立刻找到那些他认为应该对他被解雇负责的同事或上司。其次，他能够在平时的下班时间自然地回家，而不是在工作日的早上，在众目睽睽下离开公司。我认为最佳时间，是每周最后一个工作日，如果在周五被解雇，员工可以和平常一样有一个周末的时间缓冲，而不会受到第二天突然无处可去的负面影响。如果在一周开始或一周的中间被解雇，他转天醒来的时候，就会想到他之前的同事这时已经在工作了，他会强烈感受到一切都和之前不一样了。

9. 合理的地点

解雇员工的合适地点，应该选在其他同事视线范围之外的地方。这个地点不应该选在负责解雇谈话的人的办公室，因为如果被解雇的员工想要深入交流，很难停止这段谈话。如果继续交流没有意义，负责谈话的人应该能够随时起身离开。一位我熟悉的资深行政负责人，从不把自己的办公室选为谈话地点，因为他认为被解雇的人大多对被解雇的场所印象深刻，甚至会在发怒时找回这里。

10. 选择合理的负责人

解雇谈话时谁应该在场？我认为，被解雇员工的上级管理者应该负责这次谈话，即和解雇目标日常工作中接触较少的上级管理者，而不是对方朝夕相处的同事。上级管理者能够在愤怒甚至发出威胁的员工面前保持镇定与风度。如果有条件，还可以让被解雇的员工尊敬的管理者，或和这名员工保持良好关系的管理者加入这次谈话。第三者的加入，是为了让被解雇的员工能够在他尊敬或敬爱的上司面前保持风度。

哪些人绝对不能出现在谈话现场呢？戒备的安保人员，警察或当地的社团组织，绝对不能出现在这次谈话的现场。虽然一些雇主认为，这些人的出现会增加公司的威慑力，但事实上反而起到反效果。具有暴力倾向的员工，会从中找出公司的弱点，并加以利用。平级的同事或直接领导同样不能出面，他们的出现会增加对方的尴尬，甚至可能将谈话变成对过去问题的激烈争吵。负责解雇谈话的管理者，应该通过自身的能力完成谈话，而不能借助任何外力。

报复者，并不是恶魔

很多雇主认为，自己可以解雇员工，因此拥有生杀大权，但事实并非如此。报复者才是真正主宰生死的人，他们怨气冲天，并且认为自己的愤怒有理有据，正如爱默生曾经说过的那样：“合理的愤怒能激发出一个人的所有的力量。”于是，悲剧发生了。

当被解雇的员工，为自己的愤怒寻找合适的理由时，很多此前从未有过的恶意开始滋生，并驱使他把想法变成现实。但即使这时，也请大家记得，这个人并不是什么恶魔怪物，他可能在这家公司已经工作了若干年，但现在他受到了被解雇这则消息的剧烈冲击，甚至已经崩溃。这项残酷的决定压得他喘不过气，他感到自身价值被否定，人性的支点开始摇摇欲坠。

他可以忍受自己不为公司喜欢，但被公司忽视和拒绝，就完全是另一个概念的问题了。对于一些员工来说，解雇是灭顶之灾，因为他对职业倾注了所有：社会地位、收入来源、安全感、生活目标、个人身份，失去了这份职业，他就等于失去了一切。

当他还想保住这份工作时，他多少会限制自己的言行，但当自己被解雇后，这些约束则彻底无效了。雇主的根本筹码是解雇的权力，但当这项权力行使完毕后，主导权就转移到了被解雇的员工手中。轻视这种权力，则可能付出沉重的代价。

如果前员工因为被解雇，而提起诉讼，对于企业而言其实是有利的，只要前员工持续关注诉讼案的进程，他就还没想采取暴力手段。然而，当诉讼案结束之后，真正的危险也开始降临了，一旦员工的诉讼要求没有得到满足，他们将再次想办法释放自己的怒火。而当雇主设法避免刺激前员工时，时间会治愈其身上大部分的伤痛，甚至修复他受损的自尊，找回他丢失的身份。

在解雇谈话中，处理威胁的最佳方式是什么？如前面所说，决定威胁价值的，是我们面对威胁时的反应。所以，面临被解雇的员工发出的威胁，最合理的反应是："我理解你现在的不安，你现在的表现不是真正的你。我知道你是个通情达理的人，还有大好的未来在等待着你，平常的你不会做出这样的举动。"这不仅是为了缓解对方的愤怒，也是为了向他说明，他的威胁没有对你造成任何影响。

让威胁者明白，他的举动尚有挽回的余地是很重要的。要做到这一点，可以说："我们在情绪化的时候都无法控制自己的言行，我自己就有过这样的经历。让我们忘了这些不愉快，我知道明天你一定会有不同的想法。"

即使在一些很严重的危险情况下，我也建议大家不要在威胁者面前流露出丝毫的畏惧。所有的解雇谈话，无论进行得顺利与否，都能成为分析被解雇员工之后行为的有力证据。同样，被解雇的员工也能从这次谈话中，了解雇主将如何应对他的反应。在解雇谈话结束后，负责人应该尽快将谈话人的态度、表现、回复和声明总结成报告交给专业人员分析，专家的意见能够帮助雇主制定出关于安全的决定。

在艰难地结束一次解雇谈话后，雇主可能面临的问题是：是否需要把可能的危险通知给所有员工。当某一名员工被确认为有潜在危险时，没有通知潜在的被威胁目标，很容易引发事故。类似的事故还包括没能及时回收出入证明、没有核实员工在被解雇后是否离开公司大楼、没有通知前台和安保人员该员工被解雇的消息等。

对待威胁的最下策，是反过去威胁对方。被解雇的员工之所以会采取威胁手段，是因为他已经穷途末路，无所顾忌——这一点管理层应该明白。而被解雇的员工，却会本能地认为公司是不可能和个人一样做事不计后果的。

反威胁只会恶化双方的关系。威胁是互动形式的，你面对威胁做出的反应，可能是火上浇油，将紧张的局势激化为双方在威胁上的竞争。在这场战争中，雇主必然处于下风，因为和被解雇的员工相比，他们承受的风险更大，遭受的损失更为严重。进行反威胁的典型回答就是：“哦，真的吗？只要你敢，我就报警！”当被威胁者开始用威胁反击，他就落了下风。

说到这里，我还想提一点，那就是在适当的时候，要摆脱已有规则的束缚，不要为维护规定而增加事情的危险性。我们曾为一座中等城市的政府官员提供过咨询服务，因为一位因患精神疾病而退休的市民，拒绝了政府提供的 11000 美元的津贴，理由是他认为这笔钱没有包含他患病应报销的 400 美元。该市的规定是，在退休年龄之前的医疗费用不在政府补偿范围之内，所以他的要求被拒绝了。某天下午，这名退休员工在没有预约的情况下，找到负责制定这项规则的负责人，两人之间爆发了争执，但负责人坚持按规章制度行事。这名员工起身并发出狠话：“那让我看看我是否能让你改变决定。”话音刚落，他掏出了两枚 38 口径的子弹放在了负责人的办公桌上，并转身离开。

这名政府官员来找我，委托我帮他评估这个恐吓的危险性。调查之后，我得知那位雇员曾经向心理医生出示过一把枪；另外他在与政府官员争论时还说过：“对的就是对的，错的就是错的，对的人总有办法获得胜利。”我们认为对方已经考虑用枪来解决问题，并扬言“正义终将胜利”，所以在报告中，我们建议当地市政府满足他的要求，支付他 400 美元，因为对这位前雇员来说，输赢事关他的尊严和身份。虽然满足威胁要求并不总是可行或者有效，但毕竟这起案件的代价只是 400 美元，比起一起枪击案来说简直不值一提。

当地市政府对我们的建议做出了回复，那位负责人告诉我："我们有规章制度，如果我们必须满足任何额外的要求，那么制度就形同虚设。"或许他可以从奥利弗·霍姆斯这句名言中得到启发："愚人懂得原则，智者懂得例外。"

和威胁者一样，这名负责人也陷入了误区。在这类事件中，我们会发现双方都已经"亲自进入战场"，这就意味着，双方都愿意甚至渴望分出胜负。我继续向负责人解释："我们并不是建议你向每一个要求 400 美元补偿的人妥协，只是建议你把这 400 美元交给一个特殊的退休员工，他极度情绪化而且偏执，把枪支当作解决途径，在你的办公桌上放下子弹强调自己的目的。我不希望这座城市因为这条规定而付出惨重代价。"但负责人坚持着他的职业操守，他认为这不是金钱的问题——但事实上，他在和我讨论他坚持的观念时，他付出的咨询费用不止 400 美元。在他第二次激情澎湃地向我阐明制度神圣不可侵犯时，我把话题重新转回到目前的问题上来："我有一个小小的建议，既然规章制度不可侵犯，那何不重新制定一条新的规定——严禁雇员枪击负责人。按照你的逻辑，这是不是能解决你的问题？"

我继续追问："你认为哪条规定被违背后，结果是你能接受的？"到这时，这位负责人才恍然大悟，开始考虑我提议。越是简单的问题，有时越是容易引起冲突，负责人最后同意支付这 400 美元，这名员工之后移居到了亚利桑那州，这件事总算是灵活地解决了。这种灵活的解决办法，做起来并没有多么困难，但当双方都进入了“战斗状态”时，他们将很难将目光从暴力上移开。

***

像类似员工恐吓同事的案例，我每周都会接触到。在回顾无数案例之后，我能看到，这些案件存在着几乎相同的特征和破坏性：都引人恐慌，都对人构成危险。我开始由衷地理解预防的价值，那些愿意在危险发生之前开展预防措施的企业和机构，实际上是选择了从他人的悲剧中吸取教训，而不是让悲剧在自己员工身上重演。

如何从家暴中逃离

The Gift of Fear

第十章

你们从来都是走个过场，对他没有采取任何行动。你们只是和他聊了一会儿，然后就离开了。

——妮可·辛普森对警察说

在选择一个男人后，我们都不相信对方给我们的不是爱，而是拳脚相加；更不敢相信，在对方一次次认错与承诺的同时，暴力也在不断升级。

提到家暴案件，辛普森杀妻案可谓必提的一课。案件的经过很多人都知道了：几乎从他们认识开始，家暴就如影随形了，妮可长期受到家暴伤害，最终成了被残忍杀害的前妻。妮可曾多次联系警察寻求帮助，也曾经以“非法殴打”起诉过辛普森（辛普森被宣判无罪），而这一切都没能阻止家庭暴力继续发生。妮可被杀害的那一天，她在家中举办聚会，她并没有邀请辛普森参加，但在晚上 10 点之后，她被人捅死在了自己家中。而辛普森曾告诉他的朋友，他梦见自己杀了妮可，可他的辩护律师却称，是毒贩造成了妮可的死。

以上，便是著名的辛普森杀妻案中的一些重要信息，然而这种事情绝不仅发生在公众人物身上。如果我把全美国死于丈夫或男友之手的女性的经历都列出来，仅仅是一年内发生的事件，就能让这本书超过 4000 页。

辛普森的律师团队曾告诉我：“一个男人揍了自己的妻子，并不意味着他杀了他的妻子。”这个观点本身没有错，但在辛普森一案中，辛普森不仅对前妻进行家庭暴力，还闯入她的住所，不止一次拿枪威胁她，恐吓她，跟踪她。辛普森的这些行为，足以让我们将他列入嫌疑范围。

辛普森的律师团队依然坚持这样的理论：“一个人买了面团，

并不代表着他打算制作比萨饼。”辛普森持有枪支，并不能代表他一定是为了杀妻。然而，如果一个人在买了面团之后，把面团均匀地铺在锡制拖盘上，还在上面撒上番茄汁、芝士，然后把托盘放入烤箱，那么即使是辛普森雇佣的大律师艾伦·德萧维奇告诉你，他不是在制作比萨，你也必然不会相信，因为除了制作比萨，他的举动不会再有其他可能。

在辛普森一案中，有一点是非常明显的：如果说另一种被害者是在错误的时间出现在错误的地点，那么妮可·布朗已经在错误的地点待了一段漫长的时间。当时的检察官斯科特·戈登，如今成了洛杉矶家庭暴力委员会一名主席，他曾说过：“辛普森谋杀妮可，是一个多年的过程——她只是死在了6月12日那天。”

缓慢的谋杀

“缓慢的谋杀”这一概念，是我在这里要特别希望大家重视的，特别是在预测家暴悲剧的时候。

家庭暴力和谋杀案件，通常都有很多值得注意的预警信号。这些信号虽然不会出现在每一起具体案例中，但如果多个信号同时出现，那么就值得引起高度重视了：

1）女方直觉地感觉到了自己处于危险中。

2）双方刚确立关系，男方就急于加快发展速度，将订婚、同居以及结婚等过早地提上日程。

3）男方经常通过威胁、欺凌或用暴力的方式解决双方出现的问题。

4）男方出现恶言恶语。

5）男方通过威胁和恐吓，达到控制或虐待女方的目的，这些手段包括对女方实行身体上的侵害，诋毁女方的名誉，故意让女方难堪，限制女方的自由，泄露女方的秘密，让女方孤立无援，抛弃女方，或扬言自杀。

6）男方在愤怒时，通过摔打物品发泄。他会破坏一些具有象征性的东西，比如撕毁结婚照，在照片上去掉某人的身影等。

7）在之前的交往中，有对女方实施暴力的历史。

8）男方酗酒或沾染毒品，并受到副作用的影响，出现失忆、敌意、残暴等现象。

9）男方把酒精和毒品，当作自己暴力行为的解释，会说诸如："那只是我酒后失言，不是我的本意，我喝醉了。"

10）男方曾因威胁、跟踪、攻击、殴打等行为，受到警方的调查。

11）男方实施过不止一起暴力事件，包括破坏公物、损坏或乱扔物品等。

12）男方用金钱控制女方的生活、消费和其他行为。

13）男方限制女方的交往圈，他严密监视她的行动，要求她汇报自己的一举一动。

14）男方无视女方的拒绝。

15）男方希望和女方建立长久的关系，经常使用一些类似“白头偕老”“总是”“无论发生什么我都会”的语言。

16）男方能将自己的强烈情感隐蔽起来，比如憎恶、喜爱、嫉妒、执着等，但因为隐藏得太深，让人难以察觉。

17）男方对虐待事件不以为然。

18）男方对关于伴侣的话题滔滔不绝，他对自己的身份认同，很大程度上来自成为对方的丈夫或者爱人。

19）男方拉拢女方的亲戚朋友，以保持或者修复和女方的关系。

20）男方监视甚至跟踪自己的伴侣。

21）男方认为他人都对自己持有恶意，妻子或女友身边的人都不喜欢他，在努力拆散他们。

22）男方抵触变化，固执己见。

23）男方对电影、小说、故事或者历史中的暴力形象产生共鸣，并认为自己也能成为这些的人。他认为实施暴力是为了捍卫自身利益。

24）男方情绪反复无常，或经常处于阴郁、愤怒或沮丧的状态。

25）男方常把自己造成的问题推给其他人，他拒绝为自己的过失承担责任。

26）男方认为武器是用于权力、操控和复仇的工具。

27）武器对他的人格造成重大影响。他持有武器，或收集武器，或学习武器的知识，和他人讨论武器或总用武器开玩笑。

28）男方把“男人至上”作为准则，把女方当作仆人，所有重大决定都无视女方意见，认为自己是一家之主。

29）男方幼年时期经历或目睹过暴力事件。

30）男方的配偶担心自己会被他伤害或杀害，她和旁人讨论过她的担心，甚至已经为自己安排好后事，比如指定某人关照她的孩子。

有了这份清单，大家就可以了解到，家暴男都会释放出哪些危险信号。只要掌握了这些信号，就可以让我们有效识别家暴男，毕竟，家暴其实是所有暴力中，最容易被直觉感知的一种。而对于不幸生活在家暴男身边的女性，这份清单，足以提醒她们要及早脱身。

即使你家庭幸福，身边的人温柔绅士，也不代表家暴这件事就和你没有关系。这份清单，足以让我们识别出身边潜藏的家暴男。

这份清单还有另一层出人意料的作用，它能警醒一些施暴者：你们正在实施暴力。在检察官克里斯托弗·加登结束辛普森一案的辩论后，我和斯科特·戈登来到他的办公室。在那里，我们看到了一些施暴者自己发来的信息：“你们可能拯救了我妻子的命，当我听到你们解释辛普森的恶行时，我从他身上看到了自己的影子。”

和其他类型的谋杀者不同，枕边的谋杀者的良知，是有可能被唤醒的。漫长而缓慢的谋杀，很可能被主动结束。

然而，身为家暴的受害者，我们不能只寄希望于对方的良心发现，更要知道如何主动从这场“缓慢的谋杀”中脱身。这一点并不容易，因为很多受害者会自己放弃逃离危险的机会。

为什么被家暴的人，不愿逃离施暴者？

这是一个听来有悖情理但又确实大量存在的事实：很多女性，是自愿选择待在施暴者的身边的。数据证明，在深受家暴之苦的女性中，有 50% 的女性不愿意离开伤害她的那个男人。

我们必须先了解到这一点，才能知道她们该如何从家暴男身边逃走。我能通过儿时的自身经历，来和大家谈谈这个问题。我清楚地记得那一晚，在遭受了几小时的暴力殴打后，我和妹妹在凌晨两点夺门而出。我们用公共电话联系了警察，告诉他们有两个孩子在街上流浪，这样，我们就能安全地被警车带走，待在警察局里，而不用回到可怕的家里。积年累月的折磨，导致了这次反抗，而这也让我意识到，我和很多选择和施暴者继续一起生活的女性，持有一种相同的观念：从来没有考虑过离开，直到忍无可忍。在最终鼓起勇气反抗之前，没有人说服自己离开那个家，就像现在，我也没有办法让很多被家暴的女性立刻离开她的伴侣。

这些女性眷恋不舍的是什么？肯定不是暴力本身，而恰好是暴力过后应运而生的放松感。

当施暴者结束暴行时，受到家暴的女性，会产生一种巨大的解脱感。可怕的是，她会逐渐对这种感觉上瘾。在她被暴力笼罩的生活中，唯一能给她带去片刻安宁的，就是施暴者偶尔的态度改善，这甚至会让她产生“幸福来临”的错觉。施暴者带来的痛苦越大，那么当他偶尔不残暴的时候，受害者的幸福感就越大。这种恶性循环会让人心中不断产生幻想：每一次受虐之后，都认为这可能是最后一次。

从我在幼年时期遭受的暴力经历中，我发现很多女性由于长期被毒打，恐惧的本能已经在她们身上变得迟钝。旁人看来风险巨大的事，她们却依然会做，因为她们已经无法看清暴力和死亡之间存在联系。

一名起初选择待在避难所、但最后选择回家的女性，用她的亲身经历向我们阐明了这一点。在她回家之后的某天深夜，她用电话联系了避难所，询问她是否可以重新回去。接线员按惯例问了这个问题：“你现在安全吗？”这名女性的回答是肯定的。但她很快看似无意地说了一句：她的丈夫在房间外拿枪等着她。难道这样的情况，算得上安全吗？或许在她的概念里，只要丈夫没有将枪直接顶着她的脑袋，她就算是安全。

我知道，很多人都很好奇：被殴打后，受害者却一点也不想逃离险境，她们在想什么呢?

长期的殴打和无法反抗，是一种虐待，会摧毁人的意志，侵蚀自我保护的本能。当一个人认为自己不值得被保护时，本能中最自发、最核心的部分也就被抑制了。被自己“最亲密的人”殴打会引发两种本能之间的冲突：待在熟悉的环境中，和逃离危险的环境，而这两种本能，原本是不应该发生矛盾的。可现在，却成了跷跷板的两端，而对于被家暴的女性而言，选择留下和家人待在一起的本能，往往压倒了离家的本能。

对于这类受害者，逻辑是不具备说服力的，任何数据的列举或道德上的劝说，同样无济于事，唯一可行的，就是从情感上触动。

我曾多次劝说受到家暴的女性，让她们结束这段不健康的关系，但她们的第一反应，通常都是恐惧和抗拒。一位名叫珍宁的女士，她已经 33 岁了，是两个女儿的母亲。她把自己受到家暴后的伤口照片给我看，这是在她严重受伤后警方调查时拍摄的。她急于向我倾诉丈夫对她的暴行，但同时又极力为他的暴行寻找借口。在最近的一次家暴中，她被打断了三根肋骨，但还是回到了丈夫身边。我问她，如果她十多岁的女儿遭到男友的殴打，作为母亲，她想怎么做？她回答：“具体怎么做我不是很清楚，我可能会想杀了那个人。但有一点我很明确，我一定会告诉我的女儿，让她离开这个男人。”

我追问道:“那你和你的女儿之间，区别是什么？”虽然珍宁能够很快为丈夫的每一次暴行找到借口，但显然，她无法为自己的选择找到理由，于是我告诉她:“区别在于，你想保护你的女儿，但你自己却没想保护自己。如果你不尽快离开你的丈夫，你的女儿也会失去你这个保护人。”这番话对珍宁的冲击很大，因为它揭露了一个重要的真相：珍宁缺乏自我保护的本能和意识。珍宁在童年时期的暴力遭遇，削弱了她自我保护的本能，而成年后，她丈夫的家庭暴力则彻底粉碎了这种意识。幸运的是，保护自己孩子的本能，让珍宁鼓起了勇气，她最后逃离了暴力的丈夫。

我一直持有这样的观点：**女性第一次被殴打时，她是受害者；但当她经历第二次相同的遭遇时，她其实已经自愿沦落到这种处境**。每次在电视采访或演讲中提出这一点后，总有观众来信，说我不懂得她们的无奈，事实上，我早从自身经历中深刻地理解到了这种感受，也正因此，我从来不会放弃任何一个机会，去告诉受害者们“留在施暴者身边，是你自己的选择”。对那些不认同这个观点的受害者们，我会让她们思考这个问题：当女性下决心离开施暴者时，她们是主动做出了这个选择呢？还是被人逼着离开？我认为，必须要让身处家暴中的女性意识到，她们一直把留在施暴者身边视为一种“选项”并选择，而离开施暴者，其实也可以作为另一个“选项”，也可以被选择。

家暴男是怎么产生的？

很多男性作为施暴者，又是如何一步步走到今天的呢？难道把责任推给他的童年？他成年后，那些极度缺乏的安全感、脆弱的自我认同和极强的控制欲，都是无法控制的吗？所有的人类行为，都能被先前的经历解释，但并不能成为此后肆意妄为的借口，我们必须追究施暴者的责任。

男女双方在家庭暴力事件中都负有一定责任（通常男方的过失更大），特别是当孩子也牵涉其中的时候，会对孩子造成巨大的伤害。孩子是在模仿成人中实现成长的，如果母亲一直苦苦承受着父亲的殴打，那么，她的女儿长大后很可能步她的后尘。如果父亲持续对母亲实行暴力，那么，他的儿子长大后也可能随意向着家人挥舞拳头。

我更希望的是，大家能了解女性逃离暴力的过程，并坚信她们是可以逃离的。海伦·凯勒双目失明，可以说是身陷了另一种困境，但她仍然这样说："这个世界上虽然充满了痛苦，但同时，也充满了战胜痛苦之道。"

***

许多施暴者掌握着经济大权，从而限制受害者的经济来源。有些施暴者控制受害者的出行和社交，他们把家里的汽车钥匙死死攥在自己手里，负责出席所有抛头露面的场合，包括家庭物品的购买，他们指定妻子的穿着和交友范围。

在男女相识之初，施暴者或许还会稍微掩饰自己的控制欲，扮演一个温柔的控制者，但随着交往的进一步深入，他的控制欲逐渐加深，行为开始变得无法琢磨，时而恶言恶行，时而温言温语，这一刻他可能是暴力的恶魔，而下一秒，又可能是温柔缱绻的恋人。而正是这些昔日的幸福幻影，为受害者埋下了一颗希望的种子，让她们选择留在施暴者身边。

施暴者的种种行为，都是出于恶意吗？不，这其实反映了他对亲密关系的认识。**那些没有在成长中自然地感受到关爱的成人，已经不具有拥抱真爱的能力，于是，他们寻找极端的方式，维持着自己理解中的爱。**

施暴者的控制欲，或许能在一段时间内奏效，有时甚至能维持很久，但随着控制的效果越来越弱，施暴者的行为则不断升级。为了保持绝对控制权，他不择手段，如果这时他的妻子仍然不会按照他的希望改变，会让他痛苦不堪。佛家对人类苦难的定义——“执相而求，谬以千里”，完美地解释了他痛苦的来源。施暴者无法认识到自己内心的挣扎，而是会选择将暴力进行到底，很可能在某一次刺激下，把暴力殴打升级为凶杀，正如著名心理学家卡尔·荣格解释的那样："一个人如果无法理清自己的思绪和情感，那么他内心的恶念注定会变成他的行为。"

很多女性在家暴后不愿报警，而其原因，在妮可·辛普森一案中已经表现得再明确不过了。

在辛普森一案的审判中，有一段录像没有被公开：在停车场里，辛普森把妮可从正在行驶的汽车中推了出来。一名警察正好路过，他只对辛普森说了这么一句："把你老婆带回家。"在另一起事件中（当时已经是他们离婚之后），辛普森砸破大门后，进入了妮可的家。妮可报警之后，负责调查的警察得出了这样的结论："你没有被殴打，他也没有朝你扔东西，你们只不过是发生了口头上的争执。"妮可回复道："我认为，这种强行入侵他人住宅的行为，是犯罪。""好吧，"警察知道妮可说得很对，于是改口说，"但在你们俩曾有过婚姻关系的前提下，他的行为和侵犯私宅，还是有所不同的。他又不是来入室抢劫的。"这位警官大错特错！辛普森的行为，正符合入室劫匪的特征，他就是在强行入侵他人住宅，就是在非法入侵。

***

和辛普森一样，家暴男中的很多人，都是传统意义上的硬汉——体格健壮，不爱说话。为什么女性对所谓的沉默硬汉会倍加青睐？女性通常这样解释她们对这类男子的喜爱：沉默的男性，具有神秘感；而对方的力量之美，会给自己带来安全感。

但正是这种神秘的力量，也成了未来危险的因素。当沉默和孔武有力相结合，意味着你无法得知这名男性的想法，但他却拥有伤害你的能力。

我有一位朋友，就特别喜欢找沉默硬汉类型的男子，我曾问过她，什么时候对方的沉默才不再对她有吸引力？“我大概会考察对方两到三周，”她这样回答，“这个时间不算短，也不算长，足以让我从迷恋中恢复理智，决定是否继续联系。虽然我愿意找个有魅力的恋人，但不想被欺骗。”这不失为一种明智的想法。

女性在寻找伴侣的过程中，还经常会犯一个错误：把希望寄托于对方的未来。比如：他现在是没有工作，但他将来一定能成功；他目前籍籍无名，是因为创作环境不好，但他迟早会成为一名杰出的艺术家；他最近的确有些暴躁不安，对我也有些粗暴，但当他安顿下来后，就能恢复过来。

看看这些信息：目前无业、创作受限、暴躁不安，粗暴……里面没有任何一点能和美好未来联系起来。**一个人的现状，是预测他将来的最可靠基础**。仅仅依据对于对方未来的设想，就把他作为结婚对象，或雇佣他做员工，这些做法无疑会干扰到直觉的信号。过于关注对方的潜力，会让我们陷入对未来的美好构想，而忽略掉眼下的真实现状。

女性有时是被自己的幻想欺骗，有时却是被对方的柔情蒙蔽。现实中虐待配偶的男子，很多都出乎人们的意料，因为他们经常被受害者描述为“世界上最有爱、最温柔、最体贴甚至最有绅士风度。”没错，受害者在和他们交往的一开始，的确能感受对方的这些美好，现在也依然对此有所感受——但只出现在虐待的间隙而已。

虽然这些男子在交往的开始，表现得亲切友好，温文尔雅，但依然会有一些暴露他本性的危险信号出现，遗憾的是，受害者经常选择忽视这些信号。最近，我在一期电视节目上强调了这一点，之后收到一名女士的来电，她告诉我：“你的观点是错误的，我们没法知道身边的男性将要实施暴力。暴力的发生是无法预测的。”为了证明自己的观点，她还举了自己前夫的例子。她的前夫是狂热的武器收集者，在他们结婚之后，立刻暴露出可怕的控制欲。她被要求说明每天的行程和活动，还被禁止买车，他还经常控制不住自己的嫉妒心理。

难道，这些恶劣的行为此前没有任何警示信号吗？

当她继续批判她恶劣的前夫时，忽然说了这么一句：“他的第一任妻子就是死在他的殴打之下。”

我的天，这难道还不能成为一种危险信号吗？但恋爱中的人，常会对这种信号视而不见，选择忽略甚至拒绝相信恋爱对象身上的缺点，哪怕那些缺点是致命的。在一种歌颂“真爱至上”的文化背景中，总会存在这种盲目和拒绝，年轻人面对劝阻，依然会闪婚；而55岁的中年人会毅然和相伴多年的妻子离婚，投入年轻秘书的怀抱，还把这种关系称为灵魂的悸动。老实说，这种爱情观促成的失败婚姻，要远远多于成功的案例。

人们在爱情和婚姻方面的选择和决定，激发了美国著名心理学家纳撒尼尔·布兰登完成了以此为主题的著作，即《尊重自我》。针对女性“我找不到好男人”“我总是和爱施虐的男人交往，我运气糟透了”这样的抱怨，布兰登在书中坦言，她们的遭遇和个人的运气丝毫无关，因为伴侣虽然来来去去，但没有改变的实际是她们自己。

我坚信，一切的关键在于女性自己的选择。

逃离的方式不对，反而会让暴力升级

虽然逃离施暴者，是应对家庭暴力的最佳出路，但毋庸置疑的一点是，不少女性都是在尝试逃离的过程中被杀害的。这也从一个侧面澄清了之前人们对配偶凶杀案的误解：凶杀发生在双方争执激化的时候。在现实中，丈夫决定夺走妻子生命，通常从他跟踪妻子时就已经开始了。这和所谓的“激情杀人”截然不同，谋杀配偶，通常是一种冷静的决定，而不是一时的失控。最危险的男人，并不是因为怒火中烧而失去理智的，事实上，危险的男人当其行为越来越暴力，心境却会越来越镇静。

“激情犯罪”，是很多人对于家暴案件的错误解读。这并不是对于犯罪行为的描述，而只是一种借口，一种辩解。75% 的配偶凶杀案发生在妻子离家之后，所以，最终激发出惨烈暴力的，是双方的疏远，而不是争执。最后我想说的是，跟踪的发生，不只是因为女方对男方有着“无法抗拒的吸引力”，更多时候，是因为女方由于长期遭受虐待而“直觉失灵”，失去了对男方的警惕。

在本书所有涉及的暴力事件中，配偶谋杀案是最能够被预测的，但遗憾的是，人们并不愿意带着这种防范意识，去观察枕边人的行为。所以，我准备就这个问题进行更深入的讨论。我希望大家可以永远没有机会用到这些信息，我也希望，当你真的需要时，这些信息能救你的命。

很多女性将希望寄托在法院或者其他机构，认为一份具有法律效力的文件，可以让对方有所收敛。然而这一定奏效吗？在美国，一些女性想靠禁止令震慑住对方，可许多凶杀案，却偏偏就发生在受害者申请禁止令的法院里，或者发生在禁止令批准之前。为什么会发生这种情况？因为凶手厌恶受到拒绝。私下的个人拒绝，已经让他们痛苦不堪，而当众的拒绝无疑是雪上加霜。对这类人来说，被拒绝意味着他的身份受损、人格受伤、个人被否定，即人性的支点坍塌了。所以，从他们的角度来说，犯罪行为成了一种自卫，是为了维护自我而实行的谋杀。在《占有或者摧毁》这本首部研究跟踪犯罪的专著中，作者林登·格罗斯详细地描述了法院的禁止令失效后，接连不断发生的谋杀惨剧。以下摘取了一部分：

·雪莉·洛厄里在法庭外等待法官听取她申请禁止令的证词时，被她的丈夫捅了19刀。

·塔米·戴维斯和他们年仅21个月大的孩子被丈夫殴打，可怜的母亲和孩子被送往医院。而就在她的丈夫收到法院判决的禁止令后，他举枪杀死了自己的妻子，之后饮弹自杀。

·唐娜·蒙哥马利的丈夫曾持枪对着她的脑袋，并跟踪她，于是她申请了禁止令。她的丈夫来到她工作的银行杀了她，然后自杀。

·特蕾莎·本德虽然申请到了禁止令，但她的丈夫很快又接近了她。她很担心自己的人身安全，于是请求两名男同事每天陪她一起上下班。最终，她的丈夫没有放过任何一个人：他用枪击毙了他的妻子和两名保护她的同事，之后，他把枪指向了自己。

……

那么多凶手在杀妻后自杀，证明了对他们来说，面对他人的拒绝，比杀了他还要痛苦。当他们的想法已经如此极端时，仅凭一纸法律文书，难道还能约束住他们吗?

最后，我想和大家分享的是康妮·钱妮的经历。她的丈夫持枪威胁她并强迫和他发生关系，此时她已经四次成功申请了禁止令。警方给她的建议是，申请永久禁止令，她照办了。在枪杀康妮之前，她的丈夫在日记中写道："只要一想到她脱离了我的控制，或压我一头，我就无法安心生活。她成功地引发了我们之间的战争。”这句话可以说明一切，对康妮的丈夫来说，禁止令就像宣战的战书，而战争的“战利品”，则是两个人的生死。

当然，我的意思并不是全盘否认禁止令。在现实中，禁止令确实在一些案件中起到了作用，而且给很多受暴力威胁的女性带来了希望：违反禁止令的下场是被捕入狱，这能让一些施暴者心生顾虑。

而在另一些情况下，禁止令则向男方传达了一种信息：女方希望切断他们之间的关系。于是一些男性更加纠缠不休，这也是禁止令的局限所在。它只在理智的人面前，才能发挥出最大作用，即那些没有被感情冲昏头脑的人。换句话说，禁止令对那些最不可能实施暴力的人，是最有效的。一名专门处理家庭纠纷的法官曾经这样告诫：“女性必须认识到，这一纸文书并不能阻挡下一次拳头的袭击，也不能阻挡下一发子弹的发射。”

当然，我并不是说法律对施暴者无可奈何，正相反，在女性可供选择的所有方式中，我最赞同的，就是执法部门的介入，比如根据殴打、攻击、强行入侵他人住宅或其他违法行为，而实行逮捕。这类逮捕和违反禁止令后的逮捕，是不是效果一样？我认为不是。凡是违犯法律的指控，涉及的是法律体系和个人的冲突，而违反禁止令，涉及的则是施暴者和他的配偶。许多施暴者之所以会暴怒，是因为他无法忍受自己的行动竟然受制于受害者，他们无法容忍受害者凭借一纸文书，就能约束自己的行为。

也正因此，施暴者进入监狱，并不是故事的结局。

你是为了得到安全，而不是公平

面对生命受到威胁的女性，我们需要告诉她，最佳的解决方式，是寻找和利用一切资源隐匿自己的行踪，让纠缠者再也找不到你。并且时刻牢记：自己追求的是个人安全，而不是公平正义。

安全和公正的界限，常常被模糊处理，只有当你亲身经历的时候，你才会发现其中的区别。举个例子，当年你沿着拥挤的人行道前进时，一名强健的年轻男子抢走了你的皮包或公文包。他迅速逃跑，在高速行进的机动车中穿行，如果你希望得到公平，你必须追上他，让他接受法律的制裁。但如果你希望自己不受伤，你只能放弃追捕他。劫匪全身而退，没有付出任何代价，这对你来说是不公平的，但别忘记，你也安然无恙地离开了，这一点很重要。在我的办公桌上，就有这么一块小小的提示板，上面写着："你来这儿的目的，不是为了得到公平。"

约翰·威尔森是一名经验丰富且做事严谨的洛杉矶律师，他曾是美国跟踪起诉案的开辟者。他见过太多的案件：当施暴者服刑出狱后，曾经的受害人依然无法逃离魔爪。有一次，我在给行政警察做讲座时，威尔森也出席了，他后来写信给我谈了他的感受。我很乐意在此和大家分享他真挚的来信：

您的演讲内容一针见血。最近我经历了一起死亡案件，让我万分伤感。我没有在四月中旬时听从您的建议，导致了一名年轻女子落入不幸。我以殴打妻子的罪名将她的丈夫送进了监狱，但他出狱之后杀了她，这是我在这个部门工作以来接触到的第六个死亡案件，而每一个案件都符合您讲座中的描述。

***

已经有无数案例清晰地表明：即使警察和法院向你提供了帮助，但更安全的做法，是从施暴者身边离开，而不是企图改变他的行为或和他发生冲突。许多执法部门的工作人员，虽然乐于帮助受害者，但他们不愿承认面对某些犯罪时，他们也无能为力。幸运的是，执法部门中还有很多经验丰富的职员，他们熟悉这些案件，能够在关键时刻出手相助。接下来和大家分享的，就是丽萨获得拯救的故事：

那天晚上，丽萨脸带瘀青到警局报案，她并不知道，接待她的这名警长已经见过太多像她这样的女性。她的丈夫暴打完她之后，用枪指着她的头，起初她以为只有自己才有这样的遭遇。

丽萨爬窗从家里逃了出来，在漆黑的街道上狂奔，当她跑过好几条街后，她发现自己迷路了。但从更重要的角度来说，她反而找回了自我。她突然看到了曾经的自己——15 年前那个年轻的女子——那时她的丈夫没有掌掴她，也没有掐过她的脖子，更没有持枪威胁她。他们的孩子曾经见过她被家暴的场面，但她认为，孩子们将会看到，有了警方的帮助，自己的母亲变得坚强起来；她还认为，警察的谈话会让她的丈夫恢复理智，丈夫会向她道歉，然后他们就是幸福的一家人了。她骄傲地向警长表示："除非他承诺永远不打我，否则我将永远离开他。"警长听着她的豪言，一边点头，一边隔着长桌递给她几张格："你把这些表格填了，注意填完整，然后我会把它们放到那里。"他说完，指了指柜子上摞在一起的一大堆表格和文件。

这位警长审视着这名年轻的女子，他早就发现，其实她已经准备回到她丈夫身边，回到那个持枪威胁她的男子身边，虽然他声称买枪是为了自卫。

接下来，这名警长说了一句改变丽萨一生的话，他的话让丽萨感激终生，促使她逃离了对她施暴的丈夫："你填完这些表格就回家吧，下次我需要这些表格的时候，就是在找你的死者信息了。"

委婉的拒绝，让你难以摆脱麻烦

T h e   G i f t   o f   F e a r

第十一章

爱情，原本是世界上最美好的事，但却有太多悲剧，发生在以爱为名的追求中。人类对爱情有着格外的执着，但这份执着一旦被扭曲，则会因爱而不得衍生出冲动、憎恨与伤害。

这固然与对方的心理问题相关，但却鲜有人意识到，受害者的态度和处理方式，也是让自己逐渐步入险境的原因。

但好在，我们还有机会在危险发生前及时调整，安全、彻底地摆脱麻烦。

被鼓励的跟踪者

在来找我之前，这名姑娘已经向很多人寻求过帮助，包括她的朋友、心理学家、私家侦探、律师、警察，甚至是法官，但她的困扰依然没有能够得到解决。

她的困扰曾经是在可控范围之内的，但现在，已经发展到骇人听闻的地步。而她的困扰，源于起先看似正常的追求，现在已经发展成了锲而不舍的跟踪，这引起了她的反感和恐惧。

跟踪者主要被分为两大类型：纠缠不休的陌生人，和认识的熟人。以普通陌生人为跟踪对象的案件，和其他类型的跟踪相比，发生的频率很低，同时以暴力结尾的可能性也最低。所以，我将着重探讨发生频率较高，涉及范围也较广的跟踪案，即被浪漫情怀驱使的跟踪案，通常来说，嫌疑人是女性受害者接触过或约会过的人。

这些跟踪者并不是来自火星的外星人，他们来自迈阿密和波士顿，圣地亚哥和布伦特伍德，他们可能是我们姐妹约会过的对象，我们公司的职员，甚至是我们朋友的丈夫。而他们的目标，也有可能是任何一个人。

在全国各地做讲座时，我有时会问观众这个问题："在座有多少男士，在没有询问女孩的前提下，直接找到她的住址或工作地址？又有多少人，为了确认女孩家外面停着的车，故意开车从她家门前经过？还有多少人，为了确认女孩家里谁可能接听电话，向她家打恶作剧电话？"

听众中大部分的男士都举起了手，这让我意识到，大家都能接受这种性质的行为，只是接受的程度不同而已。而最让我印象深刻的，是一次讲话结束后，一名职业是警察的听众，和我进行了一次单独谈话。他告诉我，他在听讲座时，猛然回忆起自己在警校时的往事。那时他对一名女性学员穷追不舍，整整 18 个月，她不断拒绝他的追求，还一直担心她的拒绝会影响她从警校顺利毕业，因为他是警校的教员。"她没有给我任何暗示想和我交往，但我从来没有放弃，一分钟都没有，"他说道，"但我的执着最终得到了回报。我们已经结婚了。"

我猜，你可能认为这是"付出得到回报"的美满结局，但我想说的重点则是：在合适的行为与过分的行为中间，存在着无形的界限，但男性和女性在这条界线的定位上，并不总能达成一致。即使是一位警察，当他的身份是追求者时，也显然会无视自己的行为给别人带去的困扰。尽管结局看起来不错，然而这并不能改变过程中的不恰当。

虽然男女对界限的看法并不一致，但所有人都同意的是：**暴力，应该是一条明确的界限**。但在我看来，如果能将界限定在事态恶化之前，那将是更好的选择。

我们生活在一个鼓励“越界”的时代。很多电影中都有这样的场景：男性突然出现在教堂中抢婚，或者女性突然造访男性的办公室。这些场景不仅广受欢迎，而且被人津津乐道。

电影《毕业生》中，达斯汀·霍夫曼主演的角色在和凯瑟琳·罗斯扮演的角色约会后，很快向这名女孩求婚。女孩拒绝了，但求婚者并没有放弃。他在女孩上课的教室外等她，一次又一次地向她求婚，最后，女孩给他写了一封信，表示自己经过深思熟虑，还是不能接受他的求婚。事实上，女孩这时已经准备离开这个地方，并决定和另一名男子结婚。这些都应该是明确的拒绝信息——但在电影里可不是。

霍夫曼扮演的角色通过跟踪找到了女孩。他假扮新郎的朋友、新郎的亲戚和主婚的牧师等不同身份，不断寻找女孩的踪迹。最后，他锁定了婚礼的教堂，几乎在女孩宣誓成为另一名男子的妻子的同时闯了进去。他痛打了新郎的父亲，也和另一些人发生了肢体冲突，甚至挥动着大型的木十字架驱赶想要帮助这个家庭的宾客们。

这场闹剧的结果是什么？他得到了他的女孩。女孩在他的带领下跑出了教堂，将她的亲人和新任的丈夫抛在身后。

这种看似浪漫的套路，却是现实中跟踪案的噩梦源头。

越来越多的男性执着于已经无望的爱情，并且坚信：如果你坚持发展你们之间的关系，即使你冒犯了她，即使她说不想和你有任何关系，即使你用高高在上的态度侮辱她，你都会最终得到她。哪怕她已经是其他男性的女友或妻子，只要你克服重重困难，坚持到底，就能让你在这场拉锯战中笑到最后。

很多年轻女性虽然深受其扰，但在目前的文化环境下，却也难免认为对方这么做，是因为很爱自己。

这是个误会，如果你遇到一个纠缠不休的追求者，请记住：**这只能证明对方很偏执，无法证明他爱你**。追求者的狂热，并不意味着你在他眼中有多么特殊，只能说明他的失控和混乱。快收起你的感动，好好思索怎么摆脱这样的骚扰，才是你该做的事。

通常，女性会希望自己能够温和地摆脱骚扰，比如婉言拒绝对方，然而，男性和女性的一个巨大差别在于：男性在求偶的过程中，会表现得友好可亲，而女性在拒绝他人的时候，才会表现得和蔼友善。两性之间的不同，自然会导致误解。所以，我们接下来要讨论的就是，女性婉言拒绝对方的做法，是否能有效果。

婉言拒绝，是最糟的拒绝

准备拒绝对方的女性，通常不会在言语中直接表达她的意愿，她们所受的教育总是提醒她们要温和委婉。

而男性，通常只听取对方部分的说话内容，这也是由他们所受教育灌输的想法：当女性说“不”的时候，这不是她的本意，她只是在害羞，或者欲擒故纵。在男人看来，女人所说的“不”，可以解读为：

- “可能吧。”
- “现在答应太早。”
- “嗯……让我考虑一下。”
- “再给我一点时间，你就是我要找的男人！”

只有在一种书中，“不”字的解释才是清晰而明确的，这种书就是字典。现实中对于“不”和“可能”的混乱解读，甚至经过了契约理论家卢梭和洛克的探究。卢梭这样问洛克：“如果她们所说并非她们所想，还有必要去研究她们的话吗？”洛克认为：“尽管她们口头拒绝，但通过观察她们眼中的情谊，可以成功得出‘沉默即同意’这一结论。”洛克甚至断言，当男性无视女性的拒绝时，他其实是在维护女性的骄傲：“如果他之后获取了自己的幸福，那他就不是野蛮人，而是君子。”在洛克看来，即使约会中强行和女性发生关系，也不能成为犯罪——这只是绅士的情不自禁。

在很多方面，人们显得对男性格外宽容。举个例子，如果在电影中，一名男子搜寻一名女性的行程表，定位她的住址和办公地址，甚至贸然到她工作的地方找她，人们会认为，这都是他对她的执着，证明他对她的爱真诚投入。但女性如果也如法炮制，则会被认为是不可取的行为，是无理取闹。

电影中的男性角色如果想找女性过夜，或者对女性纠缠不休，那他依然被认为是举止正常的普通人，但如果女性角色也有这些想法，那她就被认为是水性杨花的坏女人。

当女性拒绝发展一段关系时，部分男性开始用跟踪增加自己的胜算。跟踪，本质上是一种犯罪和恐吓，是人们为了在一段关系中掌握主导权的表现，和约会强暴（起源于男女之间约会，而终结于强暴行为）并没什么两样。他们都剥夺了女性的自由，无视女性的想法，只强调男性的欲望。无论跟踪者的具体身份是什么：被躲避的丈夫、前男友、曾经约会过的人或者无法拒绝的追求者，他们用自己的跟踪行为表明了一个最残酷的规则：女性无法主动选择自己人生的参与者。这种危险的规则，比拥有双重标准更糟糕。

我很希望年轻男士们，能够学会如何接受拒绝，如何尊重别人，而我更希望年轻女士能够明白：明确表达出拒绝，是完全合理的行为。同时，女性还应该学会摆脱这类关系的技巧。但很明显的是，这种技巧必然不叫作“对他婉言拒绝”。如果女性能明确表达出拒绝，大声说“不”，或者女性能够在每段关系的初期，就掌握主动权，那么跟踪案发生的频率，将会大幅度降低。

这条原则，能够适用于所有死缠烂打的情况：不要和对方妥协。当女性决定和某位男性结束一段关系时，她需要及时、明确表达出自己的意愿。如果这名女性一次又一次地告诉对方，她再也不想和他说话，其实她的行为本身，就是在和对方交谈，因此，每一次她这么做的时候，都违背了自己结束这段关系的意愿。当你第十次告诉对方，你不想和他说话，你就已经第十次在和他进行交谈。

以下几条要点，是女性拒绝异性时应该遵循的正确方式：

绝对不予理睬。一名女士在接到追求者的30条短信后没有回复，但没有坚持到最后，她还是回了电话，于是，无论她具体说了什么，对方会这样认为：接近她的代价，仅仅是发30条信息。对于这类男性，任何交流和接触，都会被他视为是一种关系的进展。当然，部分女性担心自己如果不回信息会激化对方的行为，所以她们打算婉言拒绝。但通常，这只会导致对方认为：她还在犹豫和迷茫，她对我有感情，只是她还没有意识到而已。

清楚明确地表达。当一名女性，准备拒绝已经对她产生好感的男性，如果她说："我只是现在不想要开展一段关系。"对方很可能只听到"现在"这两个字。对他来说，这意味着她之后可能会愿意和他发展。所以，明确的拒绝应该是："我不想和你发展成男女关系。"在拒绝时，一定要表达得足够清楚。

不要发好人牌。如果女方说："你人很好，而且你对我也很好，但我不适合你。"他则会解读为："她真的很喜欢我，但她自己还没搞清楚自己的心意。我必须向她证明，我们是天造地设的一对。"

不要解释理由。当一名女性解释她拒绝对方的原因时，男性可能会努力推翻她列举的所有理由。因此，我建议女性不要解释自己拒绝对方的原因，只要简单地说明，拒绝是自己深思熟虑后的决定，并希望对方能够尊重自己的决定。一旦女性向自己不想交往的男士解释，对方会认为，这是一种建立在某种条件上的拒绝，比如她想移居到另一座城市，而这对追求者而言，肯定不是终结，更像是一种新的挑战。**有条件的拒绝，其实不是拒绝，而是一种讨论和交流**。

电影《窈窕淑男》开头的经典场景，能很好地解释有条件的拒绝是如何无法起效的。霍夫曼扮演的参加试镜的演员正在准备台词，而此时，台下传来关于他没有入选的消息。

台下的声音：台词部分表现得不错，但你的身高不合适。

霍夫曼：哦，我还可以长高。

台下的声音：不，你没有理解我的意思。我们正在找的是更矮一点的演员。

霍夫曼：哦，好吧，我也不必偏让自己看起来这么高。你们看，我穿了增高的东西。现在才是我真实的身高。

台下的声音：我明白你的意思，但……我们正在能让我们眼前一亮的演员。

霍夫曼：我也能让你眼前一亮。

台下的声音：我们找的是其他演员，你明白吗？

最后一句话，没有涉及任何理由，也没有提供任何协商的余地，干净利落。但女性通常很难如此干脆地表示拒绝。她们担心，过早明确表达出自己的拒绝，会让自己不受欢迎，被他人排斥，还会引起对方的愤怒甚至激发对方的暴力。

但从男性的视角，通常把女性的这种委婉回避，视为某种爱慕之情。即使是凯斯林·克鲁格——美国议员鲍勃·克鲁格的妻子这样的公众人物，也不例外。那位让凯斯林无法摆脱的追求者，曾经是她丈夫竞选专机的飞行员。克鲁格夫人向我描述她的烦恼时，她还从骚扰者的角度，向我解释可能的原因："我们过去对他的态度很友善，但也就是寻常的善意罢了，可是，显然对他来说这是很重要的事情。他可能把这种善意当成了爱，就像饥肠辘辘的人，很少的食物在他眼里都是一顿大餐。”

还有一名年轻的女士，曾向我们提供前男友寄给她的信件，里面写着：“虽然我带给你的可能不是美妙的回忆，但这样一来你会记得我。”一些男性因为急于维持一段关系，哪怕是病态的关系，也会想尽办法创造接触的机会。

如果一名女性对追求者的示好视若无睹，对所有的暗示、反应、行动也都表示不感兴趣，而这名男士却还在继续追求，那么证明，此时需要对他进行一种无条件的明确拒绝了，虽然这似乎很残酷。下面，就是无条件的明确拒绝应有的表达：

无论目前为止你的想法是什么，无论你是出于什么原因认为我们之间存在可能，我都没有打算和你进一步交往。而且我很明确的是，将来我们也不可能。我希望你能知道这一点，然后把精力转移到其他的事情上去，这就是我和你谈话的目的。

在这种情况下，男士唯一合适的反应，也就只剩下接受。

但遗憾的是，现实中依然有无数男士采取了不合适的反应，虽然形式多样，但都传递着“我不接受你的决定”这一想法。如果这名男性咄咄逼人地开始争论、质疑或者想要批评女性，甚至想改变女性的决定，那么女性千万不要犹豫，而是要更加明确以下几件事：

1）关于这个男人，她之前的决定是正确的。现在和将来，她应该更加坚定自己的信念。

2）如此不顾及她的感受的男性，是不能发展下去的。

3）如果话说得如此直白清晰，还是不能让他明白，那么婉言拒绝或者含糊不清的表达，就更无法让他明白。

请记住：纠缠不休的男性，会选择无法明确说“不”的女性为目标。

最佳的回复方式，就是不回复

有些追求者可谓是死缠烂打，他们会在被明确拒绝后，升级追求的具体行为，比如持续给对方打电话或发送信息，擅自前往她的工作场所、学校或者住所，跟踪她，企图获得她朋友或者家人的支持。

这个阶段，女性绝不能表现出任何想要交流的意愿。因为男性会选择符合自己期望的方式进行解读，认为一位说过“不再联系”的女性，而今却又回复了自己，代表她其实是矛盾不舍的，自己再次拥有了机会。通常，这类男性会通过发送大量的信息，找出各种借口，甚至深情款款地装可怜，企图拉近彼此的关系，他会把女性的任何反应，都视为彼此关系的进一步发展。

短信：嗨，我是布莱恩。我想告诉你，我就要搬回休斯敦了，但我在离开之前还想和你见一面。我只是想要一次和你当面道别的机会，仅此而已。我们简单地聊上几句，我就离开了。

最佳回复：不做任何回复。

短信：我是布莱恩，这是我最后一次和你联系。（骚扰者经常说这句话，所以这句话的可信度显而易见。）我有急事和你联系。

最佳回复：不做任何回复。

不回复和拒绝一样，都会让女性承受压力，而这压力有时来自于亲近之人的误会：“你是在享受那种被追求的滋味吧”等等。但这种压力绝不能成为恢复联系的理由。

还有些亲近之人，会传授一些适得其反的策略，比如换手机号。我并不建议大家采取这条策略，因为无数真实案例会告诉你：骚扰者总有办法得到你的新号码。所以，我们更建议女性在启用第二个号码的时候，保留之前的号码。把新号码告诉需要联系的人，而通过自动答复或语音留言，保留之前的号码，这就让骚扰者无法觉察到你启用了另一个号码。最后，给旧的号码发信息的人只剩下纠缠不休的追求者。通过这种方式，他的来电记录被保留下来（也请保留所有信息），更重要的是，他每发一次短信，他就无形中接收到了这样的信号：她不回复，自己无法通过骚扰来控制她。

如果你想要录制自动回复的语音，最好邀请女性朋友帮忙，因为对方打电话的目的，可能仅仅是为了听到你的声音。不要找男性朋友帮忙，这会让骚扰者以为你已经开始了新恋情，激发他们更加深究你的现状。

所谓骚扰者，就是在正常人会放弃时、却依然不肯松手的那些人。他们认为只要坚持下去，就一定能心满意足，除非目标彻底停止与他们互动后，他们才会彻底罢手。所以，哪怕你只回复了一条信息，他们就会马上满血复活，重振旗鼓，继续骚扰你。

停止交流的关键，在于真正做到停止一切交流。正如我之前提到的，我建议女性先明确表达拒绝的决定，之后禁止任何的交流互动。一旦回拨电话，或同意对方见面，或写信回复他，或请人警告他，你被他纠缠的时间就会被延长至少六个星期。

***

在很多人的概念里，请警方出面警告骚扰者，似乎是很可行的方式，但实际的效果，往往大打折扣。虽然追求者的行为可能让人产生恐慌，但大部分并没有打破法律的界限，因此警方很难有效处理这类行为。即使警方上门明确和他说明“停止你的行为，否则你会自找麻烦”，但追求者立刻就会明白，警察其实对他无能为力，如果他们真的能够逮捕他，他们早就下手了。所以这次上门，会带来什么样的结果呢？是对方更加肆无忌惮的骚扰。

当然，当骚扰者确实有了实际的犯罪行为，而且通过起诉他，能够提升受害者的安全系数的时候，警察确实就有必要介入了。但骚扰者第一次和警察接触，就应该是直接逮捕的那一次，而不是仅仅上门谈话，唯有这样，警察的震慑效果才会被最大化。

实际上，摆脱追求者死缠烂打的过程，与脱瘾的过程十分相似，他需要自己戒掉这段关系。从他们的角度来说，自己已经上瘾，而“毒品”就是他追求的对象。和追求对象的轻微接触，并不能打消他的追求欲望，反而会刺激自己继续下去。而对付他们，就像治疗大多数上瘾者一样，要让他们进入一种突然戒断的状态，断绝一切和目标的联系。

你的追求者，可能正在控制你

还有一种骚扰者，他们在和约会对象略加接触后，就开始了跟踪行为，这和那些企图控制和殴打配偶的丈夫，有着相似之处，尽管前者实施暴力的可能性要低于后者。

在他们的计划中，他们通过卖惨、表功，来激发你的同情心和愧疚感，以达成某种承诺或约定。他们会通过不断骚扰受害者来让对方妥协，至少也能保持见面的状态，最后，他们甚至会采取威胁的言论和行为（威胁举动、破坏物件、划破轮胎等），激发你内心的恐惧。

还记得第二章中，关于凯瑟琳的例子吗？她曾询问，是否有一份识别约会对象中危险人物的信号清单。我将重述她的故事，但这次，我会指出哪些是危险信号：

“我曾经和一个叫布莱恩的人约会过，他有些过度痴迷于和我的关系，当我不想再和他继续发展下去的时候，他不肯放手。我是在朋友的派对上认识他的，他在那里向认识我的人要了我的联系方式（调查受害人）。那天我还没到家，他已经连续发了三条信息给我（过于投入）。我告诉他自己不愿和他约会，但他的坚持让我没有退路（无视拒绝的男性，会选择不会说“不”的女性）。一开始，他表现得非常体贴，总能知道我想要什么。他记得我说过的每一句话（高度关注）。虽然这是讨人喜欢的事，但我总感到有些不自在（被骚扰者本能地感到不适）。比如，当我提到我要整理我的藏书的时候，他会带着书架和其他一些工具出现，我连拒绝他帮助的机会都没有（主动提供对方不需要的帮助，“放高利贷”）。他还过度解读我说过的话。有一次他问我要不要和他一起去看篮球比赛，我说有时间的话就去。但他后来对我说我当时答应和他一起去了（把自己的情感或承诺投射到他人身上）。此外，他过早考虑了很多和我一起的人生计划，比如什么时候同居，什么时候结婚，什么时候生儿育女（急于推进，草率提出一些不成熟的计划）。在我们第一次约会的时候，他就用这些话题开玩笑，多见了几次之后他就开始认真考虑了。有一次，他建议我装个车载电话。我还不确定我是否有需要时，他借了我的车就直接装了一个。这是他的好意，我又能多说什么呢？之后，只要我在开车，他就打电话给我（监控外出活动和范围）。他还不让我用那台电话和我的前男友通话。发展到后来，只要我和前男友联系，他就会勃然大怒（嫉妒）。他不喜欢我和我的某些朋友见面（将她和她的朋友隔离），同时，他和他自己的朋友在一起的时间越来越少（让她为他的社交负责，并成为他社交的中心）。当我最后决定告诉他，我不愿意和他发展成男女朋友的关系时，他拒绝听我说完（不愿听到自己被拒绝）。”

可以看到，危险信号是如此之多，而所有的一切，都是骚扰者的自发行为。他希望通过控制对方，让对方无法从他身边逃脱。对于骚扰者而言，如果不能获得对方的爱，那么掌控对方就成了另一种选择。与此同时，他还希望斩断被骚扰者在这段关系外的所有活动，从而确保他的主宰地位。

不过，骚扰者也并非没有理智，面对能够真正说出拒绝之词的女性，布莱恩想必是不会追求她的。而为了验证凯瑟琳是不是理想的追求目标，布莱恩在和她见面的几分钟后，就已经试探过她。

布莱恩：你需要喝点什么吗？

凯瑟琳：不需要，谢谢。

布莱恩：哦，别这样，如果你愿意，你可以喝点什么？

凯瑟琳：好吧，我想我会选择不含酒精的饮料。

虽然，这看起来只是简单的交流，但其实，这是一场非常重要的测试。布莱恩稍微劝说了一下，凯瑟琳就妥协了，接下来，他会提高测试的等级，试探一些更重要的信息，最后，他将锁定能够被他完全控制的对象，然后展开追求。

关于饮料的交谈，其实和之后他们关于继续交往或分手的交谈，在本质上是一样的。他和她之间达成了一种无言的约定：他是主导者，而她是被动的接受者。于是，当她也想当一回主导者，试图改变他们之间的关系时，矛盾就产生了。

***

在整个过程中，凯瑟琳对于对方的伎俩是真的毫不知情吗？其实，大多数女性早在一开始，就产生了异样的感觉，但这种感觉被忽视了。即使她们产生了逃离的想法，但几乎所有人，都选择了继续待在这种异样的环境中，劝自己“别太敏感”，而不是跟随直觉的信号行事，而这正给了骚扰者以可乘之机。

想让自己不被骚扰者盯上，最好的方式就是跟从直觉的信号，对于想要控制你的那些人，坚决说不。

女性面对的危险，远比男性更加复杂，因为很多危险都是与美好的事物相伴的，而追求美好又是女人的天性。一场看似浪漫的约会，很可能风险重重：约会对象可能会让你感到失望或无聊，更糟的是，还可能给你带来麻烦，闯入你的生活，给你带来危险。

约会的过程，接近于一场试镜，就像《窈窕淑男》里的试镜一幕，男性竭尽全力想要获得其中的角色，而女性也能从对方的言行中评估，并感知到危险的信号。只是事实证明，很多女性的评估水平确实不怎么样。

怎么才能在约会中不被控制，并获取更多有用的信息呢？一个建议就是：女性可以自己引导话题，而最有价值信息的话题，则是男性的上一次分手。

他认为，他在上次分手中有责任吗？他还对前女友念念不忘吗？他很难走出上次分手带来的影响吗？**上次分手是谁先提出的？**最后这个问题是非常重要的，因为，骚扰者只有在极少数情况下，才会主动提出分手。此外，还有一个问题也很有参考价值：他有过几次“一见钟情”的恋爱？如果刚一接触，就能让他坠入情网，并且这已经成为他恋爱的一种常态，那么这显然就是一个非常值得参考的信号，证明他很容易陷入不切实际的关系。我并不是建议大家一定要按照一张清单去提问，而是建议大家通过巧妙的谈话挖掘信息，让自己尽早远离那些危险的人。

下一章，我们将探讨两性关系外的另一种关系：亲子关系。如果你已经为人父母，或者希望自己未来的孩子身心健康，这是你必看的一章内容。

暴力中的孩子

The Gift of Fear

第十二章

我的父亲没有教我如何生活。我模仿他的生活，开始了自己的人生。

——克拉伦斯·巴丁顿·凯兰（美国编剧）

你或许对“熊孩子”带来的困扰深恶痛绝，也可能觉得，孩子毕竟是孩子，他们身上的顽劣不值一提；你或许已经为人父母，但却不知道如何扮演父母的角色，或许你曾对孩子冷漠、斥责、疏忽他们的感受，并觉得这不是什么大事；你或许心里有着童年的阴影，那些儿时噩梦至今仍控制着你的生活。

关于孩子这个话题，和我们每个人都相关，我们全都曾经是孩子，而且大部分也将拥有自己的孩子。当暴力和孩子相遇，我们以为孩子会成为被虐待的对象，然而这只说对了一半，事实上，他们也可能成为施虐者，甚至是夺去别人生命的凶手。

这一章，我们将看到暴力如何在孩子身上发挥作用，并学会如何预防悲剧的发生。

是什么让我们的孩子，如此脆弱，又如此残暴？

圣奥古斯汀教堂的工作人员，正为一年中的最大的仪式做准备。附近的居民能想象到，教堂中座无虚席的场景会多么热闹，但与他们所期待的相反，这场为迎接圣诞而举行的欢庆仪式，最终变成了一次葬礼。在往常，教堂是追悼逝者的地方；而这一次，教堂直接成了死亡现场。

仪式上的所有人，都目睹了这幕令人震惊的场景：两名18岁的少年站在教堂的角落处，各自举起手中的短筒散弹枪，其中一人尸骨已寒，一人一息尚存，但没有人能说出他们到底为什么要这么做。

每一次暴力悲剧发生之后，伤亡者的亲人们在痛苦中，被迫重新审视过去生活中的每一个细节。他们开始寻找谁该为悲剧负责，但通常是一场无果又悲伤的经历。他们可能会走向两种截然不同的极端：将悲剧的责任归结于自己身上，或责怪他人——他们的孩子的玩伴、另一方的父母、提出分手的前女友——总有人要为他们的羞耻、愤怒和内疚买单。

詹姆斯·万斯的母亲就是这样的人，并且，她没有把目光局限在家门口。她把问题归咎于犹大牧师乐队这个重金属摇滚乐团，同时她还指责贩卖这个乐队的专辑的零售商店。她认为经营者应该能够想到《被污染的课堂》这张专辑会教唆她的儿子及儿子的朋友制定自杀计划。她认为，店家应该事前给这些男孩一些警告，提醒他们这张专辑可能带来致命的危险。

这桩案子，是我职业生涯中最后悔接下的案子。我曾主动参与过众多过程并不愉快的侦破，并且表现出了自己的理性和专业性。但当这起悲剧发生之后，我不想亲自走进那所教堂，不忍感受到雷的母亲隐忍的悲痛，更不希望和詹姆斯的母亲发生意见上的冲突。我不想研究尸检报告，也不想看到现场拍摄的照片，更不想了解这起悲剧的细节。

但我最终还是做了这一切。詹姆斯·万斯，像一位年少无知的“向导”，帮助我打开了解众多青少年内心的大门。从他身上，我了解了他们如何看待娱乐、酒精、密友、野心以及犯罪。他帮助我解答了众多家长的疑惑：是什么让自己的孩子拥有了暴力倾向？经历过教堂惨案后，我重新认识了现在的青少年。我从詹姆斯身上了解到的大部分信息，同样可以用来解释帮派暴力，解释其他青年的骇人之举。

詹姆斯·万斯痴迷于犹大牧师乐团，被他们的音乐和公众形象中邪恶和暴力的一面深深吸引。他喜欢专辑封面上恶魔主题的设计，喜欢黑暗和杀戮。和众多青少年一样，他已经长期适应视觉上的暴力场景，血淋淋的骷髅对他来说已经司空见惯。

于是，当他站在教堂庭院中，望着自己的朋友变成冰冷的尸体时，有一瞬间，他胆怯了，犹豫是否履行两人之间的自杀约定。但下一秒，他觉得如果自己不自杀，那么他会成为导致雷的死亡的罪魁祸首，所以他从血泊中拾起那把手枪，伸进自己的口中，然后扣动了扳机。

他没有死成，但他的下场，却变成了一个触目惊心的反讽：他和专辑封面上的画面一样恐怖了。由于子弹穿透了他的下半张脸，他的下巴、下颚、舌头以及牙齿被打飞散落在教堂中。我无法用言语描述他的惨状，也无法从脑中删掉他的惨状。我曾亲眼见过很多令人震惊的尸检照片，见过伤势过重、死亡反而是种解脱的受害者，但像詹姆斯·万斯这样拖着残破不堪的身躯生不如死，才是最无限的痛苦。

虽然律师有了心理准备，但在法庭上见到他后，也被深深地震撼了：他的颈部缠绕着一条毛巾，用来接住从他缺失的下颌处肆意流出的唾液。他残破的容貌是他过去内心世界的隐喻。他以前总想变得凶狠可怕，他曾认为暴力会让他与众不同，现在，他的确成了可怕并与众不同的人。

在他母亲的帮助下，詹姆斯得以把案情转达给律师。在他接受询问时，他的母亲负责解释他的艰难表达。我认真倾听他的描述，并了解到他和雷本来计划做些更惊天动地的坏事，他们原本考虑在附近的购物中心进行大规模的枪击扫射，最后，他们决定自杀。

和无数自杀身亡的青少年不同，他们在那个晚上并没有垂头丧气，反而放纵地狂欢。在毒品、酒精，以及震耳欲聋的音乐刺激下，他们破坏了雷房间里所有的东西，然后带着枪从窗口跳出屋外，跑过几条街道，最后来到教堂。

和众多实施重大危险行为的年轻人相比，他们没有特别之处，而他们的家庭也普普通通。即使詹姆斯的母亲起诉摇滚乐队，但这样的起诉也并不是个例。

而就在詹姆斯事件发生的同时，美国还有青少年同样犯下了可怕的恶行。在密苏里镇上的三个男孩，他们以“杀死一些东西”为借口邀请他们的朋友史蒂文·纽贝里和他们一起到野外的灌木丛中去。史蒂文在出发之前，并不知道自己就是他们口中被杀的“东西”，直到他们开始用棒球棍殴打他，史蒂文才痛苦地询问自己被打的原因，而他们是这样向奄奄一息的男孩解释的："因为这很有趣。"

几小时后，这三个男孩就被缉捕归案了，其中一个还是学生机构的主席。他们老老实实地承认了这场谋杀的过程，和詹姆斯·万斯一样，他们也是重金属音乐的爱好者，但他们没有把行凶的原因归结到某个乐队身上。他们跳过了乐队，而直接指向更为深层的原因：撒旦。就像杀人犯迈克尔·佩斯威兹曾经说过，是魔鬼指引他捅死了一个3岁的小孩。当然，受害者的家庭是无法起诉撒旦的，所以音像店和乐队组合又成为他们起诉的对象。

为了研究音乐专辑会不会带来危险，我专门进行了一次调查，我和我的同事搜寻了很多真实发生的案例，这些案例的关键词里都有"音乐"和"死亡"，然而它们的情节却是这样的：有人在听完专辑后患病了；有人在伴随着活泼的音乐跳完波尔卡舞后，突发心梗…… 犹大牧师乐队自然没有创造詹姆斯·万斯，但从某种意义上来说，是詹姆斯重新创造了他们。当詹姆斯被问到犹大牧师的一句歌词"他们给他沐浴穿衣，并亲手喂饭"时，他复述的则是"他们给他沐浴穿衣，并给他吃了一只手"。他是在重新创作歌词，把描述一个人被细心呵护的场景，变为食人的残酷画面。

在这起事件的调查中，我还研究了56起其他青少年的案件，有的是暴力行为，有的是自杀或自杀未遂，但都涉及了音乐。下面是一些案例，能够让我们更进一步看待这个话题：

·一名少年给一位著名的歌手写信，请求寄给自己一把可以用于自杀的枪。

·一名年轻人以自杀威胁某位女性歌手，让她上门拜访他。在寄给她的信中，他这样写着："我甚至想让自己陷入昏迷，这样我的母亲就会去找你，拜托你来看我。"

·一名男子服药过度，只为了"穿越时空"和心爱的歌手见面。

·一名男子向某位女歌手写信："如果你不嫁给我，我就服药自杀。"

·一名年轻人幻想着某位女歌手是他的妻子，并认为对方企图离开他，于是割腕自杀。

……

难道这些问题青年的家长，以及无数面临类似问题的家长，能够把自家面临的问题，都归咎于遥远的公众人物吗？或者，这些问题的答案，更应该在自己家中寻求解答？

不完整的清单

为了研究上述问题，我罗列了100种最可能导致青少年暴力的因素，酒精和毒品被列在了最前列，对娱乐产品的上瘾也包括其中。在这个问题上，詹姆斯·万斯为我提供了证据。他在描述一个尝试多次自杀未果的朋友时，这样说道："酗酒和吸毒是好朋友，总是相伴而行。"他还补充说："酒精上瘾的人是非常暴力的，当你过度饮酒时，你会变得粗暴，这是我的亲身经历。"

对暴力和武器的痴迷，也被我列入了清单，这是詹姆斯性格中最为突出的部分——他想成为制造或修理枪支的工人。他和雷都经常练习目标射击，以及其他射击类的游戏。在詹姆斯所谓的"训练成为雇佣兵"的游戏中，他经常假装自己被枪林弹雨包围。"99%的情况下我都扮演罪犯，而且我总是能赢那两个警察。你知道，因为只要看过电视新闻，就能学到很多，电视是一个很好的老师。"詹姆斯称自己经常看新闻，并且看过很多"暴力、杀戮和战争的场景。"他还简单地总结了一下："暴力激发了我的潜力。"

到最后，他在无意中提到了实施暴力行为的主导原因：他觉得自己"将近20年来，一直被人忽视。"在解释犹大牧师乐队是如何激发这次枪击事件时，他说他把《英雄的终点》这首歌理解为：必须用死亡来证明自己的存在。

当被问到是否存在歌词以外的刺激因素时，詹姆斯给出了否定的答案："你想问什么？糟糕的恋爱关系？还是只是为了标新立异？这些都不是。"虽然他说话的口气略带嘲讽，但把过错归咎于某张专辑的歌词，必然是不合情理的。

根据我的观察，我发现只要在质询中涉及到家庭生活和父母教养的方式等问题，他一概避而不谈，除此以外，倒是说什么都可以。詹姆斯或许认为，当自己将矛头指向摇滚乐队，控诉他们的错误时，就可以转移视线，逃避人们对他本人和家庭生活的审视。

像詹姆斯这样，把更多的精力花费在娱乐产品而放弃其他日常活动的青少年并不少见。他是社会娱乐至死的氛围下，暴力的热情拥趸。在《出售美国儿童》一书中，作者大卫·沃尔什也描述过这种现象："就像我们的家中有一位暴力狂的客人，但我们无法把他赶出去。"他还提到，因为儿童都是通过模仿进行学习，所以在 18 岁之前，他们通过大众传媒能了解到的 20 多万种暴力行为，将对她们的未来构成重大威胁。帕克·迪茨曾说过："从累计的受众人数来看，电视节目中一小时的暴力场景，会比普通其他任何一种犯罪的影响更为恶劣。"此外，作家凯莉·费雪认为："让孩子免受不良行为影响——这种人类几个世纪以来的努力，都化为了乌有。"

娱乐产品的内容非常重要，而孩子接触这类产品的投入程度，可能更重要。无论是过度沉迷电视、游戏或者摇滚音乐，还是过度沉溺于古典音乐，对于娱乐产品依赖，都会抑制他们人际交往的行为。我承认，如果我的孩子选择蒂娜·特纳、埃尔顿·约翰，或者凯蒂莲的音乐，而不是犹太牧师乐队的音乐，我会感到高兴，但无论孩子听的是什么，只要是娱乐取代了生活的其他部分，那么更为严重的问题，也必然会随之产生。

在青少年的生活中，获得认同，比取得成就更有意义。就像对詹姆斯来说，他认为能够通过暴力得到同伴的认同。当他扣动扳机的那一刻，这个在成长过程中没有收获过自我价值的年轻人，似乎成了非同寻常、不可忽视的人。

如果抛开詹姆斯对于乐队的迷恋，你可能看到这个年轻人的“硬币另一面”。他每天都改变着自己的目标和计划，对世界抱有不切实际的期待，他缺少恒心或自律，以至于每次尝试都以失败告终。詹姆斯曾计划过写一本书，成为一名枪支制造或修理工人，或加入某个乐队，甚至成为一名邮差，但最终，这些事情他一件都没做，他只以区区几秒的残暴，为世人所知。

法庭最终判定，音像店经营者无法事前预测到这起枪击事件，而詹姆斯·万斯也没有再继续努力寻找可以指责的对象。他最终还是死于那一发射向脸部的子弹，多起并发症折磨了他很长一段时间，最后带走了他的生命。我不曾有机会询问詹姆斯他的早期经历，也不曾有机会去了解他的童年——在这起诉讼案中，被大家完全忽视的童年。

而这原本是这清单上，最该被重视的一项。

很多家长，在物质上对孩子十分慷慨，但在为人父母的职责上，却吝啬异常。他们疏于对孩子的管教与疏导，一旦出现问题，第一反应却都是找个替罪羊，以掩饰自己的不作为。可以想见，他们的孩子即使没有做出当众自杀这样的事情，也很难以一个健康的心态成长，必然造成性格上的缺陷，甚至成为潜在的危险分子。

缺少这七种能力，孩子就很危险

虽然整体来说，未成年人给我们带来的危险不如成年人，但残暴程度并不逊色。一些少年犯罪，比如威利・博斯科特（年仅15岁的未成年杀人犯），在人生的早期就已经有了大型犯罪的记录。在威利15岁时，他用刀捅死了25岁的青年，之后时常进出拘留机构，累计各项犯罪达2000多次。当他最终被释放时，一名狱警对他的未来做出了预测："威利・博斯科特在未来一定会成为杀人犯。"他的预言被印证了两次：威利后来杀了两个人，并声称自己作案的原因是为了"体验这种感觉"。作为未成年人，他只被监禁了五年，但他现在又因为其他犯罪行为重返监狱。即使在狱中，他的暴力行为依然持续着：他被7次举报在监狱纵火，并9次袭击看守人员。"我是制度体系下产生的怪物"。他这样评价自己。而在纽约州，允许未成年犯罪接受成年犯罪处罚的法规，就被称为威利・博斯科特法。

史蒂文・皮法艾尔则是另一位持续伤害他人的未成年罪犯。在他8岁时，他从立交桥上向车辆扔掷砖块。9岁时，他用一把斧头攻击了一名男孩。学校负责人为他专门指定了校车接送点，因为他经常恐吓要谋杀其他孩子。到了他 14 岁时，他已经吸毒成瘾，并被人看到成瓶地灌下烈酒。17 岁时，他杀害了一名女孩，这也是他首次为人所知的谋杀案。法庭认为，他的父母应该因为疏于管教而被起诉，因为他们在了解他过去恶劣行为的前提下，还给了他一把小刀，而他就是用这把刀杀死了女孩。

就在等待宣判时，他又杀害了自己的哥哥。

丹尼尔·戈尔曼在他的著作《情商》中曾表述过，有七种能力对人类至关重要，且十分有益：

· 激励自己的能力
· 遏制沮丧的能力
· 推迟满足感的能力
· 调节情绪的能力
· 怀有希望的能力
· 共情能力
· 控制冲动的能力

而许多实施暴力行为的罪犯，从未掌握过这些能力。**如果你见到一个完全不具备上述能力的年轻人，那么这就是重要的危险信号，同时也证明，他需要帮助。**

此外，还有一种危险信号，那就是童年时期就长期处于愤怒之中。如果你见到一个经常生气或脾气很大的孩子，他可能很危险，但也可能很需要别人的帮助。

青少年暴力常伴随着大量的危险信号，以 18 岁的杰森·马西为例，他杀了 13 岁的继妹和另一个 14 岁的男孩，还割下了妹妹的双手和头颅。马西身上的危险信号其实非常明显：他崇拜连环杀手泰德·邦迪和亨利·卢卡斯，他还收集另一位连环杀手查尔斯·曼森的所有相关资料，他狂热地喜爱超级杀手乐队的歌。在他还没杀人之前，他已经残杀了很多动物，包括奶牛和猫狗等宠物，他保留着这些动物的头骨。他经常扬言要杀死女孩。他曾抢劫过一家快餐店。他曾花了五年时间跟踪并恐吓一名未成年少女，给她寄去的信上，他写道：他想要划破她的喉咙，并饮用她的鲜血。虽然很多人都知道这些细节，但他们中的大多数却依然选择了无视。

马西和詹姆斯不同，他对他人的恶意表现得更肆无忌惮，他说："我想要尽可能地杀害更多年轻姑娘，我希望从她们的家人身上收获悲伤。"这种对家庭的怨愤，对亲情的嘲弄，并不是心血来潮，而代表了他对人类七种能力的严重缺失。

3岁孩子，为何成为凶手

许多年轻的谋杀犯选择在家中作案，他们的对象一般是继父或者继母，这并不令人惊讶，因为这些人曾给过他们严重的虐待，但你会惊讶于他们犯罪的年龄。一名叫罗比的男孩看到他的父亲殴打自己的母亲后，开枪杀死了他，而这把枪是醉醺醺的死者放在桌上的。虽然罗比承认了他的罪行，但却让很多人感到难以置信，因为他才只有3岁。经过火药测试，证明罗比就是凶手，而他这样向警方解释：“是我杀了他，他现在已经死了。如果他还继续打我的妈妈的话，我还会朝他开枪。”

你能想象，一个3岁的孩子会大开杀戒吗？这就是我们所处的现实，我们的孩子不仅被暴力威胁，他们或许某一天，也将成为暴力的主角。而这一天，通常比我们想象的要早。

保罗·莫恩斯在他的《当孩子成为凶手时》一书中探讨了孩子杀害父母的罪行，这是一本极具挑战性又能搅动起内心波涛的书。他发现，案发12年前发生的事件，和案发12小时前发生的事件同样重要。识别孩子是否会谋杀父母的唯一可靠信号，就是儿童是否曾被虐待。众所周知，大多数孩子之所以离家出走，就是为了不被虐待，或由此让他人发现自己正被家长虐待，但也有一些被虐待的孩子选择留在家里，然后伺机反扑。

那些杀害父母的孩子，通常是总被家长殴打、侮辱、性侵或者通过其他方式折磨孩子。莫恩斯讲述了一个名叫麦克的孩子的经历，他只有16岁，被检察官描述为“最残暴、叛逆和堕落的问题青年，生来就是冷酷的杀人犯。”但故事之下，还隐藏着更多值得关注的信息。

从幼儿园开始，麦克就被自己的父亲毒打。虽然他体格健壮，运动神经也很好，但他身上总有很多伤口，人们问他原因时，他会回答："从自行车上摔下来"，"跌了一跤"，或者"不小心被刀割伤了"。在法庭审判中，他被要求脱到只剩内衣，好让陪审员能够看到他父亲长年累月在他身上留下的伤疤。

这场漫长的虐待，在一个晚上戛然而止。那天麦克回家晚了一些，于是，他的父亲拿着一把手枪等着他。"你有两种选择，"他对男孩说，"要么你杀了我，要么我把你给杀了。"这种类似最后通牒的话，麦克之前就听到过，但这一次，他的父亲是真的持枪对准了他，而也是这一次，麦克抢过了手枪，毫不犹豫朝他父亲的脑袋开了一枪。

另一名犯下谋杀父母罪行的男孩告诉莫恩斯，在家里被虐待的生活，还不如被捕入狱。他把自己的牢狱生活描述为："虽然被关了起来，但从未感到如此自由。"

也有一些人认为，那些犯下谋杀罪行的孩子，之前不应该在家中一直逆来顺受，他们应该向有关部门报告，这样事态就不会演化为"只有杀人才能解脱"。但这类想法的支持者们，可能忘记了很重要的一点：很多被强奸或被劫持的成年受害者，也会像孩子一样不予反抗，而我们事后却不会责怪他们。既然如此，又凭什么去苛责那些未成年人？我们不能把自己身上肩负的责任，转嫁到孩子身上，所有问题儿童身边的成年人，没有谁是无辜者。

见过“光”的孩子，不会轻易走入黑暗

在孩子的成长过程中，父亲的行为对孩子具有决定性的影响，那些遭受过虐待和暴力，侮辱和漠视，或者父亲酗酒、吸毒的孩子，会为将来的犯罪埋下充分的隐患。在《没有父亲的美国》一书中，作者布兰肯霍恩指出：在少年拘留所里的孩子，有 80% 缺乏来自父亲的教育。**父亲对男孩的成长尤为重要，他们能够教导孩子如何成为真正的男子汉**。但遗憾的是，太多的父亲却是通过自己的拳头，将暴力的种子埋在了孩子心里。

人们认同父亲在儿童成长中的重要性，而现实中，却鲜有能让父亲参与其中的有效措施，于是，监狱成了很多男孩最大的课堂。

最近，我和一组刚刚出狱的年轻人见了面。为了配合法庭规定的流程，我需要了解他们是否戒掉了海洛因，在这个过程中，我和他们一起讨论了他们的成长经历——那些伴随着毒品和暴力的童年。

我们坐在一间类似教室的屋子里。从某种意义上来说，这里每个人都从“12 步疗法”中得到了救赎。“12 步疗法”的核心，是需要病人承认自身的问题并对其承担责任，《少有人走的

路》一书的作者斯科特·派克称之为“20 世纪最有效的发明”。在理想状态下，这类疗法能够让罪犯接受自己的过去，因为只有先接受过去，他们才能学会为自己的现在负责。

一天下午，他们进行了每人三分钟的个人经历分享会。每个人都谈到了暴力、恐惧、遗弃和冷漠这些话题。其中所有的男性，都在儿童时期被身体虐待，10% 的女性被家庭成员性侵。一些人还坦白了自己的恐惧与悔恨，因为他们长大后也对自己的孩子实施了暴力。

我一边倾听他们讲述自己的故事，一边忍不住流泪，虽然当他们离开这间半封闭的小屋后，还需要走过一条漫长的路，才能重新回到主流社会，但他们都在努力改变那个曾经的自己——浸润了暴力和毒品的自己。我流泪，是因为我从他们的故事中，看到了自己的影子，我的母亲没有他们那么幸运，她一直未能摆脱毒瘾。

接下来，轮到我进行 45 分钟的发言。我讲述了我在童年和青少年时期的经历，他们很有共鸣，因为我们的经历很相似。

当我结束谈话后，有个男人举起手，向我提问。他和我年龄相仿，但他身材魁梧，肌肉发达，相貌也显得历尽风霜，身上还带着明显的伤疤和文身。估计大部分人在深夜的大街看到他时，都会感到害怕，而从他的履历看，他过去的生活中，也确实有理由让大部分人害怕他。他上一次被捕入狱的理由是纵火，他闯入一间公寓偷东西，而为了掩埋盗窃的痕迹，他放了一把火，结果烧毁了多间公寓，还有一人因此重伤入院。他对此还解释道："我并不只是因为毒品而需要钱。我是为了付律师费，因为我还要在另一场盗窃案件中出庭。"

在那间小屋子里，他先是上下打量着我，然后问道："为什么你坐在那儿，而我却坐在这儿？"我一开始不太明白他的意思，于是他继续解释："你和我的童年都差不多，但你现在西装笔挺，可能还开着豪车，散会后就能离开这里。你坐在现在的位置上，这是怎么办到的？"

这个问题，经常在我的工作和生活中出现，一开始人们是出于好奇，后来我发现，正如他们所疑惑的那样，我原本也完全可能成为暴力世界中的一员，但我却走上了另一条人生的道路。一些经历童年苦难的人，成了对社会有益、拥有创造性的人，而另一些人，则成了反社会的罪犯甚至恶魔，这是为什么？

就像兄弟两个讨论"你为什么是个酒鬼？"一人的回答是："因为我的父亲是个酒鬼。"同时他反问对方："那你为什么不是酒鬼？"原先发问的人回答："因为我的父亲是个酒鬼。"

罗伯特·雷斯勒在《与魔鬼斗争的人》一书中，为这个问题提供了更多、更丰富的答案。他强调，青春期初期的经历，对男孩的影响至关重要。在青春期之前，男孩们的情绪因为找不到发泄的途径，可能会被压抑，变成沮丧和抑郁，但这种压抑只能是暂时的，会在某天以激烈的形式爆发。到了青春期，男孩们被赋予了自然界最强大的力量——性欲，因而这一时期的愤怒和叛逆会爆发出惊人的破坏力。然而，即便如此，雷斯勒也认为，如果有人在这个阶段能温柔地介入，让他们感受到温暖、关心和肯定，他们同样能遏制体内的恶魔，摆脱暴力的控制。

雷斯勒的研究，与瑞典著名心理学家爱丽丝·米勒的观点如出一辙，后者在《天才儿童的悲剧》一书中指出：如果在成长的特殊时期，孩子有着有效的人际交流，能对自己的价值有所认识，或者能从自己的不幸经历中走出来，搭建起人性的支点，那么，这对他今后的人生影响重大。

在孩子的经历中，他们身边的教师、教练、警察、邻居以及亲友们的善意，从来都不会白费。即使孩子自己或身边的人们此时无法理解善意的意义，但孩子却已经从成年人那里得到了鼓励，意识到了自己的价值，这一刻或许无人刻意记录，但孩子心中的那个全新的自我，却见证了这一幕。他不再是过去的弱者，不再注定应该受到忽视和暴力，在他的生活中，他不再是家长的负担，也不再命中注定无法摆脱自己的家庭，更不再必须强迫自己解救疯狂、迷醉或贫穷的家人。这个孩子已经脱胎换骨，人们通过他的精神面貌就可以知道，他正受到关爱，充满自信。

在我五年级的时候，我遇到了康威老师，正是他帮助我击败了身体中的恶魔。在我即将被暴力吞噬的时候，他向我表达了善意，并帮助我认识到自己拥有的天赋。他让我明白，人生道路还有另一种选择，堕落不是我唯一可能的未来。他用他的善意，帮助我重新找回了更早的自己——那个时候，我还是个被关心、被爱护和被鼓励的孩子。

遗憾的是，总有些孩子即使在年幼之时，也未曾受到过呵护。他们的记忆中没有可以回归的自我，也没有值得回忆的事件，可供他们安放他人的善意和认可，所以他们不会认为善意本该是自己人生的一部分。

很多父母，会用一种矛盾的方式对待孩子。他们有时会赞美孩子，有时会残忍地羞辱。这种方式会塑造出什么样的孩子？这就好像向天空抛了一枚硬币，落下时是正面还是反面，全由上天决定。

给予孩子最好的教育，就是让他们找到自我。而不健康的家庭，会在很多方面摧毁孩子，其中最令人痛惜的，正是摧毁了孩子的自我，使他看不到理想和自己的价值。没有自我，孩子在今后很难获得成功，很难接受挑战。更为关键的是，孩子会认为自己没有能力做好任何事，变得不敢冒险，也不敢承担责任。

马戏团训练大象的方式，也证明了这样的影响：人们用沉重的铁链绑住年幼的大象，链条被拴在深深埋入地下的木桩上。它们拉拽链条挣扎着，但链条太沉了，木桩又太深，所以慢慢地，它们放弃了反抗，认定自己无法获得自由。而也是从那时候开始，它们被改用纤细的绳索控制。当这些大象已经庞大到有能力掀翻马戏团帐篷的时候，它们却早就放弃了尝试。

当一个人认定事情无法成功的时候，事情肯定不能成功。而作为孩子来说，他们的这种笃定，往往来自于父母的打击："你不会有出息的""你太蠢了""你一无是处""没有谁会愿意接受你""你就是个失败者""你别痴心妄想了""你是我们婚姻破裂的原因""如果不是你，我可能还有机会"——这种残忍的戏码，此刻也正在很多家庭中上演。就像扎根地下的木桩和沉重的铁链，孩子们因为这些打击，触到了他们认为无法打破的天花板。而从这时开始，他们也失去了活出自我的机会。

情况并非绝无转圜，如果他们能意识到，自己完全有能力摆脱束缚，或者明白那些贬低自己的人都是错误的，自己绝非没有价值，他们也会对世界怀有积极的态度。

尽管越来越多的观点证明，除了家庭教育，基因也能影响孩子的成长，但成长环境的重要性依然应该被摆上首位。行为遗传学家欧文·戈特斯曼认为："在不同的背景和不同的环境中，同一个人可能会成为英雄，也可能成为匪徒。"所以，减少暴力最有效的方法，是给予孩子人性和关爱。

***

弗兰克·萨洛韦在《天生叛逆》一书中曾经说过："生活的不幸，经常强加在孩子身上。"这句话无须质疑，但还应该再加上一句才更为准确："羞辱和暴力，也常常被强加在孩子身上。"

不过，总有一天，这些被强加在孩子身上的东西会反射回这些施虐者自己身上。

一项联邦调查，以 1600 名过去遭遇虐待或漠视的孩子为研究对象，对他们进行了近 20 年的跟踪调查。到去年为止，他们中的半数已经被捕入狱，尤其令人警醒的是，其中很多都有杀父弑母的罪行。虽然，虐待儿童让成年人也付出了沉重的代价，但这样的行为却依然继续着。

想要阻止这一切，唯有做到尊重孩子，爱护孩子。

凶杀——听着很远，离得很近

The Gift of Fear

第十三章

这是一个周日的清晨。

好莱坞女明星丽贝卡·希弗听到了门铃声，但因为她公寓的对讲机坏了，所以，为了确认来访者的身份，她不得不亲自下楼到大门口。来访者是她的粉丝，通过她周播档节目《我的姐妹山姆》喜欢上了她。两个人简单地聊了几句后，男粉丝离开了。然而没过多久，门铃再次响起，丽贝卡再次下楼查看，发现还是之前的年轻男子。但这一次，他不再是她的崇拜者了，他掏出一把枪，朝着丽贝卡的胸口开了一枪。丽贝卡大声问他："为什么？！"之后就倒在了血泊中。当他站在那里俯视丽贝卡的时候，她还没有断气。他原本可以请邻居帮忙喊一辆救护者，或者自己叫一辆救护车，但如果他这么做，显然就违背了自己的初衷。

这是一个明星被疯狂粉丝谋杀的典型案件，在我们看来，这种信息或许和自己没什么关系，毕竟我们中的大部分，并非公众人物。然而，如果你仔细读完这一章的内容，就会明白，那些跟踪、威胁与伤害，其实也同样会出现在我们身上，和我们的安全息息相关。你或许没有如此疯狂的粉丝，但你也会遭遇到各种极端之人，他们时刻都能对你的安全构成威胁。而这一章的内容，则能让你充分受益，知道在与这样的人接触时，哪些做法是错误的，哪些则能为你带来安全。

喜欢你，所以要伤害你

鲁斯是一位 19 岁的姑娘，特别崇拜棒球运动员埃迪·维特库斯。虽然她从来没有与偶像见过面，却追随了其一生。

她对自己的偶像有多狂热呢？埃迪是立陶宛后裔，所以她尝试学习了立陶宛语；他是芝加哥小熊队的 36 号，所以她开始执着于这个数字；她收集关于埃迪的简报，睡觉的时候把他的海报放在枕头下；尽可能现场观看他的比赛。此外，她还给埃迪写了无数封信，虽然他从来没有回复过。每天晚饭的时候，鲁斯都会在她的对面多安排一个位置，并且不许家里任何人使用。她告诉她的姐姐："埃迪就坐在那。"

鲁斯的狂热行为，让父母越来越担心。他们带她先后去看了两个心理医生，但医生都说鲁斯没有问题，只要别总想着追星就行了。而鲁斯是一刻也不会忘记埃迪的，甚至当他转会到费城队时，鲁斯还声称如果他离开芝加哥，她就自杀。

她不仅开始和自己的朋友讨论自杀的话题，还真的走进一家典当行，买了一把来复枪。

到了 6 月的第一周，鲁斯似乎找到了比自杀更有意义的事情。她告诉她的朋友乔伊斯："你等着看周二的烟花吧！"她已经查到，这一天埃迪会按照费城队的行程计划，出现在芝加哥的海滩酒店。她成功地入住了这家酒店，还携带了一个行李箱，里面装满埃迪的纪念品，包括她曾经为了观看埃迪比赛而留下的票根。

同时，还有那把枪。

在酒店房间里，鲁斯给自己的父母写了一封寥寥数语的信："我希望得到你们的理解。我爱你们。事情解决了对大家都好。"但她紧接着撕掉了这封信，并扔进了垃圾桶。接下来，她开始给埃迪留言：

维特库斯先生，我们素不相识，但我有很重要的事情想告诉你。我觉得由我来向你解释这件事，对你最为有利。不过我明天下午就要退房，所以我非常希望你能尽快和我见面。我的名字是鲁斯·安妮·彭斯，我的房间号是1297-A。我知道这样做不合常理，但就像我说的那样，这件事很重要。请你尽快过来。我不会占用你很多时间，我向你保证。

鲁斯给了服务员3美元的小费帮忙递信。埃迪看到这封信的时候，他认为她可能只是个普通的粉丝，所以决定见面。而在房间里，鲁斯已经在自己裙子的口袋里放了一把小刀，准备在埃迪进来的时候捅向他的心脏，不过，埃迪从她身边经过的速度太快，没等她拿出刀，他就坐在了椅子上，并问："你找我到底什么事？”

“请等一下，我为你准备了一个惊喜，”鲁斯回答道，并走向衣柜拿出来复枪，然后说：“整整两年了，你一直在折磨我，现在你可以去死了。”鲁斯朝埃迪的胸口开了一枪。子弹刺穿了埃迪的肺部并卡在了那里，就在他的心脏下方。

埃迪后来活了下来，甚至还重新回到了体育赛场。

鲁斯被捕后，在向警方解释犯罪动机时说：“我深深地喜爱他，虽然我知道自己无法拥有他，但如果我不能得到他，其他人也不可以。我总是希望自己也能出名，我希望我的人生中能有一次被大众关注的机会，现在，我的梦想成真了。”

鲁斯制造的这起枪击案，的确成了当年的热点新闻，但这热度也只维持了一年而已。她酝酿的这场“烟花”转瞬即逝。

在鲁斯案中，还有这样一个细节，在描述枪击后的场景时，鲁斯抱怨道：“竟然没有人从自己房间里狂奔出来，我真的很生气。我跑去告诉酒店的人，我朝埃迪·维特库斯开枪了，但他们竟然不知道我说的是谁。之后，警察就来了，但一想到没有人从房间里跑出来，我就很气愤，估计我直接从酒店溜走都没人发现。”

鲁斯认为，被警方逮捕，肯定比淹没在人群中更好。

还有一件事情听起来不可思议，当鲁斯告诉自己的母亲，说她准备买把枪杀死埃迪·维特库斯时，她母亲的第一反应竟然不是阻止女儿，而是说：“你不可能做到的，没有女人能做到这些事情。”她的言论很快就被女儿鲁斯推翻了。

或许在两位心理医生都判断鲁斯没有问题之后，她的母亲就真的认为女儿身心健康，于是以为女儿的谋杀计划不过是随口一说的玩笑。如果这位母亲能够捕捉到女儿言语中的危险信号，那鲁斯的故事或许将有一个不一样的走向。

凶犯的共同标志：缺乏健康的亲密关系

为了更深入地了解凶杀者的心理，我到监狱中探访了杀害丽贝卡·希弗的凶手——罗伯特·巴多。

为了和他见面，我必须经过两道金属检测，并由监狱保安护送穿过几条漫长的绿色走道，每一层走道的尽头，都是一道有铁锁的大门。在细致的安检过后，一名狱警终于让我们进去了。最后，我被带到一间小型的牢房，两排座椅牢固地固定在地上。

我来狱中见的这名杀人犯，并不是那种以杀人为乐的变态杀手，他渴求的，是关注与名气。这个年轻人应该好几天没有刮胡须了，因此胡子拉碴，顶着一头稀疏杂乱的头发，看起来并不穷凶极恶。事实上，他更像是个行为古怪的青年。在他过去的人生中，他穿着白色的围裙，在汽车餐厅的后厨打扫卫生，就像他自己所说的那样，是一个“不善和人交往的怪人”。

我对他进行过深入的研究，所以和他见面的感觉，就像和我看过的书中的某个角色见面。虽然我知道他可能会说什么，但在我面前的这位青年，却依然不是一位只靠法庭文书或者精神报告就能概括的人物。

他在丽贝卡的公寓前爆发的杀意，在这间牢房中已经消失殆尽。他没有给我造成压迫感，也没有多数杀手那种死寂的、让人一看就心生寒意的双眼，他甚至不愿意和我对视。

在见到我之前，巴多已经接受过无数次审讯，对很多问题早已有了固定的答案，所以，我决定不去引领话题，而是让他主动开口。这是一场考验耐心的等待，有整整 15 分钟，我们就坐在那里一言不发。

终于，巴多抬起头看着我，认真地盯着我的脸说："亚瑟·杰克森让我给你带个信。"亚瑟·杰克森是女演员特雷萨·萨尔达的疯狂跟踪者，并残忍地用刀刺伤了她。当我为警方出庭时，他诅咒我"下地狱吧"。

"他希望你能和他见面。"

"今天不行。"我回答道。

"那你为什么想和我谈？"

"因为你有我想知道的东西。"

"我希望能帮助别人，避免他们和丽贝卡·希弗有同样的遭遇。"巴多这样表示。

他故意选择这样的措辞，试图让自己置身案件之外，但我不会让他就这么躲避过去。

“发生在丽贝卡身上的事情，可不是‘遭遇’这么轻巧。你说得好像她的死是一场意外。”

“不，不，是我杀了她。我朝她开枪了，我希望帮助人们躲开像我一样的杀手。”

“你这么说，是觉得还有像你一样的凶手？”

他的神情有点惊讶，似乎这早该是显而易见的事实：“当然有。确实还有很多像我一样的人。”

然后，他又陷入了沉默，过了很久才对我说：“我不是个怪物。电视里总是把我描述得很吓人。”

我看着他，点了点头。

他接着说道：“我曾经确实很可怕，但现在不是了。那段记录我如何枪杀丽贝卡的录像，让我看起来像是世界上最差劲的杀手，但我不是最差劲的。”他很关心他的公众形象，特别是他在杀手中的地位。

几乎和所有现代杀手一样，巴多仔细研究过他的那些杀手“前辈”。他曾经写信给马克·查普曼，问对方为什么会杀约翰·列侬，而两人还因此有过简短的通信。“就算他阻止我的计划，”巴多表示，“估计我也会跟着狂乱的情绪走。情绪是很重要的，尤其是失控的情绪。情绪正常的人，是不会伤害其他人的。”

巴多还细致研究了亚瑟·杰克森的案件——犯案者就是后

来请他给我带话的那个人。杰克森雇了一名私家侦探来确定受害者所在的位置，所以巴多也如法炮制。杰克森使用了一把小刀，所以巴多在最初杀害丽贝卡的计划中，也准备了小刀，并一直带在身上。杰克森为了追随受害者奔袭千里，有时还会故意绕些远路，巴多也是如此，而几乎所有的杀手都曾这么做过。最后的结果就是，这两个来自美国大陆的两端的人，最终在同一所监狱里相会了。

巴多曾在警方的要求下，录制了一段视频，其中透露了他为了袭击丽贝卡·希弗而做的大量研究。他表示她身边的安保措施很不到位："看起来，她并不像有加文·德·贝克尔或其他人的帮助。"可见，他细致研究过明星都如何保护自己的安全。

现在，巴多希望通过向我主动提供建议，而把自己和其他杀手区别开来。他觉得他能成为帮助人们躲避危险的"反凶杀者"。当然，巴多现在确实算得上个"知名"杀手，然而他却并没有因此而高兴："我从这起事件中积累的名声，只为自己带来了威胁和骚扰。媒体故意扭曲了我的形象，他们不顾我的隐私，没完没了地在电视上拿我做话题，我为他们赚了钱，而他们呢，却把我描述成一个连我都没见过的人。"

对于媒体称他为离群索居的人，巴多十分不满，尽管这项描述其实很和他相符。巴多没有朋友，也没有浪漫地和女孩接过吻（几乎可以肯定的是，他今后也没有机会了）。而许多凶犯的共同标志，都是缺乏健康的亲密关系。

巴多的那位狱友布雷蒙，曾在行凶前的几个星期打算摆脱处男身份，因为他知道，自己接下来做的事，会被判死刑或终身囚禁。所以，他找了一个妓女，但这次尝试却非常尴尬。他在日记里这样记录：“虽然我现在还是个处男，但我很感谢她，让我瞥了一眼什么是性。”

虽然这听起来很古怪，但大多数凶犯所拥有的最亲密的关系，正是建立在他们袭击的对象身上的。通过跟踪，受害者成了他们最为熟悉的人；通过枪击，受害者在某种意义上与他们有了连结。布雷蒙在日记中，记录了他和他第一个想要袭击目标——美国总统理查德·尼克松的关系。当他追随着总统在美国各个州之间穿梭时，他在日记中对尼克松的称呼，也变得越来越亲密，从“总统大人”到“他”，再从“尼克松”到“尼奇”，最后他干脆直接称尼克松为“尼奇小子”。

携带刀具的攻击者，对受害者投入的情感更为热烈。谋杀犯兼作家杰克·艾伯特，在他的《在野兽腹中》一书中曾这样描述：“当你握着手中的小刀时，你能感受到他的生命在颤动。这种感觉席卷了你的全身，这是粗鲁的谋杀行动下，最温柔的核心。”

巴多残酷的行为，带着最悲哀的讽刺，他伤害的，是世界上唯一给过他温暖鼓励的女孩，丽贝卡·希弗曾对他的来信进行了友好的回复。

巴多回忆：“她是以个人名义回复的明信片，她在上面写着：

‘罗伯特，你的来信，是我迄今收到过最友好和最真诚的信件。’她强调了‘真诚’。她还写道：‘请保重’，还画了一个爱心的图案，并署名“丽贝卡”。她的回复，促使我想从她身上得到更多回应。”

我问：“对于预防凶杀，你有什么好的建议？”

巴多：“对你所写的每一个字，说的每一句话，都要慎重。如果你一定要回复一个不熟悉的人，也不要过于感情外露，这不是交流的正确方式。因为，这会让他们误以为自己是唯一被你如此看重的人，这也是我曾经的感觉，我感觉我就是那唯一的人。”

兽性凸显，是因为失去了人性的支点

法国作家左拉在《人兽》一书中，描写了这样一个男人，他文质彬彬，很有修养，但可怕的是，每当他看见女人美丽的胴体时，都抑制不住产生出想要杀死她的冲动。

巴多与左拉笔下的人物很相似，他们都无法正常地去欣赏美，也无法与别人建立起亲密的关系，因为他们人性的支点失去了支撑。前面介绍过，巴多的童年非常凄凉，父母养育他就像养育一只动物，他经常遭受监禁，一直生活在孤独、焦虑和漠视中。

在“人性的八个支点”中，第一个是“我们渴望和他人建立关系”，第四个是“喜欢得到认同和关注”，但这两个支点对于巴多来说，早在童年时期就坍塌了。在与巴多的谈话中，我清楚地认识到，在他杀害丽贝卡之前，他人性的另外两个支点也相继坍塌。

有一次，巴多前往演播室时，他向保安主管解释了他对丽贝卡·希弗的爱慕，并表示自己是从亚利桑那州过来看她的。主管告诉他：丽贝卡不想见他。巴多说：“我和演播室的保安发生了冲突，我把对他们的情绪，发泄在了希弗身上。”

我问：“具体是什么情绪？”

巴多说：“愤怒，极度的愤怒，因为他们轻蔑地对我说，‘不，你不能进来，从这儿出去，快离开这个地方，她不想被打扰’。”

实际上，巴多在愤怒之前，首先感受到的是被拒绝、被嘲笑和羞辱，而这恰恰又击垮了他人性的第三和第六个支点：不喜欢被拒绝，不喜欢被嘲笑和羞辱。

当人性的这些支点纷纷坍塌之后，为了回击别人对自己的忽视，证明自己的重要性，巴多便开始铤而走险。

认为自己重要，这是人这种生物发自内心的渴求。在《拒斥死亡》一书中，作者厄内斯特·贝克尔观察到了自恋的无处不在，他认为，每一个孩子的“所有细胞都叫嚣着天生的自恋，渴望成为卓尔不群的人”。

厄内斯特认为，我们都在为自己的平凡生活寻找英雄事迹，他还认为，对一些人来说“这是渴求荣誉的呼号声，就像猎犬的嚎叫一样司空见惯，发自本能”。不过，对于那些人性支点已经坍塌的人来说，为了证明自己的重要性，他们就像被饿了一辈子的人，饥不择食，即使用血腥和邪恶的方式也在所不惜。因为他们认为，暴力是最快能引起别人关注、证明自己重要的方式。

杰克·艾伯特是这样表述的：“当他们像困兽一样被戴上手铐脚链时，他们无法抑制心中的自豪和喜悦。这一刻，世界的关注点在他们身上，他们是能够威胁这个世界的人。”

巴多承认了这一点，他用了一发子弹，来证明自己的重要。他还自以为从此之后，再也没有人会轻视他了，而他的名字能永远与受害者的名字联系在一起。

然而这一切，也不过是他的幻想。

一次人与兽的心理较量

与其说凶手没有人性，不如说他们人性的支点失去了支撑，心理已经失常，试图用触目惊心的犯罪来吸引别人的目光。从这一点来看，凶手与冒险家的心理有些类似。

对于一个想要飞越峡谷的人来说，峡谷对面等待他的是名誉和关注，他选了一辆摩托车，为车身刷上醒目的颜色，穿上艳丽的皮裤和皮衣，准备好了斜坡，通知了媒体，在峡谷边摩拳擦掌……如果他没有到达峡谷的另一边，整件事就失去了光芒。但如果他成功了，媒体就会把他包装成勇敢的英雄。而人性失去支点的人，则会通过犯罪来获得存在感，渴望一鸣惊人。

亚瑟·布雷姆写道："我想要的是名声大噪，而不是几声噪音。我厌倦了失败，一次又一次的失败。"与我们所有人一样，罪犯也希望获得成功，所不同的是，他们选择的方式是邪恶的。你会发现，凶手并不担心自己入狱，但他们担心自己的计划落空，巴多也不例外。他做了充分的准备，研究了其他杀手的行动，他调查了他的袭击目标，制定了袭击计划，在行动之前还准备好了相关信件。但就像冒险家一样，巴多之前只是在快餐店工作的无名小卒，直到他奋力一跃，腾空飞起，最终到了峡谷彼岸——杀死那位明星。在峡谷的另一头，他的青云大道等着他，在那里，用他的话来说，他终于和那些名人"平起平坐"了。当然，这不过是这类罪犯最典型的幻想，他们永远不会成为正常人眼中的英雄。

罪犯的这种心理即使在监狱里，也不一定会改变。

罗伯特·雷斯勒是美国联邦调查局（FBI）的一位心理和行为分析专家，他生命中的大部分时间都被用在研究和访谈血腥杀手。当我在监狱中与巴多谈话时，看着戒备森严的牢房，不由得想起了他的一次遭遇。

雷斯勒曾三次采访致命杀手埃德蒙·肯珀。肯珀身高 2.06 米，体重超过 136 公斤，堪称是一个小巨人。他杀死过 10 个人，手法相当残忍，其中有几个受害人都身首异处。

雷斯勒最后一次和肯珀谈话的情形尤其不同寻常。他们这次谈了 4 个小时，在访谈快结束时，雷斯勒按下电铃，通知警卫把他带出去。但过了好一阵子，仍然不见警卫出现。大约 15 分钟过后，雷斯勒又按了一次电铃，但警卫依旧没有来。他接着再按了一次，还是没用。肯珀一定是看出了雷斯勒内心的担心，因为从当时的录音，我听见肯珀对他说："不用紧张，他们在换班，也许是在用餐。大概再过 15 或 20 分钟，就会有人来带你出去了。"

肯珀停顿了片刻，说道："如果我现在发起狂来，你的麻烦就大了。我可以把你的头扭下来，放在桌上，然后再去对付警卫。"

肯珀说的没错，以他的体型，加上丰富的杀人经验，假如他动手，雷斯勒真是连一丝活命的希望都没有。肯珀杀人成癖，被压抑了那么久，现在有一个活生生的人摆在他面前，他会不动心、不想铤而走险吗？面对肯珀的恐吓，雷斯勒的回答是："要是你敢杀 FBI，你会吃不了兜着走。"不过，已经被判了 7 个终身监禁的肯珀却对此嗤之以鼻："他们还能把我怎样，取消我看电视的待遇吗？"

接下来的 30 分钟，无疑是一场心理的角力赛，雷斯勒运用了他对人类心理的全部知识去和肯珀周旋。在他们的辩论过程中，肯珀一度承认，如果他把雷斯勒杀掉，就会被关在禁闭室里，而被关在禁闭室里的滋味实在很不好受；不过，他立刻又补充说，如果这样可以换取一条FBI人员的命的话，那可是他最值得炫耀的一件事情了，很划算。

雷斯勒吓唬他说："你不会真的以为我敢不带防身武器就坐在这里吧？"

但肯珀显然比谁都清楚这一点："他们不会让任何人带枪进来的。"这是事实。但雷斯勒又向他暗示，FBI探员有别人所没有的特权，而且，他能带的武器也不见得只有枪这一种。

肯珀不吃他这一套："那你带的是什么，难道是一支会喷毒液的钢笔不成？"他们就这样你来我往互相过招。终于，警卫来了。在被带出密室的时候，肯珀用一只大手搭在雷斯勒的肩上说："我刚才不过是跟你开玩笑罢了，你不会当真吧？"

不过，肯珀并不是在开玩笑，因为雷斯勒的确处在危险之中。

雷斯勒的经历似乎印证了这样一句话：凶杀听着很远，离得很近。

极端危险下，我们如何安全逃生

The Gift of Fear

第十四章

安全，必须由自己去争取，由自己亲手来打造。

——威廉·华兹华斯

我们每个人在生活中，都会遇到令我们害怕、或者可能对我们带来危险的人。

下面这个例子则更为特殊，它属于极端危险情况——包括了这本书中所囊括的所有危险因素。希望我们每个人都能从这个案件中得到经验。

最可怕的莫过于，自己是名单上的下个目标

7 月 20 日，大约下午 4 点左右，我正在洛杉矶的一家酒店里准备和一位客户见面，她刚刚结束了一场公开表演。当我走向酒店大厅的时候，看到专门负责这位客户的同事在向我不住招手。他告诉我，公司要告诉我一件极为重要的事，并建议我立刻坐上公司的专车。这让我意识到事情非同小可，因为我们公司在酒店外待命的专车，是专门用来应对客户突发事件的。

果不其然，我收到的报告令人非常惊恐："路易斯安那州詹宁斯县的警察发现了五具尸体，均死于手段残忍的凶杀。而首要嫌疑人是迈克尔·佩里。"听到这个名字，我立刻将当天和未来 30 天的行程都取消了。

***

这不是我第一次听到佩里的大名。迈克尔·佩里一直被我

们公司长期关注，虽然，他只是成千上万疯狂粉丝中的一员，但却是危险指数极高的那种。

佩里迷恋的，是一位国际知名的影视明星，她不仅是我的长期客户，更是和我关系很好的朋友。我们公司专门安排了一组安保人员保护她的安全，而这样的保护已经持续了一年。之所以安排全职保镖，不仅是我们认为佩里可能会出现在她家，还因为另一个跟踪者拉夫·诺对她同样有威胁。而在接到报告的那一天，总部同事和位于客户住宅守卫的同事不断互通着简报，无线电对讲机的嗞嗞电流声一直没有停息过。

通常来说，针对公众人物的威胁并不少见，但大多数事后证明是虚惊一场。但迈克尔·佩里的事件是彻底的例外。以往，我们不会把调查到的信息告诉客户，以防影响他们的正常生活，但佩里的事情，已经紧急到不得不让客户自己做好准备。尤其是，在我接到一个电话、被告知了一个重要细节后，我立刻通知我的客户：准备好几天的行李，半小时内我会和她会合，一起前往酒店。按照目前的状况看，即使我们有一整组精锐保安，也不能确保她的住宅绝对安全。

当我赶到客户所在的街区时，警方已经封锁了道路，当地治安的直升机轰隆隆地在天空盘旋。几分钟后，我们带着客户坐车离开她家，身后紧紧跟着安全保卫小组的车，我则一直回答着她各种充满焦虑的问题。我们将在酒店和另外两名安全保卫人员见面，然后穿过卸货区从货梯上楼进入房间。她套房附近的客房，被我们改装成了临时的安全指挥中心。

是什么让我突然决定提高安保等级？起因是凶案现场被发现的一张纸。

当我的两名同事到达凶案现场时，尸体已经被转移，但现场依然可以见到血腥和暴力的痕迹。在这间屋子里，佩里用枪打爆了他父母的眼球，他还杀害了摇篮中的外甥。之后他闯入其他人家，又杀了两个人。

在他父母的客厅里，墙边的暖气片被他打了好几枪，而事后证明，这个细节和打爆父母的眼球一样，很有深意。

让我悬心的，是尸体附近发现了的一个小本子。这是当地的干洗店为了促销而印制的，最上面的一张纸上，佩里列出了一些人的名字，有的被划掉了之后，又被重新写了上去，有的名字和其他名字用线条连接，有的名字被圈了出来，有的下面被画了横线，有的写在同一竖列里，而其他的分成了三个一组或四个一组。这些名字和连线，展示了佩里缩小袭击对象范围的思考过程，他最终决定杀害其中十个人。这些人从来没有意识到，他们已经成了迈克尔·佩里谋杀清单上的“胜出者”，更不会意识到，在路易斯安那的一座幽暗的小房子里，有一个男人在杀掉三个亲人后，坐在尸体旁专注地考虑他们的生死问题。

佩里在已经被他杀死的人的名字附近写下了“天堂”这个词语，同时，他把没有进入最终名单的十人名字划去了。当他做完这些后，我的客户的名字还保留在上面。

这意味着，我的客户，很可能就是他下一个目标。

也正因此，我们不仅提高了客户的安保等级，还开始挖掘佩里的历史。而一个完整的佩里逐渐出现在我们眼前：我知道了他有着患有神经分裂症的姐妹；他曾咨询过的医生告诉我，他制定过一个“十人”的杀人计划；他还和一位心理学家表示过，我的客户是“应该被杀死的恶魔”；邻居家的小男孩告诉我，佩里砍下了他自己家狗的脑袋；从图书馆的管理员那里，我得知他一直在看逃生类书籍；我还从验尸官那里，得到了佩里在案发现场留下的脚印的石膏模型。

很快，我成了世界上最了解佩里的人。

关于眼睛的故事

佩里的父母从很早之前，就有预感他们会死在儿子的手下。于是，只要佩里进城，母亲就会把自己锁在房间里，除非丈夫在家，否则她不允许佩里踏进家门。他们还把家里的枪藏了起来，只要佩里上门纠缠，他们就给他钱，打发他离开，只有佩里离家前往加利福尼亚州之后（为了寻找我的客户），他们才能睡得安稳。

佩里是什么时候对父母产生了杀意？他为何要如此对待自己的至亲？这大概要追溯到他 6 岁那年，而一切的起因，都是因为“眼睛”。

从佩里 6 岁开始，父亲就告诉他：“即使我去上班了，家里也有我的眼睛。”而佩里发现，每天父亲下班后，确实对他的事情了如指掌，连是否上路骑过自行车这样的事都知道。而这全是一名邻居的功劳，她每天从自家的门廊窥视佩里的行为，并且把情况全部汇报给佩里的父亲。

在佩里 7 岁那年，他的父母不仅用眼睛监视他，而且开始羞辱并伤害他。一天早上，母亲进入了他的房间，用一种充满厌恶的眼神看着他，佩里也注视着母亲，然后，母亲偏了一下头，不屑地耸了耸肩膀，之后狠狠地把他推向了墙边的暖气片。暖气片弄伤了佩里的腿，丑陋的伤痕成了他屈辱的象征。以至于后来暖气片造成的伤口已经愈合了，佩里却依然在腿上缠着“爱司”牌绷带，并拒绝在他人面前解开。也正因此，佩里在杀人那天破坏了家里的暖气片，这是一场迟到了 20 年的复仇。

母亲的蛮横，改变了佩里的一生。他开始变得举止诡诞，比如，他喜欢别人给他起的外号“螃蟹”，但之后他又雇用了律师，想通过法律途径把自己的名字改成“眼睛”。每个人都觉得，这只不过是他诡诞举动中的一个，但这次改名，其实隐藏着重大意义。在佩里的人生中，一直都在试图躲避这些眼睛的监视与伤害；他想化身为“眼睛”，是因为这让他感到自己拥有了强大的力量。而他最终选择的方式，则是在 7 月 19 日这天，打爆了他父母的眼睛。

佩里之所以要杀死我的客户，也是因为眼睛。在他被捕后，曾亲口告诉我，因为我的客户在饰演一个角色时，露出了充满厌恶的眼神——和他 7 岁那年，在他妈妈脸上看到的一样。

除了无所不在的眼睛，佩里的童年还充斥着其他让他恐惧的事。他家的屋子建造在高高的地基之上，对孩子来说，这样的房屋结构难免引发不安，孩子们往往会猜测房子下藏着些什么。然而，佩里这种正常的恐惧，从未在父母那里得到过安抚，于是他的恐惧变成了一种幻觉：地板下有一间牢房，无数尸体正在向上漂浮。

就是在这样的环境下，佩里慢慢长大，很快，他的父母已经不能对他动手了，于是，他转过来开始对父母实施暴力。因为童年时，自己总是活在强势母亲的阴影下，所以当成年后，他残忍地殴打了母亲，并因此被捕，随后送进了一家精神病院。很快，他从医院中逃走，并重新回到母亲家中。当地的治安人员找上门来，而佩里母亲的强势与专横在这时忽然爆发了，她轰走了这些想要帮助她的人，而下一次这些人再次造访时，她已经被自己的儿子杀害了。

因为长期活在母亲的威压下，导致佩里对女性充满了敌意。在他的目标名单上，还有一名知名的女性，她叫桑德拉·奥康纳，当时刚刚被任命为美国首位联邦最高法院女法官。为什么她也引起了佩里的关注？“因为女性不该凌驾在男性之上。”佩里后来是这样解释的。

佩里事件发生后不到24小时，社会学家沃尔特·里斯勒也动身前往路易斯安那州，他在暴力行为预测领域成就斐然。在佩里的家乡，他采访了其他家庭成员，阅读了佩里的书信，并研究了其他相关证据。里斯勒发现，谋杀现场为解读佩里的疯狂行为提供了充分的信息。佩里把客厅的婴儿床布置成了一个神龛，里面放了一个十字架、一个枕头、三张正面朝下的家庭照片、圣母玛利亚的墙饰，以及一个瓷质螃蟹。这里面的每一样东西，对于佩里而言都有着重要的意义。

按照佩里的名单，我们大概可以划定出他将要前往的地点。但难点在于，我们并不知道他想如何接近他的目标，以及他的心理承受能力有多强。

一天深夜，当我坐在办公室再一次回顾案情资料时，我发现一封报告中显示，詹宁斯县图书馆丢失了一本书，而这本书是追踪专家汤姆·布朗所写的。那时候我们已经知道，佩里曾经借阅过布朗写的另一本书《追踪》。于是我们猜测，佩里或许利用了从书中学到的反追踪信息，正潜伏在客户家后面的山林里，或就在我们走过的小路旁的几米之外，只是被我们遗漏了。

我想，我知道谁能帮我们解决这个问题。

我找到了《追踪》的作者汤姆·布朗，他曾经写过大量关于追踪和人类天性的书籍，也曾被邀请追踪各类危险的歹徒。我找到他时，他早已经不再热衷这些事了，但经过一个小时的电话联系，我还是说服他飞往洛杉矶帮助我们搜寻迈克尔·佩里。在我开车送他上直升机的途中，他问了一些关于佩里的问题：佩里喜欢吃什么食物？佩里习惯吃肉吗？佩里抽烟吗？佩里穿什么鞋子，穿什么衣服？佩里的头发是什么样子？

在我们达到洛杉矶后，布朗开始施展他身为追踪专家的能力。他从环绕我客户住宅的马里布山脉上方，搜寻任何佩里出现的痕迹。几个看过佩里照片的消防队员告诉我们，几个月前，他们曾经发现佩里搭建临时帐篷的地方，于是汤姆从直升机上认真观察这片区域。当进入实地搜查时，能看出布朗是不折不扣的追踪大师，他能指出哪里有人曾经经过，哪里有人露宿过，哪里有人逗留过。他的直觉，来自一些会被大多数人忽视细微的线索，和别人根本无法读懂的信号：倒下的芦苇、不平整的石子、泥土中的痕迹等。

一名安保人员的背包里始终装着佩里脚印的石膏模型，这是从案发现场外面的泥土中采集到的脚印。布朗不时要求安保人员拿出模型，让他和地上一些细小的压痕进行对比。

一天下午，无线电通信告诉我一个消息，距离客户住宅一英里左右有情况发生。据一位当地居民表述，有个陌生人上门向他询问关于“知名电影明星”的问题，然后，这个人就一路步行上山了。我火速赶回客户的住宅，我必须要比那个步行的男人先到达。当我赶到时，当地警察已经和公司的安保人员会合，我们大约等了 30 分钟，之后警犬开始咆哮，并向山上跑去。

所有人都紧紧地跟在警犬后面，很快，出现在我们面前的是一个企图爬过树丛的男人。一些警察向他的身后跑去，一架警方的直升机也从天而降，在他头顶盘旋。一瞬间大家都兴奋起来，入侵者被按在了地上，戴上了手铐。我跑上前去为警察识别对方的身份，默默希望对迈克尔·佩里的搜寻可以就此结束。他被拉了起来，坐在地上，面朝着我，我立刻辨认出他的身份，他不是迈克尔·佩里，而是另一位痴迷追求我客户的粉丝，我们之前打过交道，他一直希望能和我的客户结婚。

虽然他的出现引发了如此大的阵仗，但他并没有恶意，只是想来他心中的圣地——她的住宅看上一看。可他真的很倒霉，恰恰选在了此时拜访，当他被带向警车的时候，嘴里还一直重复着："这里的监控竟然会这么严格。"

第二天，我们又得到了新的线索。三名安保人员凭借布朗教给他们的追踪技巧，在客户住宅附近发现了可疑的痕迹。我们一直跟着这条痕迹穿过一条水沟，进入了黑暗的丛林。在深夜的密林中，我们一方面希望能找到佩里，但另一方面，又暗暗希望不要在这里遇到这个危险的人。很快，一座由树枝和木柴搭建起来的藏身处出现在我们面前，当我们慢慢逼近小屋时，却发现里面空无一人。

在屋子里，我们找到了有人居住的痕迹，这里有一把叉子、几根火柴，以及一种叫流星锤的原始武器（是用一根有一定长度的绳子把两块岩石系在两端制作而成的），并且还能看出，这个人正在关注我的客户：在一堆脏衣服中，我们找到了一张她专辑的外壳。当我们慢慢爬出小屋时，我们能够发现树林被砍伐出了一些空隙，通过空隙，我们可以直接看到我的客户每天出门的路线。如果是迈克尔·佩里住在这里，他可以从这个角度监视她。

没过多久，有脚步声逐渐接近小屋。在月光下，我们屏住了呼吸，盯着那个男人慢慢走来。男人的头发乱糟糟的，头上戴着树枝和树叶做成的皇冠，当我们扑向他的时候，他开始叫嚷："我是国王，我是国王！"之后他就被戴上了手铐。不过，他还不是佩里，依然是我客户的其他追求者。

两次抓捕，两次却都没抓到佩里。我们更加抓紧了在当地的调查，不仅每天询问是否有居民看到过佩里，还请店员们在发现有人询问我们的客户时，及时通知我们，同时还特别请求图书馆关注并协助。

在调查佩里父母的通话记录时，我发现了一条让人毛骨悚然的信息。六个月前，有一篇新闻提到了我的客户经常在比弗利山庄的一家商店出现，而通话记录显示，佩里曾经在这家店外的电话亭给他的父母打电话。

而就在这个时候，社会学家里斯勒找到了新的线索，在深入研究佩里的幻想和错觉之后，他认为华盛顿特区和马里布会是佩里的目标，因为两者都是《圣经》中因其居民罪恶深重而被神毁灭的古城。在权衡了所有已知信息之后，里斯勒的预测是佩里正在前往首都谋杀奥康纳法官的路上。根据里斯勒的预测，我联系了华盛顿当地的凶案调查员基尔卡伦，邀请他一起参与这起调查。

一时间，我的团队开始在不同地点寻找着这个男人，从我们现在掌握的所有资料看，这个男人是个经验丰富的跟踪者，他内心扭曲，凶狠异常，并且有 5 条人命在身，早已经无所顾忌。而此时他正隐藏在某处，一步步朝着他的目标走来。

最公开的犯罪，也是从最私人的问题引起的

经过整整 11 天的搜索，直到 7 月 31 日，才终于尘埃落定。

那天，华盛顿特区的警察接到了一则报案：在一家破旧的旅店里，一名入住者被人举报，说他偷了其他入住者的收音机。一名警察被派往前去审问，站在他面前的，是两个颓废落魄、又互相看不顺眼的怪人。经过调查，警察没有发现有偷窃行为发生，于是，他准备例行公事地查一下俩人的身份，然后就可以结束这起鸡毛蒜皮的小纠纷。可是，很快这名警察就发现，站在他面前的其中一个，正是被全国通缉的杀人狂迈克尔·佩里。

不到一小时，基尔卡伦就从华盛顿给我打来了电话，说他们已经抓到了佩里，问我需不需要和佩里通个话。我毫无思想

准备，没想到这位两周内一直占据我大脑的杀人犯，此刻正在电话的另一端。

来不及有太多思考，我直接进入了和佩里的谈话。

我问他，是不是曾经去过我客户的家里，佩里毫不犹豫地否认了，就像油腔滑调的街头骗子。

佩里：先生，我并不认为自己去过她家。

我：真的吗？

佩里：没错，这就是我的答案。

我：难道你从来没有去过加利福尼亚吗？

佩里：好吧，我只是到海边游了游泳，还进行了野营。仅此而已。

之后，我还没有发问，他就主动告诉我，为什么我的客户成为他想杀害的对象："她在那部电影中，每次转身之后，她的表情都不一样。你知道吗，她看起来就像当年我母亲的样子。那部电影里的面容让我想起了那一年，想起了我母亲的眼睛，那件事彻底毁灭了我。"

他回忆的，就是暖气片事件发生的那天，当时被灼伤皮肤的记忆，而今依然灼伤着他。之后，他很快转移了话题，但一直继续坚持说没有去过我客户的家里。罪犯拒绝给他人提供想要的信息，是很普遍的现象，原因很简单，因为这是别人想要的，所以他们会故意不给。但之后，他却准确描述了我客户家的大门。

佩里：他们安装了一个类似汽车电影院入口一样的东西（其实是大门对讲机），只要按下按钮就行了。机器还会发出红光，我猜这是因为房子下面有个很大的地下室。我按了门铃，但只伸出了一个摄像头，其他什么都没有。我告诉自己：这不是我要找的地方。我有种很强烈的感觉，我猜她不住在这，因为这真的太古老了。

佩里沉默了下来。当他再次开口时，话题变成了自我陈述。在他直白的表述中，他细致地描述了他内心的经历。

佩里：我其实不想回忆这件事，但它出现在了我的大脑中，是主动浮现出来的，没有任何事情给过我这样的刺激。你知道吗，甚至现在，这种刺激还在。

他又沉默了一会儿，而我没有吭声。

他突然说：在HBO电视台她的特辑中，我看见过她的眼睛会变色，他的眼睛变了很多种颜色。

我问：她的眼睛看起来怎么样？

佩里接着说：十分让我讨厌。那个女孩可能是个女巫，如果她听到我现在说的话，很可能会做一些伤害我的事。我只是在陈述我见到的情况，她的眼睛看起来确实像我的母亲。我不想再想这件事了，只有忘了这件事，我才能得到解脱。杂志不该刊登她的住址，这很不好，我也不敢和她见面，因为她让我感到害怕。因为这件事，我总是失眠。

我又问他：如果你在她家见到了她，你会怎么办？

佩里回答：我从来没有想过，她已经有了男朋友，所以我不会和她关系太近。不过现在我被抓了，所以你应该知道，如果警察发现她家出了事情，比如进了小偷，可不能赖在我头上。

佩里再次陷入沉默。显然，虽然他用枪打爆了自己母亲的眼睛，但这并没能让他驱散心魔。

我试探着问他：你不喜欢这个话题，是吗？

佩里：是的，非常不喜欢，这是最糟糕的事情。她转身露出那张丑陋的脸，那张脸和她以前的样子完全不一样。她看起来像我的母亲，这简直就是一场灾难，当时我就关掉电视离开了。现在，我不想再继续讨论这个话题了，那张脸已经占用了我太长时间。这已经足够了，我不想继续谈下去了。

他的声音开始变小，之后他挂了电话。我坐在办公桌前，感觉恍如隔世。

没有监视，没有枪击，没有特殊突击队，这场让我和同事们费尽精力的紧急情况，随着一通电话结束了。我千方百计想要明白他为何这样做，而刚刚在电话中，他直接把原因告诉了我。

我走出办公室，告诉还在忙碌的同事们："我刚刚和迈克尔·佩里通完电话。"大家都觉得不可思议，确实，如果作为一个笑话来说，这个笑话一点都不好笑。

第二天清晨，我飞往华盛顿，前去了解用于起诉佩里的证据，下一步的工作，是要确保佩里被定罪。

佩里选择的阿奈克斯酒店，是一家廉价并狭小的酒店，当我们赶到那里后，我顿时明白了他把大部分钱都花在了哪里。他把自己入住的136号房间，变成了一个令我们惊讶的世界：在那间狭小的房间里，佩里安装了九台电视机，所有电视都连接了电源，而且画面都是静止状态。在其中一台电视上，他用红色的标记留下了"我的身体"这几个字。他还在好几台电视的屏幕上画上了巨大的眼睛。其中一台电视的侧面，他用粗体写着我客户的名字。这是一个扭曲、暴力、疯狂博物馆。

欧文·特拉汉是负责佩里杀人案件的警探，他来到华盛顿将佩里转回他的家乡受审。通常，这类罪犯将乘坐商业飞机或乘坐"空中监狱"（美国运送全美最危险的罪犯而专设的飞机，由美国法警专门负责），但特拉汉和他的同事决定开车押送佩里回路易斯安那。这个不同寻常的三人组合，从佩里前往华盛顿的高速公路上一路返回。在沿途的旅店中住宿时，警探们轮流看守佩里，而佩里一路都没有合眼。在他们完成了两天的行程之后，佩里请求他们向我转达一条信息。这是关于我的客户的信息："你最好每天 24 小时每分每秒都盯着她。"

还有一件事，可谓是个莫大的讽刺。佩里还告诉警探，如果他的案件被移交到美国最高法院的桑德拉·奥康纳手里，那么"我根本没有机会翻身，因为那是个女人"。

在佩里重回路易斯安那之后，我们安排了里斯勒在监狱中和他见面，来处理他对我客户的恶意威胁。佩里显得很焦躁，他这样解释道："告诉她别老躲在希腊。这就是我现在能告诉你的。我病了，病得很严重，我的大脑像装满了呕吐物。"

为了让这次谈话继续，里斯勒提了一个会让佩里感兴趣的话题：电视。佩里回答说："兄弟，电视真是糟糕透了。我看不懂现在的电视在演什么，只有那些什么节目都没有的频道，我才能看出意义。"

之后，佩里请他的律师暂时离开，说想和里斯勒单独聊一会儿。他伸手握住了里斯勒的手，说如果他不能从监狱出去，那么会引起严重的后果，如果他被判处死刑，那么一颗藏在附近镇上的沼泽中的原子导弹将被引爆。"所以你看，让我出狱对所有人来说都很重要，我不过是想拯救生命而已。"

最后，佩里站了起来，见面也到此结束，他还在抱怨着："哦，兄弟，你看见我的脑子有多糟糕了吧，像有人刚在里面吐过一样。"

佩里并不是假装精神失常，这是他真实的表现。

***

当我回到洛杉矶后，我收到了一封奥康纳法官的来信，她对我在此次事件中的帮助表示感谢，并感叹道：“总有人在真实地威胁着别人的安全。”

后来，佩里又以一种机缘巧合的方式，出现在了她的视线里。狱警命令医生给佩里服药，这样他就能在被执行死刑的那天神志足够清醒。但医生拒绝了，理由是如果给佩里服药，只是为了方便他被执行死刑，这与病人的最大利益以及医生的信条是相悖的。这个问题一路被移交到最高法院，法院做出了史上最“公正”的决定之一：这个曾经跟踪过法官团成员之一的杀人犯，不能因为便于执行死刑，就被强行给药。由于这项规定，迈克尔·佩里直到现在还活在世上。

***

我在这里讨论这起案件，是想增加大家对暴力的理解，并洞察其中的人性真相。佩里的案件告诉我们，大部分社会犯罪的发生，都能在他的家庭和个人经历中找出原因。即使是最公开的犯罪，也是从最私人的问题引起的。

恐惧给你的礼物

The Gift of Fear

第十五章

恐惧，是被教育灌输给我们的一种观念，如果我们愿意的话，这种观点也可以被教育改变。

——卡尔 · 门林格尔（美国著名精神病学家及精神分析学家）

恐惧是珍贵的礼物，可以让我们觉察到危险正在迫近，但这种能够预测危险的恐惧，并不是那种臆想出来的疑神疑鬼，也不是令人寝食难安的焦虑，而是对现实做出的最真实、最智慧的反应。

珍惜内心的恐惧

恐惧来源于我们的直觉，没人喜欢恐惧，但我们必须尊重恐惧，并且不带抵触地去分析这些信号。然后你会逐渐相信，当直觉的警报拉响时，意味着事情一定有值得你注意的地方。

恐惧会一次次发挥作用，并由此赢得你的信任。当你愿意接收直觉发出的危险信号，并且快速评估自己的处境后，恐惧自己就会停止。所以，相信直觉，恰恰能够让你不再生活在恐惧中。当一个人越是能倾听危险信号，恐惧对其生活的影响也会越来越小。

真正的恐惧是一种简洁的信号，只为直觉服务。而长时间的无端的恐惧，则是极具破坏性的。有些人之所以会认为自己困在恐惧中无法走出，是因为他们不懂得恐惧究竟是什么。

恐惧不是某一种情感，比如悲伤或者愉悦，这些情感可能会持续很长一段时间，但恐惧不会。恐惧也不是一种状态，比如焦虑的状态。**真正的恐惧，是一种求生信号，只在危险临近**

时出声。厄内斯特·贝克尔在《拒斥死亡》一书中这样解释："动物为了生存，必须通过对恐惧做出回应，以保护自己。"

我最近在斐济度假时，又一次认识到了这一点。斐济整个国家的人民加起来的恐惧，还不及洛杉矶几个十字路口前的行人的恐惧多。一天清晨，在风平浪静、热情友好的瓦努阿莱武岛（斐济的主岛之一）上，我沿着主路散步。主路两侧都是低矮的蕨类植物，我的左侧就是大海，有时汽车或卡车的声音会暂时盖过安静的海浪声。在走回住所的一个路段上，我闭上了双眼。我并不是刻意为之，而是很自然地这么做了，因为我的直觉告诉我，闭着眼睛走到马路中间是件安全的事。后来，我分析了这种奇怪的感觉，并且为之找到了具体的原因：岛上没有危险的动物，也很少有暴力犯罪；无论我偏向道路哪一侧，我都能感受到蕨类植物划过我的腿部，提示我调整方向；在我听到有汽车向我开来时，我有足够的时间睁开双眼。出乎我意料的是，在第二辆车经过之前，我已经闭着眼睛走了将近两公里的路，这都是因为，我相信我的直觉保持着恰到好处的警觉。

当直觉发挥作用时，其速度让我们就像在起跑枪声尚未响起之前，就已经达到了终点线，赢得了比赛——但前提条件是，我们要毫无异议地听从直觉的信号。

在大城市中生活的人们，很容易陷入臆想的恐惧。不久之前，我和一位上了年纪的女士搭乘同一班电梯，她应该是在下班后准备前往地下停车场。她的手指之间露出了一截钥匙，就像一把武器。显而易见，当我走进电梯时，她感到了害怕。

我可以理解她的恐惧，但让我感到无奈的是，无数人经常轻易就会产生这种感觉。如果一个人每时每刻都在害怕自己遇到的每一个人，那么当他真正需要危险信号的提示时，早就已经麻木了。一个男人中途搭乘了这班电梯，上电梯后没有对她进行过度的关注，按下的楼层也显示他们并不是同一个目的地，这个男人衣着得体，镇定自若，和她保持着合理的距离，那么就没有信号显示这个男人会伤害她。她对他的恐惧，是在浪费直觉。

很多人都抱有这样的观点：我们必须无时无刻保持高度的警惕，才能保证安全。事实上，这种想法反而降低了觉察危险的可能性，减弱了安全。如果时刻警惕地环顾四周，并凭空猜测："有人会突然从那边的篱笆中跳出来；可能有人藏在那辆车里。"那么想象中的场景，就会取代对真实情况的观察。**如果我们对所有的信号都来者不拒，我们就无法集中精力，去关注一些有价值的特殊信号。**

一只在田野中飞奔而过的小动物，即便周围没有危险，也会按照不规则的路线快跑，这不是因为它在恐惧，而是因为这是一种策略，是一种预防的措施。预防措施是种积极的方式，而沉浸在臆想的恐惧中，则是消极的，会造成严重的心理恐慌。**心理恐慌引发的危险常是毁灭性的，超出了我们本身可能遇到的危险。**攀岩运动员和跨海游泳者经常会说："杀人的不是高峰，也不是大海，而是心中的恐慌。”

梅格每天都和有暴力倾向的精神病患者打交道，但她很少在工作中产生恐惧，反而是下班之后，每天在下车走回公寓的过程中，她都会被恐慌支配。我告诉她，如果在这段路程中，她表现得更轻松，那么她可以更安全地到家。但她表示：“如果我放松了，我可能就会被杀死。”她认为，她必须对一切可能的危险保持高度警惕。

我解释说，**她应该了解正在发生的情况，而不是可能发生的事情。**

但梅格坚持认为，她的恐慌能够保证她的安全。

我问她：什么时候你会感到恐惧？

梅格：在我停车之后。

我又问：每天晚上都这样吗？

梅格：是的，如果我听到了什么声音，那么恐惧就会加剧。所以我必须高度警惕。生活在洛杉矶，我必须时刻警惕。

注意，她提到了洛杉矶。

我告诉她，如果她每天晚上都像惊弓之鸟，时刻关注可能出现的意外，那么当真的危险逼近时，她就早已麻木了。理想的状态下，当有危险出现时，我们会观察四周，根据直觉判断情况，而不是一直在寻找某种预期的危险，这样做，会让我们难以察觉预期之外的危险。

我建议梅格放松对周围环境的警惕，不要总活在自己的臆测中。不过我也知道，梅格的恐慌确实是某种信号，但这信号并不是源自于真正的危险，必然另有原因。

我：你觉得在回家的路上，你会碰到什么样的危险呢？

梅格：我会遇到的危险很多。洛杉矶是一座非常危险的城市，不是我本来想定居的城市。

我：但你还是选择住在这儿。

梅格：不，我是没有办法，我的工作要求我只能留在这里。我必须住在这里，但这里一直很危险，每天都有凶杀案；我看过那些新闻，所以我走回公寓的时候，总是很害怕。

我：说实话，任何时候都有可能发生任何事情，但你已经无数次毫发无损地到家了，所以，你的恐惧不是危险信号，而是别的什么东西。

梅格当时显得很疑惑，但第二天下午，她给我打来电话，对我的话表示了赞同：她的直觉，其实是自我矛盾的产物，和潜在的危险并没什么关系，她的直觉是在告诉她，她不想继续住在洛杉矶。

珍惜内心的恐惧，不仅是要重视并尊重内心的恐惧，还包括学会使用内心的恐惧，不要浪费自己的直觉，不要浪费恐惧给予我们的礼物。而这一切的前提，是我们先要了解恐惧。

恐惧的规律

每天在工作中，我都会接触很多身处害怕、焦虑或者担心状态中的人。我的首要职责是确定他们的状态究竟属于哪一种。如果他们感受到的是真正的恐惧，那么一定有一些重要的信息等着我去收集，而且这些信息与他们的安全紧密相关。

有两条关于恐惧的规律，值得我们学习并牢记，让我们不会每天活在惴惴不安中，但同时又能保持对恐惧的敏感：

规律 1：当你对一件事情感到恐惧，证明这件事情现在还没发生。

恐惧是一个强烈的预警，让我们调动一切有利资源，预测接下来可能发生的事情。而接下来会发生的事情本身，才该是我们恐惧的原因。

当你看到陡峭的悬崖时，你可能对靠近悬崖边缘产生恐惧。当你已经站在悬崖边缘时，你害怕的，则是会不会从悬崖上掉下去。爱德华·戈里通过他的黑色幽默，为我们详细描述了坠崖中的恐惧：

那个轻生的女人，
当她坠落的时候，
月光照在她的身上
她后悔自己刚才真的跳了。
她感到恐惧，
想到自己马上就要坠地
摔成烂泥。

正如诗中所写，如果你从悬崖上掉下去，你不再害怕坠崖，你现在害怕的是落地。一个人在危险还离自己很远的时候，就开始恐惧，这其实不是恐惧，而是恐慌。

地球总有一天会毁灭，但如果你从现在开始就为此担惊受怕，这就是没有意义的恐慌。当我们被无数恐慌侵袭时，逃生之路也就被堵塞。想要减少不必要的恐慌，我们可以参考第二条规律。

规律２：你恐惧的，很少是真实发生的，更多的是你对自己想象出来的后果感到恐惧。

回想那些让你产生蚀骨恐惧的事情，然后再想想，这些事情最后导致了什么后果。真正的恐惧，必然出现在危险迫近时，并与痛苦和死亡相关。当我们收到恐惧的信号时，我们的直觉已经产生了一系列的联想。而回应恐惧的最好方式，就是思考自己发生危险的可能。

如果我们所担心的事，只会发生在自己的想法里，那么，这种恐惧就是多余的。比如，走在一条幽暗的街道上，你对每个向你走来的人都感到害怕，那你的恐惧就是一种浪费，因为太多人会顺着这个方向走来，而其中只有少数人有可能会伤害你。但是，如果你走在路上，忽然害怕正在走向你的那个人，那么你的恐惧一定是有根据的——他可能已经在暗中盯上了你，或者他看你的眼神不太对劲儿，或者朝你走来的方式不太寻常，等等。这时，听从你内心的声音，赶快逃离这个危险的地带，避免与他在同一条街道停留。

然而，很多时候，你的大脑则会对你的感觉进行加工改造，常常小题大做，把一件小麻烦升级为一件恐怖的事情，从而让你只感受到了深深的恐惧，而忘记了它从何而来。也就是说，你感到自己正恐惧的东西，往往并不是真正诱发你恐惧的东西。调查显示，人类对公共演讲的恐惧，几乎接近对死亡的恐惧。公共演讲远没有死亡严重，为什么一些人在公共演讲时，心中会产生如此强烈的恐惧呢？害怕公共演讲的人真正恐惧的，是失败的演讲会损害个人形象，而个人形象正是我们生存需要的。

对所有的群居动物来说，无论是蚂蚁还是大象，身份都是被群体接纳的通行证，而被群体接纳又是存活下去的关键。如果一个孩子不知道自己是谁家的孩子，失去了身份，那么一种可能的结果就是，这个孩子被父母遗弃了。对婴儿来说，这直接意味着死亡。作为成年人，如果失去在某个部落、村庄或者社区的成员身份，那么可能的结局是，他被驱逐或者处死。

所以，在一年一度的专家会议上，在500名同行面前发言，你的恐惧并不仅仅是当众出丑，而是因为当众出丑引发同行对你工作能力的怀疑，而工作能力不足又引发你对失业、家庭破裂、社会地位、个人价值等忧心忡忡。总之，公共演讲就这样和个人生活紧密联系到了一起。而缓解这类恐惧的方法，就是沿着自己的恐惧一路追溯，一直走到最坏的结果。虽然你可能发现，对公众演讲的恐惧甚至堪比死亡，但你终究也会发现，这两者之间仍然隔着千山万水。

如果是害怕盗贼闯入你的客厅，那么也可以用这两条规律进行思考。首先，这类恐惧的出现，本身可以视作一条好消息，因为这说明你害怕的事情现在还没发生。生活中有无数毫无预兆的危险，所以我们应该心怀谢意迎接恐惧："感谢直觉给我危险信号，让我的行动能有所依据。"但通常，我们在恐惧出现时率先做的，却是否认它，然后寄希望于事情自己能有起色。

我们为什么最怕鲨鱼？

有一项调查，专门研究"哪个词语会对人产生最大的心理影响"。研究者们记录了人们对很多词语的反应，如蜘蛛、蛇、死亡、性侵、乱伦、谋杀等。而鲨鱼这个词语，引起了最剧烈的恐惧反应。但为什么和人类接触并不频繁的鲨鱼，竟然成了人类的噩梦？

一部分原因在于，鲨鱼的袭击往往悄无声息，出其不意，缺少预兆。但更可怕的是，一个人被鲨鱼吞噬，意味着他将失去完整的肉身，支离破碎，失去人类的尊严。在鲨鱼眼中，我们不是有情感有故事、有思想和灵魂、有身份和地位、有家庭和社会关系的人，也不是生物链上高高在上的最顶端，而仅仅是它口中的一块肉，是它随意捕猎来的普通一餐。

前一秒你还在海中嬉戏，还是为人尊敬的某人，后一秒你就成了鲨鱼口中的残肢，连完整的躯体都不能留下，只能在无限的绝望和旁人的惊叫中沉入海底，这样的瞬间地狱，才是人类最恐惧的。

难怪在简·库斯托的《大白鲨》一书中，他把鲨鱼称为“地球上最可怕的动物”。

但事实上，世界上当然存在比鲨鱼更可怕的动物，那就是人。

科学家为大白鲨的捕食能力赞叹，包括捕食的速度、强大的力度、感觉的敏锐以及目标的明确，但人类则是更为出色的捕食者。鲨鱼没有敏捷的四肢，没有巧妙的计划或者陷阱，也没有伪装的能力。同时，鲨鱼也不具备人类的残忍，因为它们不会互相残杀。没错，我们每天都在和地球上最可怕的动物生活在一起。我们深知这一点，所以我们也必然不时地害怕我们的同类。

和害怕鲨鱼攻击一样，我们对同类的最害怕之处，是暴力的随机性和突发性。但现在我们已经知道，人类的暴力既不是随机的，也不是突如其来的。虽然人类带来的危险比鲨鱼带来的危险更复杂，但就像“远离大海”就能远离鲨鱼一样，我们也可以让自己远离同类带来的危险。关于如何在人类社会中保护自己，各种要点都已经刻在你的身体和大脑中了，而你的人生经历，也会不断地对其加以强化。

人们总是很随便地使用“恐惧”这个词，但是想要了解它与“恐慌”“担忧”以及“焦虑”的区别，大家可以回顾当凯莉意识到自己要被灭口时，那种蚀骨的恐惧。那才是真正的恐惧。

真正的恐惧会带来哪些具体反应？虽然人们表述某次吓人的经历时，常会说“我吓呆了”，但除了一些特殊情形，真正的恐惧并不是四肢僵硬，而是骤然地爆发能量。从鲨鱼的血盆大口中成功逃生的罗德尼·福克斯在体会到了人类最极致的恐惧的同时，也感受到了恐惧的力量：“我突然发现，我从来没有游得这么快过。随即我发现，自己正被一条鲨鱼咬住了胸口，它想将我拖向水底。”当凶猛的鲨鱼想将他带离水面时，一种更为强大的力量迫使罗德尼在鲨鱼的头部不断摸索，搜寻着它的眼睛。他把手指狠狠地插进鲨鱼的眼睛里，这是他在鲨鱼身上唯一能找到的柔软之处。这条鲨鱼立刻放开了他，但罗德尼紧紧抱住了鲨鱼，阻止它发起第二轮攻击。在抱着鲨鱼沉下水一段距离之后，他一脚踢开了鲨鱼，从一片血海中游回了水面。

是恐惧把血液快速泵向了罗德尼的四肢，在它们的帮助下，让罗德尼做到了此前他无法完成的壮举。他从来没有考虑过和大白鲨搏斗，但恐惧没有给他更多思考的机会，于是他最终从鲨鱼口中成功脱险。

罗德尼强大无畏的行动，和凯莉像幽灵一样跟在歹徒身后趁机逃跑的举动，都是被同一种能量激发，那就是真正的恐惧。认真想象一下这种感觉，并区分它和恐慌、担心和焦虑的区别。即使最强烈的担忧，也无法激起你和鲨鱼搏斗的动力，或让你悄然尾随着可能要杀你的人走出大厅。

担忧与恐惧，并不是一回事

最近，我受邀到一家公司为那里的员工做关于安全的培训，不可避免的，我们很快就开始讨论起恐惧这个话题。在我发言之前，有几名职员告诉我："请你和西莉亚聊一下吧，她这几个星期以来一直盼着你来。"西莉亚迫不及待地告诉我的，是对于被跟踪感到很恐惧，而且已经和同事无数次讨论过这个话题了。当心怀恐惧的人找我咨询时，我首先要判断这是真正的恐惧，还是一种担心或者焦急。这一步并不复杂，正如我在上文中提到的那样，真正的恐惧意味着危险正在迫近，而且经常和痛苦或死亡相关。

西莉亚面对的，是否是真正的恐惧呢？或者，她只是处在担忧或别的感受中？为了搞清这一点，我问她，现在我们一起坐在这间办公室里，她是否还对被人跟踪产生恐惧。

她听完这个问题，笑着说："不，当然不会。我是在晚上从办公室出来后，走到停车场这段过程中，才会有这种感觉。我的车停在一个大型封闭式的停车场里，而我总是最晚回家的，每次那里都只剩我这一辆车，而停车场又空荡荡的，安静得可怕。"她没有提到任何具体的危险信号，所以我判断，她的害怕不是本能的恐惧，而只是担忧，这是只有人类才会有的感受。

为了让她理解恐惧，我继续问她，为什么害怕自己被跟踪。她回答道："其实，我真正害怕的并不是被人跟踪，而是被人抓住后的身不由己。我害怕有人从背后偷袭我，然后把我推进车里。因为我是停车场里出现的最后一个人，他们可以对我为所欲为。"西莉亚又一次提到了她下班很晚，这引起了我的注意。

既然"担忧"是一种自愿的选择，人们会产生这种感受，是因为"担忧"有时能帮他们实现某种目的。比如对公众演讲忧心忡忡，可以成为不公开发言的借口。但对于西莉亚而言，她能从"担忧"中获得什么呢？通常来说，人们总是会自己说出问题的关键，西莉亚也是如此。

我问她，为什么每天总是最后一个下班，她的答案是："如果我提前离开，那么同事会觉得我工作不卖力。”但西莉亚担忧的，是她会丢失了“最敬业员工”的身份。她经常和同事谈论危险或者恐惧，这样就能确保每个人都知道她是工作到最晚的人。这也正是她的担忧带来的好处。

正如富兰克林·罗斯福所说的“唯一值得我们恐惧的，是恐惧本身。”这句话或许可以被修改成“除非你感受到真正的恐惧，否则没什么值得你恐惧。”担忧、小心、焦虑等都具有目的性，所以它们不是恐惧。无论何时，只要你所害怕的结果没有和苦难或死亡联系在一起，也没有出现在危险降临的那一刻，那么，这种感受就不是真正的恐惧。**担忧确实值得我们认真对待，但担忧是无助于解决问题的，相反，担忧只会转移我们的注意力，让我们无法找到解决问题的方式。**

将担忧强加在他人身上，是对他人的骚扰，会让对方窒息。而担忧自己，相当于自寻烦恼。为了消除担忧在我们生活中的影响，我们必须理解担忧究竟是什么。

担忧，是人为创造出来的恐惧，并非真正的恐惧。如果你选择为某件事担忧，会使你无法打消这种担忧，别忘了你是主动选择“担忧”的。多数时候，我们选择担忧，是因为这种感受能给我们带来下列好处：

担忧，让我们可以理所当然地拒绝改变。当我们忙着担忧的时候，我们不用去真正解决正担忧着的事情。

担忧，让我们不用暴露自己的能力不足。当我们忧心忡忡时，会产生一种“我们正在努力”的错觉。

担忧，可以让我们彰显自己的关爱之心。为他人担忧，常被认为是有爱心的表现，但实际上，这只能增添别人心中的厌烦。你或许认为，担忧别人就是在关心别人，而许多正被“担忧”着的人会告诉你，爱应该是真实的行动，而不只是用担忧充当拙劣的替代品。

担忧，能让自己提前适应可能遭遇的失败。举例来说，在成绩公布前就担忧考试没有通过，并且提前预演了失败的滋味，那么如果真如自己所料，心里也就不会太难过了。但这其中的过程，其实很值得我们思考：如果考试最终真的没有通过，那么无论是提前为可能的失败伤神，还是无忧无虑度过这些天，然后接受失败的事实，结果都是一样。而如果考试最终通过了，那么这些天的担忧算不算白费？

在《情商》一书中，丹尼尔·戈尔曼把担忧总结为一种“有魔法的护身符”，被人们用来赶跑危险，这些人认为担忧可以阻止不好的事情发生。戈尔曼同时还指出，人们大部分担忧的事情发生的可能性很低，因为会对自己认为可能发生的事情采取预防措施。这也就意味着，绝大多数情况下，你的担忧，正预示着这件事情很有可能不会发生。

***

“真正的恐惧”和“担忧”之间的关系，类似于“痛苦”和“烦恼”之间的关系。真正的恐惧和痛苦是生命中无比珍贵且不可割舍的成分，而担忧和烦恼往往是臆想出来的，完全可以避免，但不予理会的话则会摧毁我们的直觉。因此，我们能做到的是终结烦恼，而不是消灭痛苦。

对形形色色的担忧研究了十多年之后，我得出了一个结论：担忧对人类的作用弊大于利。担忧，会让人头脑混乱，浪费时间，虚度生命。当你感到担忧的时候，可以问问自己："这对我有什么好处？"之后，你会发现你为担忧所付出的代价，远远大于为改变现状付出的代价。摆脱担忧的束缚，同时接受恐惧的恩赐，要做到这一点，需要我们达成三个目标：

1）当你感到恐惧时，仔细倾听它的声音，弄清恐惧来自何处。

2）当你没有感到恐惧时，不要人为地制造恐惧。

3）如果你发现自己正在制造担忧，分析并找出产生担忧的理由。

危险不会不请自来，只会乘虚而入

虽然有些人能够快速预测出最坏的结果，但还是有一些人不愿接受自己可能身处危险的现实。这种掩耳盗铃，常常是由错误的信念引起的：如果我们辨认出了危险，并且明确地指出危险所在，危险真的有可能会不请自来。这种思维方式简直就是在说，如果我们坚持视而不见，拒不接受，危险就不会发生。只有人类，才能做到睁眼说瞎话，就算眼前明摆着证据，也有着充分的危险信息，甚至已经做出了正确的预测，却还是不愿承认危险的存在。

有一家公司是我们的客户，其纽约总部拥有先进的安保设施。他们所有办公室的大门都有门禁，所有员工在进入办公室时，都要在门边的刷卡机上刷磁卡，才能够进入。这家公司的董事长请我和一位叫艾琳的员工谈话，因为她拒绝携带自己的磁卡。她的理由是，这些卡会让人心里害怕。

我尝试让艾琳把她对磁卡的恐惧说出来，她说："这些磁卡提醒我，这个地方很不安全，而且感觉就像一个封闭式的军营，很吓人。"

我继续问她，那这些卡片是否可以减少危险，因为门禁意味着不是随便哪个人都能进入办公室。她的回答是否定的，她告诉我，大家并不会这么认为。"人们并不想被提示有风险。"艾琳认为这就像机场的安全探测器，只会引发大家对劫机的害怕，而不会真正确保大家的安全。还有防伪标记，并不能让人放心，只会增加大家的担忧，"这只是在提示如何更好地造假。"她这样说道。

在她从人性角度滔滔不绝地讲述门卡的弊端后，我问她，是否认可"如果大门没有门禁，员工面临的危险更多"这一观点时，她却回答得毫不犹豫：“当然。我在上一份工作时就经历了袭击事件。当时我在加班，办公室的门没有锁上，于是有个男人直接走了进来。当时整栋楼里没有其他人——所以我很清楚危险是什么，没必要再跟我讨论关于危险的话题了！”

事实上，艾琳自己不仅说出了门卡的重要性，而且也说出了她害怕门卡的原因：不愿承认危险的存在。

最后在我的劝说下，她终于开始使用门卡。

***

有时，我们会大惊小怪，回应那些臆想出的恐惧；而有时，我们又会忽视恐惧，就像比尔·麦克纳医生的经历一样。

“那天，因为妻子琳达在外地出差，所以我带着孩子们在外面吃的晚饭。回家的时候已经很晚了，在哄孩子入睡之后，我也上床休息了。就在我快要睡着的时候，忽然听到楼下有动静，这让我心里一惊。声音并不大，但我听不出是什么东西发出的，于是，我下楼快速查看了一圈，并没看到什么，然后我就回房间了。半个小时后，我从睡梦中被吵醒了，那个声音又响起了，按说那么小的声音不会吵醒一个人，但我确实醒了，而且这回还听出了是什么声音——那是一个人呼吸的声音。

“我不仅听出了声音，还看到了声音的来源。当我打开灯时，看到有一个男人正站在我的房间里，他手里拿着我的枪，胳膊下还夹着我家的 CD 播放机。”

想象一下，当你深夜醒来，发现一个陌生男人潜入了你的房间，他手里拿着一把枪，而你家中还有两个年幼的孩子，这是多么可怕的一件事。

事实上，比尔并不是一下子就置身于这样的险境的，这之前，他的直觉已经告诉他家里有什么不对劲儿，虽然他因此还特意下楼看了一圈，但显然，对于恐惧给他带来的这份礼物，他并没有给予足够的重视。他检查得很草率，并没有仔细寻找危险的迹象，如果那时他能够尊重直觉发出的危险信号，坚持认为："既然我感到了恐惧，这肯定不会是无凭无据的。"那么之前的很多细节就会串联起来，让他采取措施。比如，他们回家的时候，客厅里的灯是亮着的；家里的猫不知为什么跑了出去，在门廊处等着他们；一辆没见过的旧汽车停在附近的车道上，车子引擎发出的噪音证明它正在冷却中。正是这些反常却被忽视了的细节，才让一个细微的动静，引发了比尔内心的恐惧，但可惜的是，他没有处理好。现在，一切都已经晚了，他要为自己的粗心大意付出代价了。

接下来的事情，惊心动魄，而又颇具戏剧性。入侵者让孩子们（一个 4 岁，一个 5 岁）坐在主卧的地板上看《美女与野兽》的录像带，而入侵者则告诉比尔，自己需要时间来做出"生命中最艰难的决定"。比尔忍不住猜测，这个决定是不是和他和两个女儿有关。入侵者还问比尔："你遇到过特别棘手的问题吗？"比尔点了点头。

在这一个小时里，比尔和女儿们被入侵者用枪威胁着，性命全都掌握在了这名陌生男人手中。而这个男人最终主动离开了，顺便拿走了那把枪和CD播放机。

比尔后来回忆说，在与入侵者僵持的一个小时里，他的神经高度警觉，但却并没有感到恐惧。这听起来很奇怪，但却确实如此。“当有人已经拿枪指着你时，害怕也来不及了。我还有更重要的事情要去做，比如表现出很镇定的样子，来让孩子们保持冷静，同时也让那个男人保持冷静。最后，这个陌生的男人没有伤害我们，他走了，而我的恐惧也像闯入者一样，来了又走了。”

比尔在被入侵者用枪指着头，却没有感受到恐惧，难道是因为他天生神勇吗？如果果真如此，又如何解释他在刚听到动静时的恐惧？其实，比尔的镇定和他的恐惧一样，都是有原因的，都是直觉让他做出的反应。

首先，入侵者自己没有带枪，说明他本来没有杀人的打算。其次，对方想拿走的并不是什么贵重物品，选择CD播放器就是最好的证据。最后，当入侵者说出他在权衡“最艰难的决定时”，体现出了内心的良知，一个打定主意要杀人的凶手，是不需要和他想下手的对象探讨是非正义问题的，而是会故意与受害者拉开心理距离，根本不可能去考虑他们的想法。

对比尔一家来说，这是不幸中的万幸。入侵者离开后，比尔让孩子们看完了剩下的动画，最后让她们上床睡觉。孩子们对这一晚的记忆是“带着枪的警察”上门了，对她们没有造成任何创伤。由于比尔没有恐惧，所以她们也没有感受到自己父亲身上的恐惧。

通过比尔的故事，我们可以看出恐惧从不会不请自来，当你感到恐惧时，请务必重视这份感受，因为谁也无法保证自己能如同比尔那样幸运。

你一生中担心的事情，大多数都不会发生

我职业生涯的大部分时间，都是在努力为可能发生的坏事做出精确预测。我必须承认，这项技能已经成为我个人的宝贵财富，因为大家都迫切希望能在不幸发生之前收到提醒。

最近，我见到了一对从佛罗里达来的夫妻，他们刚刚获得了非公开携带手枪的证件。丈夫解释了原因："因为如果有人走进我们的餐厅开火，我希望能占据上风，多救几条生命。"

显然，这对夫妻是因为害怕，才携带枪支的。不过，他们的害怕不是对现实的反应，而是对未来的焦虑，因为他们认为自己不具备预测暴力的能力。

与恐惧不同，焦虑经常是由不确定感引起的。

焦虑通常源自对预测的不自信。当你预测你将被解雇，并且你很肯定这种预测是正确的，那你不会为这件事焦虑。能引发你焦虑的，通常是你没有十足把握的预测，比如解雇

带来的种种后果。高度自信的预测，能够让你自如地做出回应，你能自我调整、感受悲伤、接受现实、着手准备或者采取任何必要的措施。与此同时，通过预测可以减轻焦虑的程度，增加确定感。

在生活中，很多人都在忍受着焦虑的折磨。我们丰富的想象力，成为焦虑、担忧等感受滋生和疯长的沃土，而当我们认为想象的后果会必然成真时，我们就会不可避免地陷入焦虑。所以，焦虑是想象力的迸发，而不是真的会发生的事情。《追忆似水年华》的作者普鲁斯特说："对于没有发生的东西，我们才会诉诸于想象。"换句话说，想象出来的恐惧，并不是真实的恐惧。

生活中充满了危险，为了生存，我们确实需要高度关注这些危险，比如看见惨烈的车祸，我们应该从中吸取教训："司机可能喝醉了。""他们肯定是想超车。""这个十字路口有盲区。"我们把这些教训记在脑中，是为了某天能够帮助我们挽回自己的生命，而不是为了在日后每一次开车时，被焦虑所影响。

动物本能地知道恐惧，而人类的恐惧则是由自己观察世界的方式塑造出来的。如果我们观察世界的方式不正确，每天生活在焦虑中，就会忽视恐惧的礼物。**当我们过度关注不太可能发生的危险事件时，我们的求生天赋就被浪费了。**

马克·吐温在生命走到尽头的时候，曾经说过一句充满智慧的话："我一生中担心过很多事情，但它们中的大多数都没有在现实中发生。”

相遇并不总是危险，也可能是美好的事情

唐娜一直梦想成为一名电影制作人，29 岁的她毅然辞去了先前稳定的工作，开车到洛杉矶寻求制作大型纪录片的机会。她的勇气和热情，得到了一位电影制片人的认同，对方邀请她见面。但在距离见面地点 10 多英里的地方，唐娜的旧车终于支撑不住了，抛锚在了路中央。

唐娜顿时变得不知所措，懊恼、沮丧蜂拥而至，她想象着迟到所有可能产生的恶果：“我会错过这次见面的，而他们不会重新安排时间和我见面。如果我落下爽约的名声，我的职业生涯也就完了，我将会付不起房租，然后被赶出公寓，然后只能靠社会福利为生……”想象力一环扣一环地不断衍生出新的场景，表面上看起来符合逻辑，但却是一种最愚蠢的思维方式，在心理学上被称为“灾难性思维”，即大脑总是想象事情最坏的一面。

这时，一辆路过的车放慢了车速，查看唐娜的情况，车上坐着一男一女，男的想要主动提供帮助。唐娜挥挥手拒绝了，她怀着沉重的心情下了车，沿着路狂奔，急于找到一个服务站。当然，这一路上，她的破产之路又在想象中被延伸了。她好不

容易找到了付费电话，联系了制片方的工作室，告诉他们她可能会迟到的原因。就像她预计的那样，对方不愿意重新安排见面时间。唐娜憧憬过的美好前程，就断送在了这个电话亭里。

唐娜颓然坐倒在地，开始大哭，这时，之前的那辆车慢慢停在了电话亭旁边。显然这对男女跟了她一路。男人留在了车里，而那个女人下了车，拍打着电话亭的玻璃，问道："是你吗？"泪眼中的唐娜抬起了头，竟然看到了杰妮特的脸，那是唐娜大学时候的朋友。

杰妮特和她的男朋友飞速把唐娜送到了见面地点（不过，她最后没能得到那份工作），之后又带她去吃了午饭。接下来几周里，唐娜和杰妮特成了新的商业合作伙伴，她们致力于在全球寻找艺术品，然后重新在美国出售。她们在两年的时间里就大获成功，唐娜还有了一笔积蓄，用来投资她的第一部纪录片。

在唐娜的车抛锚的时候，她脑海中闪过了无数可能性，却一定没想到会和老朋友重逢，并成为商业伙伴，有机会去环游世界，并且获得了拍摄电影的资源。

***

一名叫安德鲁的年轻人，终于有机会与爱慕的女孩约会，一起观看对方期待已久的电影。起初，他没能找到上映这部电影的影院，当他找到播放这部影片的影院之后，他又没能买到票。历经周折之后，他和女孩排队打算买票观看另一部电影，当他们花费了 40 分钟排队后，却被告知票已经卖完了。安德鲁的这次约会失败了，他非常失望，同时，他为在观影过程中出现的种种困难表示愤慨。然而，这个让人泄气的夜晚并没有让他开始怀疑人生，反而鼓励他做了一件没人尝试过的事：研发一个电子预售票系统。想看电影的人可以通过这个系统查看电影的上映信息、票务情况，并能提前购票。现在，这种电子售票系统，每天都被无数美国人使用。并且，他还成功和那名女孩成了夫妻。

几乎没有人会预计，突发的负面事件也会给我们意外惊喜，但如果我们能够拥有这种想法，那么我们的预测将会更符合现实，因为生活不会只有坏事发生，也必然存在喜讯。在发明史上，充满着太多这样的例子：预计中的失败反而带来了意外的成功，比如詹姆斯·瓦特没有让抽气汞起作用，但他无意间实现了气缸内的真空。我们总是怀疑自己的直觉，但真正应该被我们怀疑的，是自己想象出来的糟糕结果，当我们的思维开始改变后，我们就会受益良多。

如果在遭遇倒霉事时，你还能想象出可能出现的有利结果，你的创造力将得到提升，而创造力则是与直觉紧密相连的。这并非老生常谈的“在绝望中寻找希望”，而是教会你在面临最严峻的挑战时，也能为自己指明正确的道路。阿尔伯特·爱因斯坦曾说过，如果你跟随自己的直觉，“解决问题的方法会迎面而来，而你甚至不知道其中的理由”。

***

和大家分享了这么多关于危险和伤害的事例，也提到了一些因祸得福的例子，是为了说明一条真理：**担忧是一种个人选择，然而把浪费在担忧上的创造力用在别处，也是一种选择。**在万分危险的关头，这条真理能够拯救你的生命。

在我的生活和工作中，我已经见过了人性最黑暗的一面，但这也帮助我更加清晰地了解人类品质的高尚。亲身经历过暴力的痛苦后，我更加关注人类的友善。

我花了多年时间来预测最坏的可能性，而现在，我终于得出了一个结论：**虽然我们生活的世界危机四伏，但这个世界也是安全的世界。**你我都已经经历过某些重大危机，活到了现在，特别是每天我们都会使用那些足以夺走我们生命的机器：喷气式飞机、地铁、大巴、自动扶梯、电梯、摩托车、汽车，然而也正是这些机器，成功把我们带到了目的地，不幸受伤的事件其实少之又少。虽然我们身边充满了有毒的化学物质，甚至连我们的家中也连接着能爆炸的燃气和致命的电流。所有的这些危险因素叠加起来，让每一天都成了高风险的障碍赛，如果我们的祖先生活在今天，一定会害怕得瑟瑟发抖。但事实上，我们总能设法到达终点。

***

当你看到这里的时候，我相信你已经了解了如何预测和避免暴力行为，包括可怕的陌生人，家暴的丈夫，危险的前男友、前女友，以及可能遭遇的罪犯。在直觉变得更加敏锐之后，我希望你能减少对他人无故产生的恐惧，希望你能尊重并善用你识别危险信号的能力，最重要的是，我希望你只在风暴出现之际才会感受到危险，其他时候，都能在和风暖阳中尽情享受生命。

武志红主编

可以让你变得更好的心理学书

《我们内心的冲突》

[美]卡伦·霍妮 著

每个人都有内心冲突，但什么样的冲突会导致心理疾病呢？这些冲突是如何形成的，怎样才能从这些冲突中突围呢？
本书是世界著名心理学家和精神病学家卡伦·霍妮的代表作，导读则是在中国享有盛誉的资深心理咨询师、畅销书作家武志红。

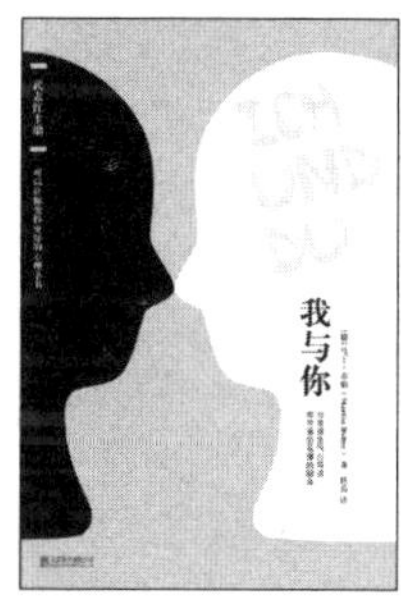

《我与你》

[德]马丁·布伯 著

《我与你》是二十世纪最伟大的哲学家之一的马丁·布伯的代表性作品；武志红老师主编和精彩导读。武志红说："一直以来，对我影响最重要的一本书，是马丁·布伯的《我与你》。"

《恐惧给你的礼物》

[美]加文·德·贝克尔 著

一本心理学奇书。用惊心动魄的故事，凝视人性的深渊。教你依靠直觉，瞬间看透人心。这本书是每个人必备的生存手册，是加文·德·贝克尔亲身经历和丰富经验的真实总结。它史无前例提出的危险预测法，在关键时刻可以救你的命。
武志红老师主编和精彩导读。

《自卑与超越》

[奥]阿尔弗雷德·阿德勒 著

《自卑与超越》是个体心理学的先驱——阿尔弗雷德·阿德勒的代表作品，是人类个体心理学经典著作。
武志红老师主编和精彩导读。

武志红主编

可以让你变得更好的心理学书

《乌合之众》

[法]古斯塔夫·勒庞 著

《乌合之众》是群体心理学的巅峰之作；弗洛伊德、荣格、托克维尔等心理学大师，和罗斯福、丘吉尔、戴高乐等政治家都深受该书影响。

武志红老师主编和精彩导读。

《这样想，你才不焦虑》

[美]亚伦·T.贝克 [加]大卫·A.克拉克 著

认知心理疗法的权威作品，让人们远离焦虑困扰。

武志红老师主编和精彩导读。

《心灵地图》

[美]托马斯·摩尔 著

这是一本影响深远的书，将告诉我们如何在阴影中行走，它补全了我们失落的一角。

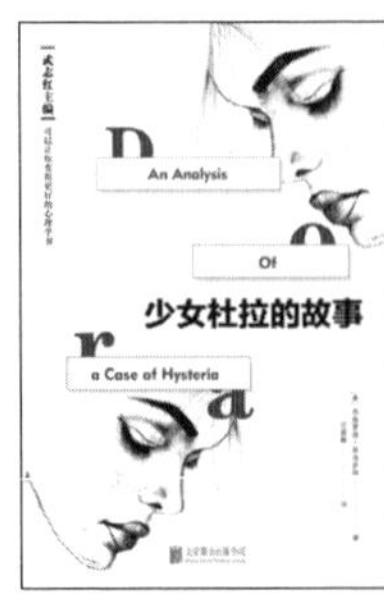

《少女杜拉的故事》

[奥]西格蒙德·弗洛伊德 著

《少女杜拉的故事》是弗洛伊德将精神分析和释梦理论运用于实践的经典案例。读这本书不仅可以领略到精神分析强大、诱人的魅力，还可以从中寻找到走出原生家庭，获得治愈的路。

武志红主编

可以让你变得更好的心理学书

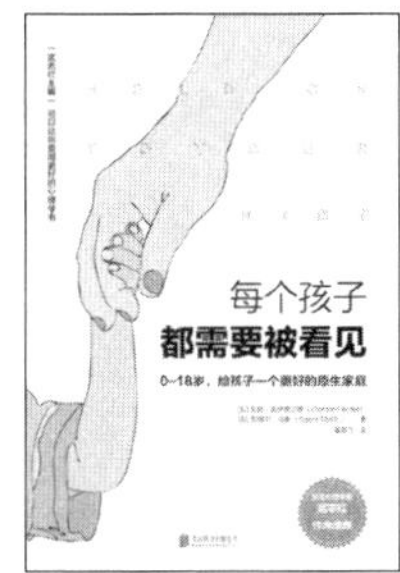

《每个孩子都需要被看见》

[加]戈登·诺伊费尔德 [加]加博尔·马泰 著

本书从父母与孩子的依恋关系入手，深入剖析不健康原生家庭是如何伤害孩子的，并提出原生依恋关系的6种建立方式。知名心理学家武志红主编并作序推荐。

《晚年优雅》

[美]托马斯·摩尔 著

心智不经磨难，就不会成熟；灵魂不经淬炼，就不会呈现。而《晚年优雅》这本书，让我们看到了变老的另一种模式——接纳变老的事实，让灵魂经受淬炼。
畅销书《心灵地图》作者托马斯·摩尔的又一部力作！武志红老师主编和精彩导读。